KB150759

촘스키, 끝없는 도전

NOAM CHOMSKY, A LIFE OF DISSENT

NOAM CHOMSKY,

촘스키, 끝없는 도전

A
LIFE
OF
DISSENT

로버트 바스키 지음
장영준 옮김

샘 아브라모비치와 노암 촘스키를 위해,
그리고 그들이 나에게 들려준 '좋은 사회'를 위해.

1989년 빅토리아대학의 청중앞에서 연설을 하고 있는 노암 촘스키

감사의 글

저 노암 촘스키에게 감사드리고, 촘스키의 배경에 관해 정통한 분들, 특히 샘 아브라모비치, 노만 엡스틴, 에드워드 허먼, 세이무어 멜만, 카를로스 오테로에게 감사의 마음을 전한다. 자신들의 통찰력과 경험을 기꺼이 나누어준 그들의 후의는 '좋은 사회'를 지향하는 그들의 강한 의지를 보여주는 뚜렷한 증거였다. 마르크 앙쥬노, 로버트 프라이든, 데니스 헬리, 마틴 크라이스워스, 이자벨 마르티노, 마이클 메이어, 죠지 산토는 이 책의 가치와 지평을 확장하는데 기여했다. 리사 트라비스와 로버트 렉커는 이 책에 담긴 개념들에 대해 필자가 오랫동안 소망해 온 토론의 기회를 제공했다. 마크 아크바르, 제레미 알레어, 엘레인 브리에르, 짐 켈만, 데렉 로저는 책에 실린 사진들을 수집하는 어려운 작업을 주저없이 도와주었다. 벤자민과 트리스탄은 끊임없는 영감을 제공했다. '캐나다 인문사회과학 연구평가 위원회'는 2년에 걸친 연구와 집필의 기간 동안 포스트닥 장학금의 형식으로 재정지원을 해주었다. 이 자리를 빌어 고마움을 표한다. 'MIT 프레스'의 에이미 피어스와 'ECW 프레스'의 메어리 윌리암스는 원고를 세심하고 사려 깊게 편집해 주었다.

추천의 글

▌Foreword

현대 사회는 지식이 조각난 사회라고 할 수 있다. 세상의 모든 지식들이 복잡화·세분화·전문화되어, 한 분야에 정통한 지식을 갖고 있어도 다른 분야를 이해하는 것이 결코 쉽지가 않다. 게다가 현대인은 자기 관심 분야 밖에서 이루어지는 일들에는 철저히 무관심하다. 사실 조금만 관심을 가지고 접근하면 쉽게 알 수 있고 이해할 수 있는 분야에서도, 사람들은 자신이 전문가가 아니라는 이유로 한걸음 뒤로 물러서 버린다. 그 결과, 소위 '전문가'들이 그 분야의 권위자가 되어 언론 등의 대중매체를 통해 대중의 인기를 독차지해 버리는 현상이 발생한다.

우리나라도 예외는 아니다. 이데올로기 문제는 전문 지식인과 주류 언론매체의 몫이고, 일반대중은 그들끼리의 논쟁과 격론을 그저 옆에서 바라보고만 있을 뿐이다. 이때 승리의 여신은 늘 보수주의 지식인이나 언론의 손을 들어주게 마련이다. 왜냐하면 그들은 그 분야의 전문가이므로!

　이러한 상황에서 촘스키라는 한 인간은 경이로움을 느낄 수 밖에 없는 존재이다. 당대 최고의 언어학 권위자로 추앙받고 있는 촘스키가 대중 저항 운동과 민중변론 그리고 끝없는 중상모략으로 자신의 삶을 채우고 있다는 사실은 놀라움 그 자체이다. 촘스키가 전문 지식인으로서의 편안하고 안락한 삶을 포기한 이유는, 그의 곁에 세계 흐름에 대해서 아무것도 모르는, 정확히 말하면 언론에 너무나 많이 길들어져 버린 민중이 있었기 때문이다. 그는 무기력하고 약하기만 한 민중에게 "비록 전문가가 아니더라도 모든 분야에 조금만 관심을 가지면 이해할 수 없는 부분은 결코 없다"고 힘주어 말한다.

　정말 촘스키처럼 통합적인 사고를 하는 지성도 드물다. 언어학, 심리학, 철학, 정치학을 꿰뚫는 세기의 석학으로서, 그가 각 분야에 미친 영향은 참으로 크다. 우리나라에서는 그의 언어학 분야에서의 업적만이 나루어지고 있는데, 이는 정말 넓은 숲에서 나무 한 그루만을 보는 것과 같다고 할 수 있다. 촘스키는 본래 철학의 핵심 명제인 인간 본성 문제의 해결을 목표로 하면서, 그것을 경험적으로 입증해 보이기 위해 경험적인 학문인 언어학을 추구했던 것이다. 이러한 인간 존재의 본질을 향한 그의 열정은 자연스럽게 정치학적 관심으로 이어질 수밖에 없었다. 촘스키가 정치학 속에 뛰어들어 자신이 비양심적이라고 생각하는 이 세상의 권력과 끊임없이 싸운 것도 인간의 자유로운 본성을 이 세상에 구현시키고자 하는 그의 열망에서 비롯된 것이다. 따라서 촘스키가 관심을 가진 각 분야를 이해하면 세계의 흐름이 보이고, 세계의 흐름을 보면 촘스키 이론의 타당성이나 오류를 볼 수 있게 된다.

　확실히 촘스키 앞에서는 '전문가' '권위자'라는 말이 그 빛을 잃을 수밖에 없다. 어느 군중집회에서 촘스키는 "당신은 정치평론을 할 수 있는 무슨 특별한 자격을 가지고 있는가?"라는 질문을 받은 적이 있다. 그 질문에 촘스키는 이렇게 답했다. "나는 헨리 키신저, 월 로스토우 등과 같은 직업적인 정치평론가들이 가지고 있는 자격과 똑같은 자격을 가지고 있습니다. 즉 정치평론에는 아무런 자격도 필요없다는 뜻입니다. 그들과 나의 차이는, 그들은 자신이 자격을 가지고 있는 척하지만 나는 그렇지 않다는 것입니다."

필자는 1988년 촘스키가 교수로 있는 MIT의 '언어와 철학과'에서 언어학 박사학위를 받았다. 촘스키가 필자의 지도교수는 아니었지만, 그는 나의 박사논문을 자세히 읽고 평을 해주었다. 항상 학생들의 질문에 성실하게 답변을 해주고, 개인적인 만남에서도 늘 상대방에게 깊은 관심을 보이는 촘스키는, 자신의 명성 때문에 그 어느 학생도 희생되어서는 안된다는 강한 신념을 가진 참 교육자이다. 그는 자신의 제자들에게 늘 깨어 있는 정신으로 생각할 것과 사소한 것이라도 그냥 지나치지 말 것을 당부한다.

로버트 바스키가 쓴 『촘스키, 끝없는 도전(Noam Chomsky;a life of dissent)』은 촘스키의 언어학만이 알려져 있는 우리 현실에서, 그의 철학적·정치적 사상을 포괄적으로 이해하는 데 도움을 주는 책이다. 모쪼록 독자들이 이 책을 읽고, 다소 충격적으로 비쳐지는 촘스키의 행동 배경을 이해함으로써, 자신의 편협한 사고와 사상에 대해 다시 한번 생각해보는 계기가 되었으면 한다.

— 1998년 12월
강명윤 / 고려대 언어학 교수

차 례

제1부_촘스키를 형성한 환경들

제1장_가족들, 히부르 학교, 초등학교 · 25

촘스키 훼밀리 / 정치적 이념이 다양한 친척들 / 초등학교: 탐색과 창조 / 자유주의를 향한
첫발 / 비공식 교육 / 지우고 싶은 기억, 센트럴 하이스쿨 / 문학과 정치학의 토론장 /
오웰과 무정부주의 소신 / 탐정관 촘스키 / 촘스키와 버트란트 러셀 /
지적 탐구의 폭이 넓어지다 / 촘스키와 팬코엑 / 촘스키와 말린주의자들

제2장_젤리그 해리스, 아부카, 하쇼머 핫자이르 · 81

좋은 스승이 있던 대학 시절 / 젤리그 사베타이 해리스 / 대학원 시절 / 현대 언어학을
넘어서 / 영향력 갈등 / 정치학에 국한되다: 새로운 관계의 형성 / 해리스의 개성에 반하다 /
아부카 / 아부카의 목표 / 아부카의 강령 / 아부카의 행동촉구 / 촘스키와 아더 로젠버그 /
촘스키와 몬트리올 / 젤리그 해리스와 '민중' / 촘스키, 멜만, 아랍 - 유태인 협력위원회 /
촘스키와 아랍 - 유태인 화해 연맹 / 촘스키와 하쇼머 핫자이르 / 촘스키의 반시오니즘:
당시와 현재 / 자신만의 장소 / 이스라엘로 간 촘스키 부부 / 노암 촘스키 박사 /
왜 젤리그 해리스인가 / 촘스키, MIT에 도착하다 / 인지과학의 탄생과 『통사구조론』의 출간 /
요새에 대한 공격

제3장_훔볼트와 데카르트의 전통 · 153

근본적 가치와 이론들 / 반행동주의 / 초기의 중심사상 / MIT 언어학과 대학원의 설립 /
촘스키의 고전(古典) 시기 / 데카르트 언어학 / 인간의 창조성에 대한 강조 /
촘스키와 훔볼트 / 정치학과 데카르트주의자들 / 데카르트의 상식

제2부_촘스키가 창조한 지적 환경

1992년 메사추세츠 공과대학에서의 촘스키.
그는 세계적으로 유명한 운동가이자 지식인이다.

들어가는 글

노암 촘스키의 전기를 쓰는 일은 '기를 죽인다'는 단어에 새로운 의미를 덧붙이게 한다. 촘스키는 금세기의 가장 중요한 인물로서, 우리 시대에 갈릴레오, 데카르트, 뉴턴, 모차르트 또는 피카소가 있다면, 미래에는 촘스키가 있을 것이라고 서술할 정도이다. 그는 생존 인물 가운데 가장 많이 인용되고 있다. 1980년부터 92년까지 인문·예술 인용지수(AHCI)에서 4000회를 기록했을 뿐 아니라, 마르크스와 프로이트를 비롯하여 가장 자주 인용되는 인물 리스트에도 여덟번째 순위에 올라 있다.* 촘스키는 과학에서도 빼놓을 수 없는 인물로서, 과학 인용지수(SCI)에 따르면 1974년부터 92년까지 1619회 인용된 것으로 나타났다. 또 그는 기초과학에 대한 공헌을 인정받아서 1988년 일본판 노벨상이라 할 수 있는 교토상을 수상하기도 했다.

촘스키는 70여 권의 저서를 냈고, 언어학·철학·정치학·

인지과학·심리학 등의 방대한 분야에서 천여 편의 논문을 발표했다. 스물아홉 살에 메사추세츠 공과대학(MIT)의 부교수에 임명되었고, 서른두 살에 정교수가 되었다. 또 서른일곱 살에는 석좌교수직에 올랐고, 마흔일곱 살에는 가장 탁월한 교수에게 주어지는 영예인 인스티튜트 프로페서에 임명되는 영광을 누렸다. 그 자신이 혁명적으로 발전시킨 언어학이나 심리학 같은 분야를 포함하여, 다양한 학문과 분야에 기여한 공로로 그에게는 수많은 상과 명예학위가 주어졌다. 그의 연구작업은 많은 논문과 저서로 발간되었고, 최근에는 백여 편의 논문을 실은 여덟 권짜리 전집이 『비판적 평가 시리즈』의 일환으로 루트리지 출판사에서 간행되기도 했다.

또 촘스키는 수많은 좌파 성향의 개인과 단체들로부터 20세기의 진정한 영감의 원천으로 주목받아 온 운동가로서, 50년 이상 급진적 입장을 견지해 왔다. 이로 인해 그는 논란에 휩싸이기도 했고 우상화되기도 했다. 또 논쟁과 체포와 중상모략이 그에게 끊임없이 가해졌고, 그의 글은 검열을 당했다.

촘스키는 정치적·개인적 이유로 전기(傳記)라는 장르 자체를 달가워하지 않는다. 하지만 그런 사실 때문에 촘스키의 전기를 집필하는 작가의 작업이 단순해지는 것은 결코 아니다. 우선 필자는 그가 개인의 우상화에 반대하는 것이 옳은 일이라고 생각한다. 그러나 촘스키의 삶과 학문을 생성하고 발전시킨 환경이라는 맥락에서 그를 조망해 본다면 우리는 많은 것을 배울 수 있을 것이다. 그런 이유로 이 책은 촘스키의 삶과 학문에 대한 탐구인 동시에 그의 주변환경에

---

*필자가 참고한 목록에는 마르크스, 레닌, 셰익스피어, 아리스토텔레스, 성경, 플라톤, 프로이트, 촘스키, 헤겔, 키케로의 순서로 되어 있다.(저자 주)

대한 초상이기도 하다. 연구나 토론을 통해 그가 접촉해 온 관련 단체들, 사조, 그룹, 개인들에 대한 선행 지식이 없다면 촘스키 사상, 특히 그의 정치 사상은 온전히 이해될 수 없을 것이다. 필자는 촘스키의 방대한 학문을 일별하고, 다양한 분야와 환경 속에서 그것이 다른 사람들의 학문과 어떤 관계를 가지는가를 고찰하고자 한다.

촘스키에게는 그가 쌓아온 학문이 곧 그의 삶이다. 1992년에 제작된 다큐멘터리 「여론 조작:노암 촘스키와 대중매체」*에 관해 쓴 필자의 논평에 대한 응답으로, 촘스키는 자신이 이 필름을 보지 않았고 앞으로도 볼 가능성이 거의 없을 것이라고 말했다.

첫째, 나는 나 자신에 대해 듣거나 보는 것을 싫어합니다. 단지 어떻게 말해야 더 좋을까를 생각할 뿐입니다. 둘째, 나는 개인화된 틀을 좋아하지 않습니다. 지금의 역사는 그저 이름없이 살다 역사에서 사라진, 헌신적이고 용기있는 사람들의 노력으로 이루어졌습니다. 내가 강연을 하고, 글을 쓸 수 있는 것은 그들의 체계적인 노력이 있었기 때문입니다. 나 자신도 나름의 방식으로 그 노력에 기여하고 있는 것이지요. 그 필름을 보지 않았으므로 이런 문제가 다루어졌는지 알 수 없습니다만, 아마 다루어지지 않았을 것이라 생각합니다.(1993.2.18.편지)

이 책에서 필자는 기회있을 때마다 '헌신적이고 용기있는 사람들', 즉 촘스키가 세상을 인식하고 자신의 작업을 해석하는 방식을 갖는

---

*Manufacturing Consent: Noam Chomsky and the Media 비디오테이프는 Necessary Illusions, 24 Mount Royal Blvd. W., Ste. 1008, Montreal, QC, Canada, H2S 2P2.로 편지를 보내거나 전화 (514)287~7337, 팩스 (514)287~7620로 연락하여 구할 수 있다. 물론 전자우편으로도 가능하다. E-mail 주소는 mail@NecessaryIllusions.ca이다.(저자 주)

데 기여한 사람들에 관해 언급했고, 그에 비례하여 '개인화된 틀'은 완전히 제거되지는 않았지만 (제거된다면 전기가 아닌 다른 어떤 것이 되었을 것이다) 적어도 완화될 수는 있었다.

촘스키에 관해서는 이미 방대한 양의 연구서들이 출간되었기 때문에 혹자는 더 이상 전기를 쓸 여지가 없다고 주장할 것이다. 그러나 그의 언어학적 업적이 (많은 역사적 연구들이 몇 가지 약점을 지니고 있음에도) 비교적 광범위하게 다루어진 데 비하면, 그의 정치적 배경과 정치학적 공헌에 관한 연구는 상대적으로 일천하다. 그가 이 영역에서 행한 작업이 다소 폐쇄적이라는 일반적 믿음이 그 한 이유이다. 그는 협력관계에 있거나 경쟁관계에 있는 학파의 정치이론과 철학에 대해서는 거의 언급하지 않는다. 언급하는 경우가 있더라도 단지 자신의 논지를 입증하기 위해 텍스트를 잠깐 언급할 뿐이다. 촘스키의 이런 경향은 때로 오해를 불러일으켜, 어떤 사람들은 그의 정치 사상이 다양한 원천으로부터 깊은 영감을 받았다는 사실을 인식하지 못한다. 정치 사상에 도달하는 그의 접근방법이 타분야에서의 방법론과 다르다는 사실은 매우 흥미로운 데다가 정치적으로도 가치있는 논의의 대상이 될 수 있다. 그러므로 필자는 언어학과 철학에 대한 촘스키의 기여를 고찰하는 동시에, 정치적 배경에 주안점을 두어 사회적 관계와 그것의 통제구조에 대한 촘스키의 접근방법을 이해하는 데 필요한 주요 맥락을 제공하고자 한다.

노암 촘스키와의 장기간에 걸친 서신왕래와 그의 정치학에 대한 필자의 관심은 샘 아브라모비치가 동인을 제공했다. 그는 필자에게 좌파 자유주의 사상을 소개했고, 또 그것의 실현을 위해 투쟁해 온 개인과 단체들에게 필자를 소개시켜 주었다. 아브라모비치는 하쇼머 핫자이르(본부는 몬트리올에 있다)의 전의장이다. 이 단체는 좌익 유태인 단체로서 촘스키와의 관계는 후에 상세히 다루어질 것이다. 아브라모비치는 또한, 촘스키에게 직간접적으로 지대한 영향을 끼친 수많은 그룹이나 개인들과 교류가 있는 사람들의 절친한 친구이기도 하다. 따라서 이 책에는 촘스키의 정치적 업적과 관련하여 지금까지 적절하게 토론되지 못한 단체, 출판물, 개별 사상가들의 이름이 많이 등장한다. 좌파 아부카, 평의회 공산주의자, 무정부주의 유태인 청년단체인 프레이 아르바이터 스티머, 하쇼머 핫자이르, 독립노동당, 노동자 자결권 재단, 아랍—유태인 화해 연맹, 레닌주의 연맹, 말린주의자 연맹, 레지스트 운동 등이 그것이다. 이 책에 언급된 언론으로는 「국제평의회 통신」, 「리빙 마르크시즘」, 「아부카 스튜던트 액션」, 「현대의 사건들」, 「뉴 폴리틱스」, 「폴리틱스」, 「대변인」 등이 있다. 이 책에 등장하는 인물을 몇 명만 열거해 보자면, 촘스키의 동시대인인 예호수아 바힐렐, 켄 코우츠, 데이비드 델린저, 페기 더프, 미첼 굿맨, 젤리그 해리스, 에드워드 S. 허먼, 짐 켈만, 데니스 레버토프, 로버트 로웰, 노만 메일러, 폴 매틱, 제리 루빈, 하워드 진 등이 있다. 또다른 일단의 촘스키 동시대인들로는 샘 아브라모비치와 촘스키가 15년 전에 처음으로 만났던 노만 엡스틴, 카알 콜쉬, 크리스토퍼 래쉬, 그리고 촘스키가 1960년대에 접촉했던 드와잇 맥도널드, 또 촘스키가 일찍부터 편하게 만나왔고 후에 절친한 친구가 된 세이무어 멜만, 칼 폴라니, 아더 로젠버그가 있다. 이들의 사상은 촘스키의 학문에 직접적인 영향력을 행사하지는 않았으나 그의 사고에 중요한 통찰력을 제공했다. 그러므로 필자는 이들의 영향에 대해서도 탐구해보고자 한다.

위에서 언급한 목록을 살펴보면 촘스키와 유태 사상의 관계가 문제로 부각된다. 촘스키의 아버지인 윌리암 촘스키는 히브리어학자이자 교육자로서 히브리 언어사에 대한 중요한 연구서를 펴냈다. 또한 촘스키는 좌경화된 유태 지식인들의 영향을 받았고, 영향력 있는 유태 사상가들과 접촉해 왔다. 요컨대 촘스키는 유태 -히브리 색채가 강한 가정에서 성장했고, 키부츠 운동에 참여했으며, 유태국 이스라엘의 움직임에 늘 관심을 가졌다. 그럼에도 불구하고 그의 학문과 사상을 단지 이런 관점에서 평가하는 것은 옳지 않은데 그 이유는 후에 논의될 것이다. 따라서 그가 물려받은 유태인적 유산에 관한 문제들은 그것이 그의 작업방식에 영향을 미쳤거나 전기상의 쟁점과 겹치는 경우에만 언급될 것이다.

촘스키의 방대한 저술이 증명하다시피 그의 왕성한 지적 활동은 그로 하여금 다양한 분야를 아우르게 했다. 그의 영역은 시민운동, 역사, 사상사, 언어학, 철학, 정치학, 인지과학, 심리학에 걸쳐 있다. 이들 각 분야의 복잡성으로 인해, 촘스키 전기를 단순한 연대기적 구성으로 서술하는 것은 부적절할 것이다. 촘스키는 일련의 서로 다른 관심사들을 동시에 추구해 왔고, 수년 동안 여러 분야에서 지적 논쟁과 논란의 핵심에 서있었다. 그의 관심사들은 주제별로 파악할 때 가장 명료하게 이해될 수 있다. 따라서 필자는 이 책을 몇 개의 파트로 구분하고, 각 파트별로 그의 성장과 영향에 밀접하게 관련된 일련의 주제들을 분리해서 다루고자 한다. 대부분의 경우 필자는 각각의 주제를 독립적으로, 그리고 연대기적으로 집필했다. 그러나 이것들을 함께 읽는다면 촘스키가 사상가이자 운동가로서 접근한 방대한 영역을 총괄적으로 이해할 수 있을 것이다.

각 장은 촘스키라는 복합적 개인의 핵심적 측면들을 반영하는 개별적이고 독립적인 통일체로 간주될 수 있다. 제1장에서는 촘스키의 유년 시절을 비롯해서 그에게 독서와 학습, 그리고 단체 활동을 제공한 환경을 다룬다. 제2장은 대학생 촘스키의 학문을 다루고, 특히 그와 젤리그 해리스와의 관계를 살펴본다. 제3장은 언어학과 정치 사상에서 촘스키의 데카르트적·이성적 접근방법의 기초와 그 영향을 추적해 본다. 제4장에서는 대학교수로서의 경력·업적·연구 등을 분석해 보고, 현대 사회에서의 지식인의 역할에 대한 그의 사상, 개인과 사회제도와의 상호관계 등을 조망해 본다. 제5장은 미국적 정치현실에서 이단자로서의 촘스키의 역할을 분석한다. 이를 위해 필자는 그가 연루된 다양한 투쟁과 새로운 사상체계, 특히 그의 주변에 뿌리박고 있는 포스트모더니즘에 대해 살펴볼 것이다. 결론에서는 현재의 촘스키 학문과 그의 학문이 해결하고자 하는 현대 정치·사회적 현실 사이의 관계를 평가한다. 촘스키의 지적·정치적 노력은 서로 겹치고 교차하는 경향이 있다. 이 두 노력이 예기치 않게 교차하는 패턴은 전기가 진행됨에 따라 점차로 그 모습을 드러낼 것이다. 그리고 촘스키가 다양한 관심분야에 특유의 강인함과 책임감, 열정을 일관되게 기울이고 있다는 사실 또한 명백해진다. 이 전기가 바로 그 관심사들을 하나로 묶어주는 연결고리가 될 것이다.

제1부 촘스키를 형성한 환경들

우리는 항상 개인적인 삶과 그밖의 삶을 구분하려 합니다. 사실 우리는 '매우 사적인' 사람들입니다.
동시에 아주 관습적이지요. 파티를 전전하기보다는 대부분의 시간을 혼자 보내려 합니다.
수천 명을 상대로 강연하면서 많은 시간을 보내는 내가 이런 말을 하는 것이 다소 이상할지 모르겠군요.
그러나 어쨌든 우리는 그런 방식을 선호합니다.
— **노암 촘스키, 1995년 7월 25일, 저자에게 보낸 편지**

* 1991년 이후로 바스키는 노암 촘스키와 광범위한 주제에 관해 서신을 교환했다. 바스키는 이 서신들을 이 전기의 전부분에 걸쳐 인용했다. 각각의 인용문에는 편지를 받은 날짜가 팔호로 병기되어 있다. 다른 사람들과 주고받은 편지 내용과 이 책을 쓰기 위한 준비 작업으로 채록했던 개인 면담의 내용도 날짜와 함께 팔호로 병기 처리했다.

* 저자인 바스키는 이 책에 2개의 각주를 달았으며, 역자는 우리말로 옮기는 과정에서 독자의 이해를 돕기 위해 필요하다고 생각되는 부분에 각주를 보충했다. 원저자 주에는 '저자 주'라고 표시하여 역자 주와 구분하였다.

가족, 히브루학교, 초등학교

1 | Family, Hebrew School, Grade School

나는 여러 종류의 좌익 시오니즘, 그러니까 지금은 반시오니즘이라 불릴만한 단체에 매우 열성적으로 참여했습니다. 대부분 히브리어를 사용하는 '그룹'이었습니다. 그러나 이름에 걸맞는 단체는 별로 없었고, 그 안에서도 나는 상당히 개인적으로 활동하는 존재였습니다. 그 후에도 레지스트와 같은 여러 운동권 단체에 참가하여 많은 일을 했지만, 대개는 내 자신의 방식을 따랐습니다. 예를 들어 나는 종종 급진적 기독교 인사들과 가까운 관계를 유지했고, 이들의 많은 활동이 매우 매력적으로 보여서 심지어 마나구아를 방문했을 때에는 예수회 가정에 머무르기도 했습니다. 그러나 내가 그들의 일원이었다고 하는 것은 물론 어불성설이지요.**(노암 촘스키, 1994년 8월 8일 저자에게 보낸 편지)**

| 촘 스 키 훼 밀 리 |

아브람 노암 촘스키는 1928년 12월 7일 펜실바니아주 필라

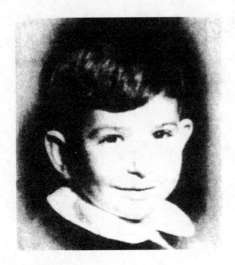

어린 시절의 촘스키

델피아에서, 아버지 윌리암 예브 촘스키 박사와 어머니 엘시 시모노 프스키 사이에서 태어났다. 촘스키 박사는 짜아르군에 징집되는 것을 피하기 위해 1913년 그가 태어난 러시아를 떠나 미국으로 망명했다. 미국에 도착한 그는 메릴랜드주의 볼티모어에서 싸구려 노동자로 일했다. 그 뒤 볼티모어에 있는 몇 개의 히브루 초등학교에서 학생들을 가르치면서 고학으로 존스 홉킨스대학을 마쳤다. 필라델피아로 옮긴 촘스키 부부는 미크베호 이스라엘 연합교회에서 설립한 신학교에서 히브리어를 가르치기 시작했다. 후에 촘스키 박사는 이 학교의 교장이 되었다.

　　1977년 7월 22일자 「뉴욕 타임즈」 부고란에 따르면, 촘스키 박사는 중세 히브리어에 관한 연구를 계속하여 '세상에서 가장 탁월한 히브리어 문법학자 가운데 한 명'이 되었다. 그는 히브리어 연구의 모태가 된 『불멸의 언어, 히브리어』(1957)를 비롯해서, 이 명저의 기초격인『한 현존 언어의 이야기, 히브리어』(1947),『초등학교에서의 히브리어 교수법』(1946),『가르치기와 배우기』(1959) 등을 저술했다. 또한 그는 13세기 히브리어 문법 연구서인『다비드 킴히의 히브리어 문법』(1952)을 편집하고 주해했다. 그의 아들 노암은 열두 살에 이 책의 초기 조판본을 읽었다. 노암 촘스키는 학술적 주석과 논평을 곁들인 이런 종류의 텍스트를 오늘날까지도 매우 즐겨 읽는다. 이에 촘스키는 "나에게 이상적인 텍스트는 여전히 탈무드이다. 나는 본문에 관한 주석과 길고 자세한 논평을 곁들인 텍스트 주해서를 좋아한다(파리니,『마더 존스』)"라고 말한다. 미크베흐 이스라엘 신학교에서는 그라츠 칼리지의 교수와 학생들이 새로운 교수법을 실험하고 있었다. 1924년, 히브리어를 가르치는 동시에 교장으로서 활동하던 윌리암 촘스키 박사는 미국에서 가장 오래된 사범학교인 그라츠 칼리지의 교수로 임명되었다. 8년 뒤 그는 그라츠 칼리지의 학장이 되었고, 그 후 45년 동안 같은 자리에 봉직했다. 1955년부터 촘스키 박사는 유태인 및 유태문화 연구 대학원인 드롭시 칼리지에서도 교편을 잡게 되었다. 그는 1969년에 그라츠 칼리지에서, 1977년에는 드롭시 칼리지에서 은퇴했으며, 그 해 타계했다.

　돌이켜 보면 촘스키가 그의 아버지에게서 받은 영향은 아주 분명해 보인다. 카를로스 오테로는 이렇게 말한다. "윌리암 촘스키는 타계하기 전에 '성실하고 자유롭게 그리고 독립적으로 사고하는 인간, 세상을 개선하고 승화시키는 데 관심있는 인간, 인간의 삶을 좀더 의미있고 가치있게 만드는 일에 참여하는 인간, 이런 인간을 가르치는 것이 나의 인생의 최대 목표'라고 말했다. 이것은 바로 노암 촘스키를 한 개인으로서 설명하는 것이었다(「촘스키와 자유주의 전통」 5)." 또 촘스키 가족의 친구들에 따르면, 윌리암 촘스키는 매우

1936년, 8살의 노암 촘스키와 5살 아래인 동생 데이비드

온정있고, 친절하며, 적극적인 사람이었다. 1930년대에 약 5년 간 촘스키 박사의 비서로 일한 베아 터커 여사는 그가 온화한 사람이었고, 사려 깊으며 학생들이나 교직원들에게 아주 관대했다고 회상한다. 1930년대 중반, 미크베흐 이스라엘 신학교에서는 교직원 채용을 준비하고 있었다. 터커 여사는 이것이 새로운 경력을 시작할 수 있는 좋은 기회가 되기를 바라면서, 촘스키 박사에게 자신이 교직원 채용에 지원해도 되는지 의견을 구했다. 촘스키 박사는 터커 여사를 고용했고, 그녀는 노암의 동생이자 유일한 형제인 데이비드 엘리 촘스키와 후에 노암의 부인이 된 케롤 슈와츠를 가르치게 되었다.

　　노암 촘스키의 어머니 엘시는 그가 사상가, 교육자, 운동가로 성장하는 데 아버지 못지않게 중요한 역할을 담당했다. 그녀는 예민한 정치적 감각으로, 촘스키가 아주 어렸을 때부터 눈앞에 보이는 사회적 상황을 뛰어넘어 정치적 활동과 참여의 영역을 꿰뚫어볼 수 있도록 격려해 주었다. 그녀 또한 미크베흐 이스라엘 신학교에서 히브리어를 가르쳤고, 이런 이유로 촘스키에게는 어렸을 때부터 남을 가르친다는 일이 매우 친숙한 분야일 수밖에 없었다. 오테로의 이야기를 들어보자. "촘스키에 대한 아버지의 영향보다는 어머니의 영향을 추적하는 것이 더 어렵다. 어머니 엘시 시모노프스키는 남편보다 좌편향적이었고 아들에게 '사회적 이슈들과 관련된 전반적인 관심의 영역' 그리고 '촘스키의 지적 활동에서 주요한 부분을 차지하는 정치학 분야'에 특히 깊은 인상을 남겼던 것 같다(오테로, 「촘스키와 자유주의 전통」4)."

　　우리는 이러한 촘스키 가족이 저녁식사 테이블에서 어떤 대화를 주고받았을지 상상할 수 있다. 오테로는 촘스키의 말을 이렇게 전한다. "유년 시절, 우리 집에서는 정말로 흥미롭고 중요한 문제들에 대해 늘 장시간의 토론을 했습니다(16쪽 주석 10번)." 토론의 주제 가운데는 서유럽 계몽운동에 자극받아 시작되었고 당시의 주류를 형성하던 시오니즘 운동*의 올바른 모습에 관한 것도 있었다. 오테로에 따르면, "촘스키 가족은 히브리어 문체론자이자 작가였던 애셔 긴즈버그(1856~1927)의 영향을 특히 많이 받았"다. 그는 시오니즘 운동을 주창하던 사람들의 대변인으로 일했으며 '민중의 한 사람'이라는 의미의 히브리어인 아하드 하암(Ahad Haam)이라는 필명을 사

---

*Zionism/Zionist 고대 유태인들이 고국 팔레스타인에 유태 민족국가를 건설하는 것을 목표로 한 유태 민족주의 운동을 말한다. 19세기 후반 동유럽 및 중부유럽에서 시작되었는데, 여러 면에서 이것은 고대 예루살렘 중심부의 시온이라는 약속의 땅, 즉 팔레스타인에 대한 유태인과 유태종교의 민족주의적인 염원에서 비롯된 것이다. 이에 앞서 16~17세기에는 수많은 '메시아'들이 유태인의 팔레스타인 복귀를 지원하였다. 본문에서 말하는 시온주의자는 이러한 역사성을 가지는 시온주의를 계승하여 이스라엘을 건국하려는 사람들을 의미한다.

용했다. 그러나 긴즈버그의 시오니즘은 오늘날 많은 사람들에게 반시오니즘적으로 간주되고 있다.

엘시는 윌리암보다 다소 내성적이었다고 한다. 베아 터커 여사는 엘시가 침착하고, 냉정하며, 놀라울 정도로 총명했다고 묘사한다. 남편과 마찬가지로 그녀 역시 훌륭한 지성을 겸비했고, 학술적인 문제나 지역사회에 관한 문제로 여러 곳의 초청을 받아 강연을 했다. 터커 여사같이 촘스키 가족을 잘 알고 있던 사람들은 촘스키가(家)의 개개인이 모두 재능이 뛰어나다고 생각했으며, 처음부터 노암과 그의 동생 데이비드가 부모의 저명한 족적을 뒤따를 것이라고 기대했다. 돌이켜보면 노암 촘스키는 실제로 부모로부터 훌륭한 자질만을 물려받은 것으로 보인다. 그는 놀라운 능력을 지녔음에도 언제나 따뜻하고 친화적이다. 또 내성적이고, 조용하며, 다소 수줍음을 타기도 한다. 대규모 청중 앞에서 연설할 때에는 아주 편안해 보이기도 하지만, 그의 세계가 대부분 고독한 연구와 저술, 조사로 이루어져 있다는 사실은 의문의 여지가 없다.

아주 어릴 때부터 노암과 데이비드는 부모가 쓴 책들을 통해 학문, 문화, 유태전통, 히브리어 등에 깊이 빠져들었다. 데이비드 역시 비범한 아이였고, 가족 토론에서도 매우 적극적이었다. 물론 노암과 데이비드는 많은 시간을 함께 보냈다. 그들은 "어디에선가 고무공을 찾아냈고, 밑 빠진 바구니를 임시방편으로 차도 옆 벽면에 고정시켜 농구를 하곤 했"다(1995.11.16. 편지).

데이비드와 노암을 어릴 때부터 잘 아는 사람들은 둘 사이가 가깝기는 했지만, 데이비드가 형보다는 다소 덜 비범했고 좀더 유순했다는 데 의견을 같이한다. 노암은 유년기 때부터 경쟁적이었고, 터커 여사의 말에 따르면 "부모님을 능가하기 위해" 노력하는 소년이었다. 그녀는 1935년의 휴가 기간에 촘스키 가정을 방문했던 일을 이렇게 회상한다. 노암은 당시 일곱 살이었다. 윌리암과 엘시가 방을 나가자, 터커 여사는 노암과 단둘이 남게 되었다. 그녀는 노암과 대화를 나누고 싶어서 여러 권짜리 『콤튼 백과사전』을 가리키며 한 권이라도 읽은 적이 있는지를 물었다. "아직 반밖에 못 읽었어요." 노암의 대답이었다. 간단히 말해 터커 여사의 표현대로 노암은 '영재'였고 데이비드는 '착한 아이'였다. 데이비드는 아버지를 닮아 낙천적인 성격을 지닌 반면, 노암은 어머니를 닮아 조용한 성격을 지녔다. 데이비드는 의학을 공부해서 지금도 필라델피아에서 의사 생활을 하고 있다.

노암과 데이비드는 훌륭한 가정환경의 영향을 많이 받았다. 촘스키 가족 모두가 유태인 문화활동과 유태문제에, 특히 히브리어 부활 운동과 시오니즘 운동에 적극적으로 참여했다. 촘스키는 인터뷰 전문가인 엘리노어 와첼에게 이렇게 말했다. "나는 어려서부터 아버지와 함께 히브리 문학작품을 읽었습니다. 주로 19세기와 20세기의 히브리 문학이었고, 물론 이전 시대의 작품들도 있었지요. 나는 히브리학교에서 어린 시절을 보냈고 나중에는 히브리어 선생이 되었습니다. 이 모든 과정의 결과로 나의 정치적 관심은 시오니즘 운동에 집중되었습니다(오테로, 「촘스키와 자유주의 전통」 65)."

캐롤 도리스 슈와츠는 노암이 히브리학교 재학 시절 대부분의 토론을 주도했다고 회상한다. 캐롤과 노암은 늘 가까웠고, 결국 결혼하여 지금까지 함께 살고 있다. 터커 여사의 기억에 따르면 캐롤 슈와츠는 아주 총명하고 정이 많은 소녀였다. 캐롤의 아버지는 의사였고, 그녀의 가족은 촘스키 가족과 마찬가지로 유태 사회에서 매우 존경받았다. 촘스키는 캐롤을 "내가 다섯 살이었고 캐롤은 세

살이었을 때 만났다"고 말한다. "당시 우리 부모님은 필라델피아 근교의 여름별장에 머물던 캐롤의 부모님을 방문했지요. 그 후로도 가끔 그랬던 것 같습니다. 그러나 그녀가 열네 살 무렵이 될 때까지 우리는 진지한 대화를 나누지 못했습니다. 캐롤의 언니는 나와 히브리 학교 동급생이었고 오빠는 유태교 성가대의 리더로서, 나를 비롯한 그곳 아이들에게 바 미츠바(유태 남자 아이들이 열세 살이면 치르게 되는 성인식)를 가르쳐주기도 했습니다(1996.2.13. 편지)."

"1938년, 아홉 살의 소년 노암 촘스키가 미크베흐 이스라엘의 히브리어 수업시간에 맨 앞줄에 앉아서 (때로는 자신의 어머니가 선생님일 때도 있었지만) 선생님의 수업에 주의를 기울이지 않았던 것"도 사실 놀라운 일은 아니다. 그것은 "노암이 불손해서가 아니라 이미 오래 전에 집에서 부모님과 함께 수업내용을 모두 파악했기 때문이었"다(오테로, 「세번째의 해방단계」 22). 노암의 히브리어 선생이었던 이츠하크 샌코프스키의 이야기를 들어보자. "가정환경으로 보자면 노암이 누구보다도 히브리어를 더 많이 알고 있었던 것은 당연합니다. 그러나 겉으로 보면 그에게 비범한 면이 있는지 알 수 없었지요. 그런 면을 끄집어내려면 토론을 해보거나 그에 대해 어느 정도 알아야 했습니다. 그래야 알 수 있었죠(예르진, 「촘스키 혁명」 41)."

| 정 치 적   이 념 이   다 양 한   친 척 들 |

많은 수의 방계 친척들, 이를테면 사촌과 숙모와 삼촌들이 여러 가지 형태의 공산주의와 연계된 유태인 노동 계층에 속해 있었다. 그러나 노암의 부모는 정치적으로 '평범한 루스벨트 민주당파'＊였다. 촘스키의 말을 들어보자. "여자들 몇 명은 봉제공이었으며, 당

시는 한창 노조가 결성되던 시기였지요. 그래서 그들은 세계 여성 봉제공 노동조합(ILGWU)에 속해 있었는데, 그것 때문에 결국 열악한 공장에서마저 쫓겨나곤 했습니다. 물론 이것조차도 그들이 직장을 가졌을 때의 일이고, 대개는 실업 상태였습니다. 우리 집안은 흔한 육체노동이나 소규모 가게를 운영하던 친척들에서부터, 독학으로 학교를 졸업하여 학교교사가 된 친척들에 이르기까지 다양한 직업을 가지고 있었습니다(1996.2.13. 편지)."

많은 친척들이 대공황 시기에 유행하던 급진 정치운동에 참여했다. 촘스키는 이렇게 설명한다. "일부 친척은 공산당 소속이었고, 일부는 좌파에서 보자면 강력한 반공주의적 정당 소속이었으며, 또 몇몇은 루스벨트 민주당원이었습니다. 그 외에도 진보 좌파로부터 반볼셰비키 좌파에 이르기까지 모든 정파가 다 있었습니다. 내 견해로는 공산당이 이러한 스펙트럼과 일치하는지는 분명하지 않습니다(1995.3.31. 편지)."

정치적 이념이 한 가족 안에서 이렇게 다양하다는 사실은 당시의 러시아 망명자들 사이에서 그다지 특이한 현상이 아니었다. 노암과 데이비드가 다양한 견해를 접할 수 있었던 것은 틀림없이 지적인 면에 유리하게 작용했을 것이다. 촘스키 – 시모노프스키 가문 내에서는 어떤 문제도 편협한 현상유지적 원칙으로는 해결되지 않았다. 이것은 노암과 데이비드에게 보다 폭넓은 선택의 자유가 주어졌음을 의미한다. 부모, 친척, 학교, 유태사회 등 모든 주변환경의 영

---

*Roosvelt Democrats 루스벨트 대통령 집권 당시, 뉴딜정책이 전개되던 시기에 편입된 자유주의적 공화당원과 보수적 민주당원을 통틀어 칭하는 말이다. 이들은 자유방임적 민주당 강령에서 벗어나 국가의 개입이 필요하다는 수정 자유방임론을 주장하였다.

향으로 이들 두 형제는 면밀한 관찰과 분석에 몰두할 수 있었고, 어떤 문제에 대해서 단 하나의 해결책은 적절하지 않다는 사실도 깨달을 수 있었다. 촘스키는 당시의 사회경제적 환경에서 많은 영향을 받았다. 그는 대공황 시기에 필라델피아에서 성년이 되었다. 그가 와첼에게 털어 놓은 유년기 추억들에는 "사람들이 집으로 찾아와 헌 옷가지나 사과를 팔던 모습, 봉제공장 여성 노동자들이 파업을 벌이던 모습, 진압경찰이 파업자들을 후려치던 모습" 등이 있었다(예르진, 「촘스키 혁명」 64). 촘스키 가족이 살던 동네는 독일 이주민과 아일랜드 가톨릭교도들의 거주지였다. 이들은 대부분 반유태주의자들이자 친나치주의자들이었다. 이러한 환경에서 자란 아이들이 모두 사회의식을 갖게 되는 것은 물론 아니다. 그러나 이주민들로 이루어진 지역사회 속에서 이질적인 문화전통을 경험한 촘스키에게, 눈앞에서 벌어지는 위선과 폭력을 관찰하고 그 근본 원인에 대해 깊이 생각할 기회가 많았다는 것은 어쩌면 당연한 일이었다.

초 등 학 교 : 탐 색 과 창 조

촘스키는 아주 어려서부터 정규교육을 받기 시작했다. 두 돌이 되기 전에 그는 필라델피아에 있는 오크 레인 컨트리 데이 스쿨에 입학했다. 이 학교는 철학자 존 듀이의 교육원칙을 따르는 일종의 실험학교로서 템플대학교에 의해 운영되었다. 촘스키는 열두 살 되던 해까지 여기에서 교육을 받았다. 존 듀이의 진보적인 교육사상은 철학자 빌헬름 훔볼트의 사상과 유사했다. 훔볼트는 언어학과 정치학 양방면으로 촘스키에게 중요한 선학(先學)이었다. 훔볼트와 마찬가지로 듀이에게도 "교육이란, …… 자아실현의 기회를 제공하는 것, 다시 말해 각 개인이 스스로의 방식으로 탐구할 수 있는 풍부하고 도전적인 환경을 제공하는 것 이상이 아니"다(『촘스키 읽기』 149). 촘스키는 지속적으로 이러한 입장을 지지한다. 그 역시 각 개인들이 경직된 교육원리를 맹종할 때보다는 자유롭게 창조하고 탐구할 때만이 비로소 발전할 수 있다고 믿는다.

오크 레인에 재학할 당시 촘스키는 다양한 배경과 서로 다른 재능을 가진 아이들과 함께 경쟁에 기초한 평가제도에 억압됨 없이 마음껏 자신의 창조 능력을 키워갈 수 있었다. 학생들은 개인적으로 혹은 그룹 속에서 각자의 관심사를 추구할 수 있었고, 학급의 각 구성원은 스스로를 뛰어난 학생으로 간주하도록 격려받았다. 오크 레인 데이 스쿨의 평가기준은 점수가 아니라 창조성이었다. 따라서 어떤 활동이 다른 활동보다 중요하다는 식의 비교는 없었고, 다른 곳에서는 종종 엄정한 교육의 상징으로서 장려되는 '건전한 경쟁'이라는 개념도 무시되었다. "적어도 아이들은 이런 생각을 가지고 있었습니다. 즉, 경쟁이란 것이 있다면 그것은 곧 자신과의 경쟁이라는 것이죠. 나는 무엇을 할 수 있을까를 생각하는 겁니다. 그것 때문에 긴장을 하거나 상대적으로 평가받는다는 느낌은 전혀 없었습니다. 이것은 내가 우리 아이들에게 느꼈던 것과 아주 딴판입니다. 우리 아이들은 이미 초등학교 2학년 때부터 누가 똑똑하고 누가 바보 같은지, 누가 앞서 나가고 누가 뒤처졌는지를 알고 있더군요. 이는 정말 심각한 문제입니다(『촘스키 읽기』 5)."

이쯤에서 우리는 촘스키의 강의와 토론과 저서에서 반복되는 몇 가지 문구들을 확인할 수 있다. 가족과 관련해서 과거나 현재나 촘스키에게 가장 중요한 것은 일치단결이 아니라 다양성이다. 유년기에 그에게 깊은 인상을 준 것도 강요된 교과과정이 아니라, 자유롭고 정형화되지 않은 탐구의 기억들이다. 부모님과 그 자신의 학교 경험에서 영감을 얻은 촘스키는 자신의 교육에서도, 학생 각자의 잠재된 열정과 능력이 빛을 발할 수 있도록 그들을 주의 깊게 관찰하고 또 격려한다. 촘스키가 생각하는 교육의 최대 문제는 학생들의 동기 결여가 아니라 교육체계의 모든 단계에서 그들의 동기를 짓누르는 억압적인 교육구조이다. 이 같은 우려는 오랜 세월 동안 계속되었으며, 촘스키가 국제적 명성을 얻게 된 지금까지도 그의 정치적·언어학적 저작의 변함없는 특징으로 남아 있다.

오크 레인 학창 시절에 촘스키가 참여한 여러 가지 활동 가운데 하나는 학교신문에 글을 쓰는 일이었다. 열번째 생일이 지난 직후 그는 자신의 첫번째 글을 발표했다. 스페인 내전으로 바르셀로나가 함락당한 사건에 대한 논설이었다. 이 사건은 "그 당시 내 삶에서 아주 큰 문제였다"고 그는 설명한다(1995.3.31. 편지). 또 촘스키는 바르셀로나의 함락과 무정부주의 신디컬리즘 운동*의 종말, 그리고 1936년 7월 프랑코 총통의 즉위에 뒤이은 자발적 민중봉기를 계기로

---

*Anarchosyndicalism 무정부주의와 신디컬리즘(연맹주의)이 결합한 용어. 무정부주의는 19세기에 슈티르너, 프루동, 바쿠닌 등에 의해 시작되었다. 주요 내용은 종교적 권위나 정치적 권위 등의 모든 외적인 권위를 거부하고, 여러 사회 제도 가운데 사유재산과 국가를 비판하는 것이다. 그리고 생산자들의 연합과 사유재산의 부재를 위해 존립하는 사회를 이상으로 추구한다. 신디컬리즘은 프랑스 노조의 경험으로부터 생겨난 것으로 일반적으로는 노동조합운동을 의미한다. 신디컬리즘의 요체는, 자본주의에 대항한 노동계층의 투쟁은 노동조합이나 기타 배타적 노동자 조직체에 의해 주도되어야 한다는 것이다. 그리고 그 방법으로 정치 행위보다는 스트라이크나 태업을 주장한다. 이러한 운동의 좀더 과격한 형태를 무정부주의 신디컬리즘이라 부른다. 무정부주의 신디컬리스트들은 노동조합이야말로 혁명을 준비하기 위해 프롤레타리아를 조직하는 수단이자, 새로운 사회를 건설할 수 있는 주축이라고 주장했다. 이들의 활동은 특히 프랑스와 스페인에서 강력했다. 예를 들면 전국 노동자 연맹은 1936년의 스페인 내전을 기화로 무정부주의 운동을 강력하게 전개했다.

스페인에서 들불처럼 번졌던 마르크스주의 통합당 운동(POUM) 그룹의 종말에 몰두하게 되었다. 열 살의 어린아이가 대단히 멀리 떨어진 곳에서 일어난 정치적 충돌과 그에 연루된 복잡한 문제들에 대해 그렇게 깊이 빠져들 수 있었다는 사실은 믿기 어려운 일이다. 그러나 촘스키 집안의 분위기와 그가 추구하고자 했던 관심사가 어떤 종류였는지를 상기해 본다면, 어떻게 그런 어린아이가 바르셀로나 논설에서 보여준 것과 같은 중요한 연관성을 찾아낼 수 있는지 이해할 수 있을 것이다. 사실 촘스키는 "열 살바기라도 그런 개념을 파악할 수 있습니다"라고 종종 말한다. 이 말은 성인이 어린아이보다 더 어리석다는 것을 의미한다기보다는, 성인이 주류 언론매체와 교육체계에 의해 세뇌되어 있다는 것을 의미한다. 세뇌의 결과로 많은 성인들은 촘스키에게는 명백한 진리라고 보이는 것에 둔감해지고, 정치적으로 실현 가능한 목표들, 이를테면 진보적 사회운동의 실현을 성취할 수 없는 것으로 간주한다. 촘스키의 가정생활, 그가 받은 교육, 그리고 당시의 사건들이 어떻게 그를 현재와 같은 특정한 방향의 삶으로 이끌었는지를 평가하기 위해서는 스페인 내전과 그것에 관해 연구하고 발언하도록 만든 저간의 이유들을 좀더 면밀히 살펴보는 것이 도움이 될 것이다.

자유주의를 향한 첫발

1992년 11월 25일 바르셀로나에서 개최된 '창조와 문화'라는 제목의 학술회의에서 촘스키는, 거의 54년 전에 바르셀로나의 함락에 관한 글을 썼던 그가 지금 이곳에 와서 직접 연설을 하게 된 것은 '특별한 기쁨'이라는 말로 연설을 시작했다. 그의 말을 들어보자.

"지난 시대의 그 사건들은 세계에 대한 나의 개인적 이해와 정치·도덕적 의식에 지대한 영향을 끼쳤을 뿐 아니라 세계 상황에 대한 나 자신의 사고와 이해와 느낌에 지속적인 영향을 끼쳤다(「창조와 문화」)". 스페인 내전의 파장은 이후에 나온 정치논문에서도 엿볼 수 있다. 스페인 내전은 민중들이 '혁명의 지도자' 없이도 압제에 맞서 일어나 자유롭고 자발적인 조직운동에 참여할 수 있으며, 이러한 운동이 "수탈당한 대중의 절실한 요구와 이상향 속에 깊이 뿌리내리고 있음"을 증명하는 사건이었기 때문이다(『촘스키 읽기』 86).

스페인 내전은 무정부주의 신디컬리즘적 이상을 매우 적절하게 표현한 것이다. 이 이상은 소수의 지배 엘리트보다는 도외시되었던 일반대중과 관련된 혁명 계획으로, 모든 개개인을 포용할 것에 역점을 두고 있기 때문이다. 촘스키는 「객관성과 자유주의 학문」이라는 1968년도 논문에서 스페인 내전을 '무정부주의가 팽배했던 혁명'이라고 단정했다. 그것은 스페인 내전이 "대도시와 농촌을 포함한 광범위한 지역의 자발적 참여군중이 기존의 사회·경제적 조건들을 급진적으로 개혁하기 위한 혁명운동에 가담하여, 비록 폭력에 의해 진압되기는 했지만 상당한 성공을 거두었기 때문"이다(『촘스키 읽기』 86). 이러한 유형의 혁명운동을 언급하는 문맥에서 '자발성'이란 용어를 사용한 데에는 특별한 설명이 필요하다. 왜냐하면 이 용어가 독재구조에 맞서 투쟁하는 사람들의 노력이 없이도 어떤 변화가 발생할 수 있다는 잘못된 암시를 던져줄 수 있기 때문이다. 제1차 세계대전 후의 독일과 이탈리아에서 그리고 1936년의 스페인에서 일어났던 자발적인 혁명운동에 관해 촘스키는 이렇게 말한다.

적어도 신디컬리스트들은 바쿠닌의 견해를 매우 진지하게 받아들였다.

즉 노동자 조직은 혁명이 도래하기 전에 미래의 '모습에 대한 개념뿐 아니라 이를 위한 행동'까지도 창조해야 한다는 것이었다. 스페인 민중혁명의 성공은 특히 수년 간에 걸쳐 꾸준히 전개된 노동자 조직과 교육 작업으로 가능했으며, 이것은 참여와 투쟁정신이라는 오랜 전통을 구성하는 중요한 요소였다. 프랑코의 쿠데타와 더불어 1936년 초기의 소용돌이가 사회적 혁명으로 번져나갈 당시에 노동자 조직이 가능했던 것은 사회적 재건이라는 임무를 떠안으려는 민중의 체계적 활동과 경험 그리고 이해가 있었기 때문이다. (오테로, 「촘스키의 사회 이론에 대한 서문」 38)

이러한 종류의 정치적 행동이 가능하기 위해서는 우선, 민중이 자신들의 광범위한 공동 관심사를 한목소리로 외칠 때에만 자신들의 노력이 결실을 거둘 수 있다는 믿음을 가지고 있어야만 한다. 촘스키는 이미 열 살의 나이에, 스페인 내전이 실례로 보여준 이 행동이 기존의 평가처럼 실패나 탈선이 아니라 오히려 무정부주의 운동도 성공할 수 있고 '아래'로부터 역사의 전면으로 부상할 수 있다는 증거가 된다고 확신했다. 몇몇 사례들로 판단해 보건대, 무정부주의 운동이 이런 식으로 성공할 경우, 노동자 계급과 대다수 민중의 기본적인 요구가 충족될 수 있다. 이러한 믿음은 이후의 촘스키의 활동과 저서를 관류하고 있으며, 무정부주의를 향한 노력이 명백한 유토피아적 발상임에도 불구하고 추구할만한 가치가 있다는 확신은 이 믿음에서 동력을 얻고 있다.

　　역사적 상황을 고려해 볼 때 당시 레닌주의는 많은 사람들에게 만병통치약이자 현실에 대한 적극적인 대안으로 여겨졌다. 그렇다면 왜 어린 촘스키는 여기에 열정을 보이지 않았을까? 후에 레닌주의의 공포가 낱낱이 밝혀지긴 했지만, 당시에는 수많은 사람들이 레닌주의에 현혹되어 있었다. 촘스키는 무정부주의에 대한 초기의 관심이 일종의 '행운'이었다고 설명한다. "당시에 나는 너무 어려서 골수 레닌주의자가 되고 싶은 유혹에 빠지지 못했다. 따라서 나는 전향해야 할 사상도 없었고 배신감이나 죄책감을 느끼지도 않았다. 나는 늘 패배자들의 편에, 예를 들면 스페인의 무정부주의자들 편에 서있었다(『촘스키 읽기』 13)." 이것이 촘스키 인생에서 아주 다행스런 일이었음을 독자들은 곧 알게 될 것이다.

| 비 공 식 교 육 |

오크 레인 컨트리 데이 스쿨의 여러 가지 장점에도 불구하고, 어느 특정한 교육기관이 촘스키 교육의 주요 원천이었다고 생각할 수는 없다. 어려서부터 그는 열정적으로 책을 읽었고 다양한 분야에 몰두했다. 그는 오스틴, 디킨즈, 도스토예프스키, 엘리어트, 하디, 위고, 톨스토이, 투르게네프, 트웨인, 졸라 등—이 목록을 보면 어린 촘스키가 문학적으로 사실주의적 취향을 가졌음을 알 수 있다. 이 작가들은 모두 작품의 배경이 되는 사회적 요소와 계층을 망라해서 묘사하려 했다—을 독파했을 뿐 아니라, 히브리어 성경과 19세기 히브리 르네상스기의 작품들, 그리고 멘델 모셔 스파림 같은 19세기 후반과 20세기 초의 이디시* 히브리 작가들의 작품도 독파했다.

촘스키는 열두 살 때 아버지가 저술하고 있던 다비드 킴히 (1160~1236)에 관한 초고를 읽었다. 킴히는 유태문화의 창조성이 황금기를 구가하던 시기에 활동한 히브리어 문법학자이다. 로버트 스클라는 촘스키 자신이 아버지의 저서로부터 어떤 영향을 받았는지에 관해 촘스키와 대화를 나눈 적이 있다. 그에 따르면 촘스키는 당시에 유행하던 구조주의 전통보다는 오히려 아버지로부터 배운 고전 철학과 독서의 영향으로 언어학에 관심을 가지게 되었다고 한다. 어떤 의미에서 그는 이론적 배경도 없이 언어 연구에 관심을 가지게 되었지만, 한편으로는 역사학적 분석절차에 관심과 호의를 가지고 언어 연구에 접근했다고 볼 수 있다. 이런 이유로 그는 언어 현상을 단순히 공식화하기보다는 그 원인을 설명하려고 애쓰게 된다. "사실, 이유를 설명한다는 것은 일종의 유아적 신비주의로 간주될 수도 있습니다. 실제로 내가 언어학에 도입했다고 생각하는 유일한 발전은 기술적 설명, 즉 언어적 현상의 분포를 현실적으로 설명해 줄 수 있는 공시(共時)적 언어 구조에 관한 이론을 제공하려 했다는 것입니다. 적어도 초기 저작에서는, 유년기 이후로 심취했던 역사 언어학 분야의 설명방식을 바탕으로 이러한 목적을 굉장히 의식적으로 모델화했습니다(스클라, 「촘스키의 언어학 혁명」 32)."

　　『다비드 킴히의 히브리어 문법』에서 우리는 촘스키의 사고에 흔적을 남긴 두 가지의 가르침을 찾아볼 수 있다. 첫째는 소년 촘스키가 문법서의 가치를 인식했다는 점이고, 둘째는 유용한 지식들이 후에 어떻게 잊혀지거나 무시되는가를 이해하게 되었다는 점이다.

---

*Yiddish 10세기 경의 독일어 Jüdisch에서 유래했다. 프랑스와 이탈리아 북부에 거주하던 유태인들이 라인란트를 비롯한 서부 독일 지역에 정착하면서 이들의 언어인 히브리어와 아라마익어가 중부 고지 독어(Middle High German)와 뒤섞이면서 이디시어가 탄생되었다. 또 이디시어를 사용하는 많은 유태인들이 14세기에 폴란드와 그 주변으로 대량 이주함으로써, 슬라브어의 특성과 혼합되어 변형된 이디시어가 발달하게 된다. 19세기에 유태인들이 전세계로 급속히 퍼지면서 이디시어는 유태인들의 모국어처럼 인식되었고, 제2차 세계대전 무렵에는 이디시어를 사용하는 유태인들이 1600만에 이르렀으나 유태인 대량 학살로 인해 이디시어와 이디시 문화는 갑자기 사라지고 말았다. 이디시 언어와 그 문화를 유지하려는 유태인의 노력은 오늘날 뉴욕에 본부를 둔 이디시 과학재단을 중심으로 활발하게 전개되고 있다.

1940년 필라델피아 미크베흐 이스라엘 신학교의 건물 앞에서 부모와 함께 포즈를 취한 촘스키.
그라츠 칼리지도 같은 건물에 있었다. 노암과 그의 동생 데이비드는 부모가 교사로 재직하던
미크베흐 이스라엘 신학교에 다녔다.

그는 이렇게 썼다. "히브리어 문법지식은 그 당시 지식인들에게는
필수요건이었습니다. 문법적 정확성은 문학적 · 종교적 저술의 수준
을 판정하는 기준이었고, 문법지식은 유태인으로서의 학문과 학식
을 측정하는 척도였습니다. 그러므로 히브리어 문법에 대한 관심은
전문적인 문법학자들에게만 국한되지 않고, 정치가와 시인, 철학자
에게도 유행처럼 번졌습니다(『언어와 정치학』 79)." 잊혀진 학문의 가
치와 언어 연구의 중요성은 이후의 저서, 특히 『데카르트 언어학』에
서 핵심적인 이슈로 떠오른다.

촘스키가 이 길을 선택한 데에 그의 부친이 어느 정도 영향을
미쳤는지를 알아내기란, 마치 사실주의 문학이 소년 촘스키에게 어

느 정도 영향을 미쳤는지를 알아내는 것만큼이나 어렵다. 그러나 분명한 것은 그의 부모님 특히 아버지가 그로 하여금 언어학 분야에 관심을 가지도록 자양분을 제공했고, 어머니가 사회적 이슈들을 직시하도록 그에게 열정을 불어넣었다는 사실이다. 그리고 유년기의 촘스키는 확실히 유태 및 히브리문화에 심취해 있었다. 이 말은 많은 유태인들이 암시하는 것처럼 그가 탈무드의 문답식 교육을 받은 사람의 전형이라는 의미가 아니라, 그의 가정환경이 유태 및 히브리 이슈들과 서로 밀착되어 있었음을 의미한다. "나는 강렬한 유태 및 히브리문화의 배경에서 성장했지만 그 배경에서 전설과 우화를 제외한다면 탈무드가 어떤 특별한 역할을 하지는 않았습니다. 물론 나는 어느 정도 탈무드를 공부했고 그것은 그런대로 재미있었습니다. 그러나 솔직히 말하면 나는 탈무드를 적어도 의식적 차원에서 심각하게 받아들이지는 않았습니다. 의식의 아래쪽에서는 어떤 일이 있었는지 물론 알 수 없지요(1995.3.31. 편지)."

지우고 싶은 기억, 센트럴 하이스쿨

촘스키는 열두 살 되던 해에 오크 레인 컨트리 스쿨에서 역시 필라델피아에 있는 센트럴 하이스쿨로 옮겼다. 학교를 옮긴 후 높은 점수를 받기 시작했으므로 촘스키는 처음으로 자신이 훌륭한 학생이라는 사실을 인식했다. 그러나 그는 학교측이 이런 식의 학업성취를 강조한다는 사실에 충격을 받았다. 학구적인 공립학교로서 평판이 좋았던 센트럴 하이스쿨이었지만, 그 속에 만연해 있던 가치체계와 위계질서 그리고 교과과정은 말그대로 당시의 기억을 남김없이 지워버릴 정도로 촘스키를 질식시켰다. 반면에 이전 학교인 오크 레인에서 경험했던 자유로움과 창조적 활동에 대한 기억들은 오랫동안 그의 마음속에 간직되어 있다. "지난 경험들을 돌이켜보면 어두운 부분이 있습니다. 대체로 학교 교육이란 그런 것이겠지요. 군대식 조직과 통제에 의지하고, 주입식 교육의 방식으로 거짓된 가치관을 제공하는 것 말입니다." 아마도 주입식 교육은 우리 모두에 내재되어 있는 자연적 충동을 파괴하는 작용을 하는 것 같다. 만일 자연적 충동이 억제되지 않는다면 우리는 늘 새롭고 예기치 않은 탐구의 길을 찾아가게 된다. 반면에 주입식 교육은 '특권과 가치체계'를 이용하여 다른 학생을 이기려는 욕망을 강화시킨다. 촘스키는 이것이 대부분의 교육기관을 움직이는 동력이라고 생각한다. 센트럴 하이스쿨의 교육관행도 촘스키에게는 "독자적이고 창조적인 사고를 막고 위계질서와 경쟁심을 부여하는 동시에, 최선을 다한다는 의미에서가 아니라 다른 사람보다 더 잘해야 한다는 의미에서 뛰어난 성취를 이루려는 욕구를 강요하는 방식"이었다(『촘스키 읽기』6).

고등학교라는 세계에 들어가면서 느꼈던 충격은, 사회가 구성원들을 교육하는 목적이 지배 계층의 욕구를 충족시키고 증진시키기 위한 것이라는 견해로 발전한다. 촘스키는 모든 학교가 오크 레인처럼 듀이식으로 운영될 수 있다고 확신하지만, "권위적이고 위계적인 교육제도에 기반을 둔 사회가 그와 같은 학교 제도를 오랜 기간 용인하지는 않을 것"이라고 생각한다. "사회 엘리트들은 사고와 창조의 방법을 배워야 하기 때문에 그들을 위한 교육으로는 용인될 수 있지만, 결코 대중을 위해서는 아니"다(『촘스키 읽기』6).

그럼에도 불구하고 촘스키는 센트럴 하이스쿨에서 매우 활동적이었다. 그는 여러 개의 클럽에 가입했고 동료들의 많은 사랑을 받았다. 그러나 그의 관심사는 대다수의 학생들과는 다른 것이었다.

예를 들어 고등학교에 다니는 동안 촘스키는 "고교 축구팀에 매우 흥미를 느꼈고 열광적으로 응원했다"고 회상한다(헤일리와 룬스포드, 『노암 촘스키』7). 그러나 그는 어느 시점에서 매우 중요한 스포츠 행사 및 그 행사에 관련된 사람들에 대해 새로운 사실을 깨달았다. "고등학교 시절 갑자기 아주 우스운 질문을 스스로에게 던졌던 일이 기억납니다. '왜 나는 우리 학교의 축구팀을 응원하고 있는가? 사실 아무도 아는 사람이 없고, 그들도 나를 모른다. 나는 그들에 대해 관심도 없고, 이 학교를 싫어한다. 그런데 왜 내가 학교의 축구팀을 응원하고 있는가?' 하지만 우리는 그런 식으로 행동합니다. 그렇게 하도록 훈련받았으니까요. 우리 몸 속에 그렇게 배어 있는 겁니다. 이것이 곧 맹목적인 애국심과 복종으로 발전하게 되지요(『창조와 문화』)." 지금도 편을 갈라 응원한다는 것이 촘스키에게는 흥미없는 일이지만, 그렇게 어린 나이에도 그는 자신만의 방식을 두려워하지 않았다. 또다른 예가 있다. 미국인들이 히로시마와 나가사키에 원자탄을 투하했을 당시 아직 십대이던 촘스키는 여름 캠프에 참가하고 있었다. 그는 애국심을 발휘하여 환호하지도 않았고, 제2차 세계대전에 종지부를 찍은 그 행위를 찬양하지도 않았다. 그는 주변 사람들의 희열에 찬 반응에 동참할 수 없었고, 물론 비슷한 견해를 가진 그룹이나 개인이 있긴 했지만, 당시 그로서는 자신의 생각에 공감하는 사람을 발견할 수 없었다. 오늘날까지도 역사가들은 일반시민을 대상으로 한 한번의 대량 살상이 또다른 학살의 가능성을 미연에 방지했다고 주장하며, 미국의 선제 핵공격 행위를 정당화하고 계속해서 찬사를 보내고 있다. 촘스키는 이러한 논리, 즉 승자가 어떤 조치를 취하든 우리는 늘 승자의 편을 들어야 한다는 사고방식을 거부하고 비난한다.

　　자유주의적 무정부주의와 정치논쟁에 대한 촘스키의 열정이 학교 제도권 내에서 수용될 수 없었음은 분명하다. 따라서 호기심 많고 자유로운 정신의 소유자였던 촘스키는 열세 살 때 기차를 타고 뉴욕으로 혼자 여행을 떠났다. 그는 많은 친척들을 방문했고 특히 4번가에 있는 헌 책방에 자주 드나들었다. 이때 그는 많은 책을 골랐고 필라델피아의 집으로 돌아온 뒤 그것들을 탐독했다.

　　촘스키는 뉴욕에서의 대부분의 시간들을 77번가에서 신문가판대를 운영하던 이모부와 함께 보냈다. 이모부는 교육은 거의 받지 못했지만 매우 지적이었고, 다양한 경험을 가진 사람이었다. 그는 촘스키에게 프로이트를 가르쳤고, 실제로 프로이트의 이론을 잘 이해하고 있었기 때문에 사람들이 꿈해석을 부탁하기 위해 그를 찾아오기도 했다. 또 그는 촘스키 자신이 이제 막 공부를 시작한 주제들, 이를테면 "마르크스주의의 아류인 스탈린주의, 트로츠키주의, 여러 종류의 비레닌주의" 등을 접한 경험이 있었다(『촘스키 읽기』 11). 척추장애인(곱추)이었던 이모부는 신체장애인들에게 지급되는 생계보조금과 신문판매직을 제공받았다. 그러나 가판대의 불리한 위치 때문에 장사는 거의 형편없었다. 대신에 그 가판대는 전문 지식인 출신의 유태인 이민자들이 모이는 활기찬 '문학과 정치의 토론장'이 되었다. 촘스키는 이렇게 말한다. "뉴욕에 있는 유태인 노동자 계층의 문화는 매우 특이했다. 그들은 대단히 지적인 동시에 몹시 가난했다. 많은 사람들이 실직자였고 대개는 슬럼가에서 사는 등 형편이 극히 어려웠다. 그러나 그곳에는 풍부하고 활기 넘치는 지적 문화가 있었다. 프로이트, 마르크스, 부다페스트 현악 4중주단, 문학 등이 흘러넘쳤다. 그것은 십대 초반에 경험했던 가장 강렬하고 지적인 문화였다(『촘스키 읽기』 11)." 촘스키의 이모부는 결국 자격증없는 심리치료사로 성공했고, 뉴욕을 방문한 어린 조카에게 지울 수 없는 매우 중요한 흔적을 남겼다.

촘스키는 자신이 읽고 있던 많은 서적과 새로 알게 된 많은 사람들과의 토론을 통해 더욱 더 무정부주의 방향으로 나아갔고, 상대적으로 마르크시즘으로부터 멀어졌다. 오테로는 다음과 같이 적고 있다. "많은 친척들이 공산당 주변에 있었으므로 어린 촘스키에게는 마르크스주의에 대한 관심이 자리하고 있었다. 그러나 열두 살이 되면서 그는 이미 그러한 단계를 넘어섰다(오테로, 「촘스키와 자유주의 전통」 4)." 따라서 어린 촘스키는 뉴욕을 여행하는 동안 루돌프 로커 같은 저명한 필진이 참여하고 있던 무정부주의 잡지 「프레이 아르바이터 스티머」의 사무실에 자주 드나들었다.

그 무렵 촘스키는 로커의 글을 닥치는 대로 읽었고, "당시에 많지는 않았지만 찾아낼 수 있는 것은 모두 찾아서 읽었"다(1994. 8.8. 편지). 로커는 촘스키의 초기 환경을 구성하는 많은 사상가들에게 중요한 인물이었다. "로커는 미국에 도착하는 순간부터 이미 미국내 유태인 무정부주의 운동권의 한 세력으로 자리잡았다. 그는 대륙의 동부 해안에서부터 서부 해안에 이르기까지 전국적인 강연을 했고, 무정부주의 철학과 역사에 영원한 족적을 남긴 일련의 저서들을 출간했다(아브리치, 『무정부주의자의 초상들』 295)." 촘스키의 말에 따르면, 자신이 무정부주의와 고전적 자유주의 사상과의 관계에 대해 처음으로 생각하게 된 것은 1938년에 출판된 로커의 글 때문이었다고 한다. 이를 계기로 촘스키는 나중에 추구하게 될 많은 사상적 토대를 구축하게 된다(1994.12.13. 편지). 「프레이 아르바이터 스티머」지의 또다른 필진이었던 모이셔 슈타크만은 로커가 추구하던 좌파 자유주의 운동이 새롭고 활기차 보이지만 사실은 고대의 유태 역사에 뿌리를 두고 있음을 주장했다.

이것은 젊은 유태인들이 런던이나 뉴욕에서 흡수한 사상이 아니다. 이것은 오래된 유태인들의 메시아 신앙을 부활한 것이다. 자유주의 운동은 고대 유태사상에 단지 새로운 용어를 접목시킨 것이며, 그 사상은 젊은 유태인들의 가슴에 항상 자리하고 있었다. 솔로타로프나 카츠 같은 유태 무정부주의 운동의 노장들이 후에 급진적 시오니즘 운동과 포엘(Poale) 시오니즘의 대변자가 되었다 해도, 그들의 무정부주의 운동과는 전혀 모순되지 않는 것이었다.(로커, 『더 런던 이어즈』 33)

촘스키는 다른 무정부주의 서적들도 섭렵했다. 그 중에는 1936년 3월 스페인 내전이 시작되기 몇 달 전에 일부가 번역되어 『혁명 이후』라는 이름으로 출간된 디에고 아바드 데 산틸란의 저서도 있었다. 이 시기에 촘스키는 칼 리프크네히트, 로자 룩셈부르크, 카알 콜쉬 등을 비롯한 좌파 마르크스주의자들(비볼셰비키 마르크스주의자들)의 저서도 독파했다. 특히 카알 콜쉬의 저서는 이론 지향적 마르크스주의 사상가들에게 매우 중요한 영감의 원천이 되었고, 이 사상가들은 다시 촘스키에게 크고작은 영향을 미쳤다. 실제로 촘스키는 광범위한 진영의 좌파 사상가들이 스페인 무정부주의 운동에서 여러 가지 소중한 가치들을 발견했다는 사실을 제시하면서, 콜쉬가 스페인 무정부주의 신디컬리즘 운동의 동조자였다고 주장한다. "마르크스주의에는 상당히 폭넓은 스펙트럼이 존재하기 때문에, 어떤 지점에서는 무정부주의의 일부 형태와 마르크스주의의 일부 형태가 매우 가까워지기도 한다. 예를 들어 카알 콜쉬 같은 사람은 스스로 자신이 정통 마르크스주의자라고 주장하면서도 스페인의 무정부주의 운동에 매우 공감했다(『언어와 정치학』 168)."

　그러나 일반적으로 이들 정통 마르크스주의자들은 촘스키에게 그리 중요하지 않았다. 왜냐하면 이들이 한편으로는 마르크스주의에 극단적으로 경도되어 있었고, 또 한편으로는 그들의 분석이 촘스키에게는 너무 복잡하게 느껴졌기 때문이다. 이 점에 관해서는 촘스키와 유사한 목표를 추구하지만, 자본주의의 메커니즘과 전략이 마르크스주의의 분석틀과 같은 고도로 철학적이고 복잡한 이론체계—이를테면 프랑크푸르트학파의 이론—의 분석을 반드시 거쳐야 한다고 믿는 사람들에게는 재론의 여지가 있을 것이다. 촘스키는 이렇게 설명한다. "루카치와 프랑크푸르트학파 같이 마르크스주의적 전통의 주변에서 활동하는 지식인들의 저서를 조금 읽기는 했지만, 솔직히 말해 큰 흥미를 느끼지는 못했습니다. 이런 종류의 글은 명쾌하다는 생각이 들지 않습니다. 유용한 느낌을 주는 사상은 동시에 매우 간명한 느낌을 줍니다. 그 많은 수사가 왜 필요한지 이해할 수 없더군요(1994.8.8. 편지)." 둘 사이의 중요한 합치점을 발견했음에도 불구하고, 초기의 무정부주의에 대한 경도와 마르크스주의적 전통에 대한 거부감은 결국 지역 운동에 대한 지대한 관심과 복잡한 계급분석 연구에 대한 과도한 거부감으로 귀결되었다.

| 오 웰 과　무 정 부 주 의　소 신 |

　소년 촘스키를 사로잡았던 드와잇 맥도널드, 조지 오웰, 버트란트 러셀 등과 같은 좌파 지식인들과는 달리, 촘스키 자신은 자유

주의 사상에 대한 환멸의 결과로 좌파 자유주의나 무정부주의 사상에 경도된 것이 아니었다. 그는 말그대로 그곳에서 출발했다. 촘스키는 유년기부터 당시의 좌파 자유주의 운동에 대한 정보를 구하기 시작했고 그것을 포기하지 않았다. 촘스키는 자신이 매료된 사상가들 가운데 특히 조지 오웰을 매력적으로 느꼈다. 그것은 사회 전반에 걸친 오웰의 영향력 때문이었고 동시에 그가 좌파 자유주의자들과 나눈 광범위한 교류와 인맥 때문이었다. 촘스키는 자신의 정치 관련 저서에서 빈번하게 오웰에 대해 언급한다. 무정부주의적 관점에서 스페인 내전에 관심을 기울인 사람에게 왜 오웰이 매력적일 수밖에 없는가는 오웰의 작품을 보면 분명해진다.

십대 시절에 촘스키는 오웰의 『동물농장』을 읽었고, "재미있으면서도 아주 선명하다는 인상을 받았"다. 그러나 십대 후반에 『카탈로니아 찬미』를 읽은 뒤에는 "그 작품이 뛰어나다"고 생각했다. "비록 그가 마르크스주의 통합당 운동의 역할을 과장한 면은 있지만, 그가 처한 환경을 생각해 보면 그리 놀라운 일은 아니었습니다. 이 책으로 인해 나는 스페인 내전에 대해 이전부터 가지고 있던 신념을 확신할 수 있었습니다(1995.3.31. 편지)." 스페인 내전에 관해 묘사한 『카탈로니아 찬미』는 오웰이 그 운동의 열성적인 민병대원으로서 임무를 마친 후에 쓴 글로, 이상적 자유주의 사회상을 정교하고 감동적으로 묘사하고 있다. 때문에 그 책은 지금도 촘스키를 비롯하여 성공한 사회주의 운동과 무정부주의 운동에 관심을 가진 사람들 사이에서 회자되고 있다. 이 책을 통해 십대의 촘스키가 '확신했던 신념'은, 자유주의에 기초한 사회가 가능하며 개인과 공동의 요구를 동시에 충족시킬 수 있다는 믿음과 관련이 있었다.

1930년대 바르셀로나에는 세 그룹의 좌파가 활발하게 활동하고 있었다. 마르크스주의 통합당(POUM), 스탈린주의자들이 지배하던 카탈로니아 사회주의 통합당(PSUC), 그리고 루돌프 로커 탄생 80주년 행사에서 그를 '스승'으로 받아들이며 조직한 전국 노동자 연맹 – 스페인 무정부주의 연합당(CNT – FAI)이 바로 그것이다(로커, 『더 런던 이어즈』 32). 오웰은 1936년 말, 취재차 스페인에 들어가기 위해 그 그룹 가운데 하나인 마르크스주의 통합당의 민병대원이 되었다. 그는 『카탈로니아 찬미』에 등장하는 마르크스주의 통합당의 묘사에서 부르주아 민주주의 – 파시즘 – 자본주의간의 관계를 과감하게 단순화시켜 자극적으로 설명하고 있다.

> 부르주아 '민주주의'는 자본주의의 또다른 이름에 불과하고, 파시즘도 마찬가지이다. '민주주의'를 위해 파시즘과 맞서 싸우는 것은 마치 한 가지 모습의 자본주의를 위해 본질은 같지만 형태만 다른 또다른 자본주의에 대항해 싸우는 것과 같다. 양자는 어느 순간에라도 금방 뒤바뀔 수 있다. 파시즘에 대한 단 하나의 진정한 대안은 노동자의 장악이다. 이보다 하위의 목표를 설정하면, 우리는 프랑코에게 승리를 갖다바치거나, 최선의 결과라도 파시즘이 뒷문으로 슬쩍 들어오도록 허용하고 말 것이다. 전쟁과 혁명은 서로 뗄 수 없는 관계이다.(『오웰 선집』 60~61)

오웰은 혁명이야말로 제2차 세계대전 이후 서방세계를 지배해 온 억압적인 부유층 지배 계급을 권력으로부터 몰아낼 수 있는 유일한 방법이라고 주장한다. 어떤 이들에게 이 개념은 쉽게 이해되지 않을 수도 있다. 왜냐하면 제도권 언론에 의해 모든 투쟁은 언제나 선과 악이라는 두 세력 사이에서 일어나는 것이라고 세뇌되어 왔기 때문이다. 제2차 세계대전도 종종 이런 식으로 묘사되어 왔다. 연합군측은 자유와 민주주의를 대변하는 편으로 받아들여지고, 파시즘과 나치즘은 전체주의 억압체제와 동일시되었다. 촘스키는 일찍부터 정치구조를 이해하는 제3의 방법이 있다는 것을 알고 있었다. 그는 역사적 사건들을 좌파 자유주의의 입장에서 해석하는 쪽으로 기울고 있었으나, 자유민주주의나 파시즘과 나치즘 그 어느 쪽도 '좋은 사회'를 지향하는 사람들이 지지할 가치가 없다고 결론지었다. 일본의 민간인들에게 원자폭탄을 투하하는 사회, 또는 독일의 한 마을을 잿더미로 만들어버리는 사회가 과연 얼마나 '좋은' 사회란 말인가? 다른 대안은 없는가?

이 문제는 좌파 자유주의자들에게도 여전히 뜨거운 논쟁거리이다. 노만 엡스틴은 몇 년 간 좌익운동에 헌신했고 대개는 촘스키와 입장을 같이하지만, 예외적으로 오웰에 관해서는 입장을 달리한다. 그는 이렇게 강조한다. "파시즘은 단순히 자본주의의 또다른 이름이 아니다. 파시즘은 미국 자본의 조종을 받고 있는 많은 제3세계 국가에서 볼 수 있는 것처럼 자본주의가 특정한 역사적 환경 아래서 취하는 특히 야만적인 모습이다. 이것은 부르주아 민주주의와는 엄격히·다르다. 촘스키 같은 사람은 부르주아 민주주의 하에서는 살아남을 수 있지만 파시즘 하에서는 불가능하다(1995.4.20.편지)." 그러나 촘스키의 정치적 입장이 어디에서 유래되었는지를 이해하고자 한다면, 그리고 이를 위해 촘스키가 어린 시절부터 추구해 온 무정부주의적 입장에 초점을 맞춰야 한다면, 우리는 파시즘의 방향과 소위 서구 민주주의의 방향 사이에 존재하는 유사성을 인식해야 한다.

아마도 가장 중요한 점은, 1930년대에 다양한 모습으로 바르셀로나를 풍미했던 무정부주의 담론 형태가 결코 혼란과 무분별한 행위로 가득찬 것이 아니었다는 사실이다. 그것은 순수하게 개인주의적이거나 쾌락주의적 성격을 띠지 않았다. 촘스키가 현실의 대안으로서 무정부주의를 상정했을 때, 그는 당연히 오웰이 『카탈로니아 찬미』에서 묘사한 1936년의 바르셀로나 모습에 매력을 느꼈을 것이다. 오웰은 바르셀로나에 도착한 것에서부터 설명을 시작하고, 무정부주의자들과 노동자들에 의해 발생한 물리적 변화에 주목한다. 대부분의 건물은 노동자들이 장악했고, 교회는 파괴되거나 불태워졌으며, 개인 소유의 자동차나 택시는 없어졌고, 가게와 카페는 집단 소유가 되었으며, 도처에 혁명의 상징들이 넘쳐났다. 그러나 무엇보다도 놀라운 것은 이러한 집단화가 사람들에게 끼친 영향이었다.

웨이터와 매장 관리자들은 사람들의 얼굴을 똑바로 쳐다보고 그들을 동등하게 대했다. 비굴한 어투나 심지어는 의례적인 어투도 사라졌다. 아무도 '나리', '선생님', '어르신' 같은 호칭을 사용하지 않았다. 모든 사람들이 다른 사람들을 '동무', '당신'으로 불렀고, "안녕하십니까?" 대신에 "안녕하시오"라고 인사했다. 무엇보다도 생소했던 것은 바로 군중들의 모습이었다. 그곳은 적어도 겉보기에는 부유층이 전혀 존재하지 않았다. 소수의 여성과 외국인을 제외하고는 '잘 입은' 사람을 찾아볼 수 없었다. 거의 모든 사람들이 질박한 노동자복 차림이었고, 상하의가 붙은 푸른색 작업복을 걸치거나 민병대 제복을 수선해서 입고 있었다. 모든 것이 생경하지만 감동적이었다. 물론 거기에는 내가 이해할 수 없는 많은 것들이 있었고, 좋아하지 않는 것들도 있었다. 그러나 나는 곧바로 이러한 사회야말로 목숨걸고 싸워볼 만한 가치가 있다는 것을 인식했다.
(오웰, 『카탈로니아 찬미』 4~5)

그러나 이 같은 사회를 어떻게 성취할 수 있을까? 어린 촘스키는 자신이 속한 현실세계와 『카탈로니아 찬미』에서 묘사된 세계 사이에 존재하는 큰 괴리감을 스스로에게 어떻게 설명할 수 있었을까? 왜 그는 볼셰비키주의자들보다는 무정부주의자들에게 의존했을까?

　　무정부주의 사상가인 루돌프 로커의 저서는 촘스키가 이 복잡한 문제들을 분석하려고 애쓰던 당시, 그에게 지식과 영감을 제공하는 중요한 원천이었다. 촘스키는 이미 십대에 로커의 많은 글을 읽었고, 여기에는 스페인 내전에 관한 이야기를 담은 『스페인의 비극』이란 저서가 포함되어 있었다. 로커의 논지는, 볼셰비키 지배자들이 반혁명 행위로부터 프롤레타리아의 이익을 지켜야 한다고 주장함으로써 전체주의적 행위를 정당화했다는 것이다. 볼셰비키 지배자들은 레닌의 가르침에 따라 사회주의 진입을 위한 사회를 준비하고 있었다. 그러나 촘스키와 일치하는 로커의 주장은 독재정치와 전제정치가 명백한 자유주의적 이념과 목표로 미화된 경우라도 결코 민중해방을 가져올 수 없다는 것이다. 로커의 말을 들어보자. "러시아의 독재자들과 그 지지자들은 무엇보다도 스페인에서의 자유주의적 사회주의의 성공이 몰고 올 파장을 두려워했다. 다시 말해 그들이 역설했던 '독재의 필요성'이 스탈린의 폭압정치를 몰고 왔고 오늘날 스페인의 노동자 농민 혁명을 짓밟았으며 반동세력의 승리에 일조하는 엄청난 사기였음을 그들의 무지한 추종자들이 깨닫는 것이 두려웠던 것이다(로커, 『스페인의 비극』 35)." 스페인 혁명의 중요성이 명백한 이유는, 소련이나 미국 같은 강대국이 겉으로 드러나는 차이점에도 불구하고 민중 해방 운동에 대해서는 똑같이 두려워한다는 사실을 보여주는 분명한 예이기 때문이다. 제2차 세계대전 중에 형성된 스탈린-파시스트 조약과 같은 명백한 협잡행위, 또는 미소 양측이 스페인 무정부주의자들에게 가한 언어적·물리적 공격에는 다 이러한 의미가 있었던 것이다. 역사적 진실에 대한 잘못된 해석은 오늘날에도 규격화된 역사저술 속에 상존하고 있다.

　　　이러한 연관성을 일찍부터 파악하여, 당시의 많은 지식인들이 겪어야 했던 환멸감의 상처를 피할 수 있었던 것은 촘스키에게는 다행스러운 일이다. 배신감과 당혹감이 촘스키 세대의 많은 사람들에게 현실로 다가왔다. 예를 들어 촘스키의 친구인 세이무어 멜만은 사적인 대담의 자리에서, 스페인 내전이 스탈린 – 파시스트 관계와 소위 공산주의의 정체를 분명히 이해하는 데 중요한 계기가 되었다고 털어놓았다.

1939년까지만 해도 우리는 공산주의자들의 정체를 전혀 몰랐습니다. 바로 그때 한 저명한 러시아 장군이 망명해서 「새터데이 이브닝 포스트」에 기사를 실었지요. 그는 기사에서 스탈린이 어떻게 자신의 비밀경찰을 이용하여 무정부주의자들을 숙청했는가를 상세하게 묘사했습니다. 전쟁 중에 스탈린이 자행한 또 하나의 전쟁을 폭로한 것이죠. 그리고 스탈린주의자들이 어떻게 스페인공화국의 금보관소를 약탈해 갔는지도 설명했습니다. 물론 나치와 소련간의 담합에 대해서도 상세한 분석과 예측을 제시했습니다.

1936년의 사건들과 소비에트가 무정부주의자들을 숙청하고 있었다는 사실을 알기까지의 시간적 간극에 주목해 보자. 정말로 놀라운 것은, 이 기간 동안 서구 언론의 지속적인 왜곡 보도의 결과, 일반대중들 사이에서는 스페인 내전이 실패로 끝났고, 어떠한 구체적 결실도 얻지 못했다는 견해가 통용되고 있었다는 점이다. 이런 상황에서 스페인 내전은 누가 취급하느냐에 따라 사회주의자들의 실패, 무정부주의자들의 실패, 혹은 마르크스주의 원칙의 실패로 낙인찍혔다.

오웰은 『카탈로니아 찬미』에서, 실제 발생한 사건들과 그것들이 보도되었을 때 생기는 명백한 차이에 주목했다. 그는 일부 언론매체와 지식인들이 사회주의와 같은 현실 타파 운동을 어떻게 방해하는가, 그리고 이를 위해 그 운동을 지탱하는 원칙과 그것을 잉태한 이전 단계의 운동을 어떻게 왜곡하는가를 지적하였다. "사회주의가 평등과는 하등의 관계도 없다고 주장하는 것이 현재의 유행임을 나는 잘 알고 있다. 세상 모든 국가에서 한줌의 정치꾼 무리와 반지르르하고 왜소한 교수들이, 사회주의는 애초의 동기만 유지한 채 변형되고 계획된 국가 자본주의 그 이상도 이하도 아니라는 주장을 증명하느라 난리법석을 떨고 있다. 그러나 다행스럽게도 이와는 매우 다른 사회주의적 전망 또한 실제로 존재한다." 이것은 정말로 어려운 문제이다. 실제로 다른 전망들이 존재했고, 어린 시절 촘스키는 그것들에 접근했다. 그러나 그는 당대의 사건들에 직접 참여하는 행운을 누리지 못했기 때문에 그 전망들을 발견하기 위해 상당한 노력을 기울여야 했다. 반면에 오웰은 운이 좋은 편이었다. "마르크스주의 통합당의 민병대원으로 활동했던 몇 개월이 나에게 매우 소중한 이유는 바로 여기에 있다. 스페인 민병대는 그 깃발이 흩날리던 기간 내내 일종의 계급없는 사회로 이루어진 소우주와 같았다. 누구도 이익을 추구하지 않았고, 모든 것이 부족했지만 특권이나 구걸이 없는 그런 사회에서 사람들은 사회주의의 발아단계가 과연 어떤 것인지를 막연하게나마 예측할 수 있었다(『오웰 선집』 104~106)."

| 탐 정 관 촘 스 키 |

주류 언론에서 반혁명적으로 기술되고 있는 히틀러의 권력

장악, 스페인 내전 그리고 제2차 세계대전의 배경 속에서, 십대의 촘스키는 사회적 관계를 다르게 볼 수 있는 방법들에 대한 글을 읽고, 또 그것에 대해 토론하고, 평가하고 있었다. 오웰이 역사 현장을 탐방하면서 가능한 대안들을 직접 평가하기 위해 위건 피어에서 파리로, 바르셀로나로 여행을 했다면, 촘스키는 독서라는 형식을 통해 역사적 탐험을 하고 있었다. 이러한 탐험과정은 특히 현실적인 쾌락의 유혹을 받기 쉬운 십대의 입장에서는 강한 의지를 요구했다. 스페인의 무정부주의 단체인 전국 노동자 연맹(CNT)에 관한 촘스키의 관심을 예로 들어보자.

대개의 무정부주의자들처럼 나 역시 전국 노동자 연맹에 깊은 관심을 갖게 되었고, 그것은 내가 언론매체의 보도 이상으로 사태를 파악하기 시작하던 1940년대 초부터였습니다. 전국 노동자 연맹에 관심이 있었다고 말하는 것은 다소 오해의 소지가 있겠군요. 나는 일찍부터 그 지도력을 비판하는 무정부주의자들의 영향을 받았으니까요. 내가 정말로 매력적이라고 생각한 것은 '집단화'에 관한 최초의 서류들이었는데, 당시에는 (아마 스페인어로도 발행되었겠지만) 대개 불어판이었습니다. 버너리와 그 밖의 사람들에 관한 글을 구할 수 있었던 것도 매력적이었고, 로커의 시사평론, 「리빙 마르크시즘」의 콜쉬, 기타 다른 사람들의 글도 흥미롭게 읽었습니다. (1995.3.31. 편지)

무엇이 그의 관심을 자극했을까? 강한 호기심, 다양한 견해와의 접촉, 비정통적인 교육 등이 이 질문에 대한 답으로 제시되어 왔다. 촘스키는 분명 자신이 읽은 저서들과 주류 언론의 보도 사이에 존재하는 명백한 모순으로 인해 충격을 받았을 것이다. 그 충격의 여파로,

이 두 가지 정보의 출처에서 제시하는 현실 사이의 거리를 측정하고, 왜 그런 차이가 존재하게 되었는가를 평가하려는 열정이 촘스키의 마음에서 사라지지 않았다. 그는 현재와 과거의 사건들에 대해 일관되게 소수의 편인 좌파 자유주의적 태도를 견지했다. 그는 점차로 주류 언론이 제공하는 획일적인 세계관이 의심스러울 정도로 일관성이 있으며, 그러한 획일적 세계관이 현상유지를 위한 목적으로 이용된다는 사실을 깨닫게 되었다.

이러한 통찰력은 젊은 촘스키의 탐구심에 불을 지폈고, 궁극적으로는 흑색선전과 언론매체, 그리고 스페인 무정부주의자 같은 단체의 평판을 떨어뜨린 서구사회의 메커니즘에 관한 비판적 저술의 기초가 되었다.

조지 오웰의 글들을 기반으로 하고 그의 사상을 받아들여서 저술한 촘스키의 수많은 후기 논문 가운데 하나인 「언론과 흑색선전」을 보자. 촘스키는 논문에서 『카탈로니아 찬미』의 출판에 얽힌 '흥미롭고 의미있는' 뒷얘기들을 이렇게 묘사했다.

『카탈로니아 찬미』는 1937년에 처음 등장했지만 미국에서는 출간되지 않았다. 이것은 영국에서 출간되었고, 수백만 권이 팔려나갔다. 이 책의 출판이 금지된 이유는 단지 이것이 공산주의자들에 대해 비판적이었기 때문이다. 당시는 친공산주의 지식인들이 막강한 파워를 행사하고 있던 시기였다. 책은 그 후 십여 년이 지나서야 햇빛을 보게 되었고, 냉전의 틈바구니에서 출간이 되었다. 책이 반러시아적이고 세태도 변했기 때문이었다. 이 책은 매우 중요하다. 물론 잘못된 점도 있지만, 나는 이 책이 매우 의미있고 중요하다고 확신한다. 아마도 이 책은 오웰의 주요 정치 저서 가운데 가장 알려지지 않은 책일 것이다.(『크로니클』 21)

정보에 대한 대중의 접근을 통제하는 것이 지배계급인가 아니면 기업인가의 문제는 촘스키 비평가들 사이에서도 이견이 존재하는 부분이다. 일부 비평가들은 작품이 인쇄, 배포되는 것은 대개 자본주의적 이윤 동기에 따라 결정된다고 믿는다. 예를 들어 오웰의 다른 소설 『엽란꽃을 날려라』는 1936년 첫 출간 이래 수년이 지나서야 겨우 미국에서 배포되었다. 그 이유는 이 소설이 영국적 생활방식을 배경으로 하고 있어 서적 판매상들이 미국 독자들에게는 별로 흥미가 없을 것으로 판단했기 때문이라고 한다. 그러나 다른 비평가들은 일종의 엘리트 통제가 엄존한다는 촘스키의 믿음을 지지한다. 촘스키 자신도 출판사에 의해 자신의 저서가 판금되는 경험을 해봤고, 일부 지방 언론사들은 그와의 인터뷰 기사나 편지를 게재하지 않기도 했다.

| 촘스키와 버트란트 러셀 |

MIT에 있는 촘스키 교수의 연구실에는 몇 안되는 장식품이 있는데, 그 가운데는 버트란트 러셀의 대형 포스터가 있다. 촘스키는 젊었을 때 버트란트 러셀을 처음 알았다. 러셀은 영국의 수학자이자 논리학자, 철학자로서, 생산수단을 소유하고 있는 것은 지배계층이며 그들은 자신의 권력을 합법화하기 위해 혈안이 되어 있다는 사실을 촘스키보다 조금 늦은 나이에 간파했던 인물이다. 그는 촘스키에게 큰 영감을 주었다. 첫째, 그는 철학과 논리학에서 촘스키의 사고에 지대한 영향을 미쳤고, 둘째, 촘스키와 마찬가지로 민중해방의 대의명분에 깊은 사명감을 가지고 있었다. 셋째, 그는 학자로서 대학세계에 깊이 관여했던 동시에 억압받는 하층민을 위해

MIT 연구실에서의 촘스키. 뒤는 버트란트 러셀의 초상화이다.

일선에서 행동했으며, 넷째, 자신의 명성이나 자유가 위태로워지는 경우에도 자신의 신념을 견지했다. 최근에 촘스키는 사회적 양심이라는 문제에 관해 버트란트 러셀과 앨버트 아인슈타인을 다음과 같이 비교한 적이 있다.

대략 같은 세대에 속하는 두 거인인 러셀과 아인슈타인을 비교해 봅시다. 그들은 인류가 중대한 위험에 직면했다는 것에는 의견을 같이했지만, 대응방식은 서로 달랐습니다. 아인슈타인의 경우, 프린스톤대학에서 비교적 안락한 생활을 하면서 자신이 사랑하는 연구에 몰두하고, 간혹 엄숙하게 한 마디씩 던지는 것이 전부였지요. 반면에 러셀은 데모를 주동하고, 경찰에게 끌려가기도 했으며, 당대의 문제에 관해서 광범위하게 글을 쓰거나, 전범들에 대한 재판을 조직하기도 했습니다. 결과는 어떻습니까? 러셀에게는 그때나 지금이나 욕설과 비난이 쏟아지는 데

반해, 아인슈타인은 성인으로 추앙받고 있습니다. 이것이 과연 놀라운 일일까요? 전혀 그렇지 않습니다. (1995.3.31. 편지)

우리는 이러한 촘스키의 비교에서, 가두행진, 청원서 서명, 크고작은 자유주의 운동 등의 구체적인 정치참여 활동을 전개하는 사람들에 대한 촘스키의 깊은 공감을 읽을 수 있다. 그는 아인슈타인에 대한 언급에서, 개인적 안락과 이익의 추구 자체가 경멸스러운 것은 아닐지라도 그런 행위는 하층민들, 다시 말해 사회체제에 의해 억압받는 노예화된 민중들로부터 오로지 자신만을 건져내겠다는 해로운 탐욕에서 연유한다고 말한다. 그러나 곧이어 촘스키는 가두행진 자체가 도덕적 행위는 아닌 것처럼, 사회문제에 관한 이론 제공이 반드시 상아탑에 안주하려는 행위는 아니라고 말한다. 중요한 것은 이러한 행위들이 구체적으로 어떤 문제를 해결하려는 것인가이다. 러셀은 올바른 길을 택했다. 그리고 촘스키는 "러셀에 대한 비방이 끊이지 않는 이유는 그가 1950년대 후반에 다시 정치적 참여운동의 길에 들어서서 생을 마감할 때까지 운동을 계속했기 때문"이라고 말한다. 러셀이 그런 대우를 받았다는 사실은 '매우 충격적'이었다. 촘스키는 필자에게 보낸 1995년 7월 25일자 서신에서 이렇게 쓰고 있다. "물론 그 전에도 러셀이 장미꽃밭에 안락하게 누워있던 것은 아닙니다. 그는 제1차 세계대전 중에 실형선고를 받기도 했고, 애국심이 부족하다는 이유로 케임브리지대학의 트리니티 칼리지에서 추방당했으며, 자유주의 사상가라는 이유로 뉴욕시립대학에서 교수직을 박탈당하기도 했습니다. 그밖에도 갖가지 죄목들이 평생 그를 따라다녔습니다. 심지어 그것들은 그의 학문적 지위도 오염시켰습니다. 그가 인정을 받은 것은 대개 금세기 초의 저작 때문이었습니다. 당시 그는 깔끔한 신사 타입이었으니까요."

　　개인적 희생의 필요성은 촘스키에게 불가피한 것으로 보인
다. 그러나 결국 그것은 보다 큰 일에 대한 부차적인 요소로 받아들
여져야만 한다. 보다 우선적인 것은 '좋은 사회'라는 궁극적 목표를
항상 바라보면서 작은 행동으로 시작해야 하는, 우리 앞에 놓인 원
대한 일이다. "이 세상에는 각고의 투쟁을 수행하는 다양한 사람들
이 있습니다. 그들은 '좋은 사회'는 아니더라도 조금이나마 더 나은
사회를 만들기 위해 노력합니다. 그리고 그들은 절박하게 도움을 기
다리고 있습니다(1995.8.31. 편지)." 촘스키의 오랜 친구인 카를로스
오테로는 무정부주의 신디컬리스트의 입장을 바로 이러한 태도에서
파악한다. 그의 논문인 「촘스키의 사회이론에 대한 서문」을 보자.

　사명감 있는 무정부주의 신디컬리스트는 선량한 탁상공론의 혁명가가 되
　는 것으로 만족하지 않는다. 그는 "자유주의적 사회주의의 전통에서 최
　선의 길은 무엇인가"라는 관점에서 동시대의 세계를 이해하고, 과거의
　업적으로부터 해방의 문화를 꽃피울 수 있는 교훈을 이끌어내기 위해 최
　선의 노력을 기울인다. 무정부주의 신디컬리스트는 세상을 이해하고자
　할 뿐 아니라 세상을 변화시키고자 하는 사람들의 편에 설 준비가 되어
　있다. 그들은 비폭력 저항과 용기있는 참여의 힘을 충분히 인식하고 있
　다. 또한 그들은 완전한 해방을 위한 투쟁의 과정에서, 새로운 사회적 형
　태들을 창조할 수 있는 대중의 자발적 행동에 익명의 방식 이상으로 기꺼
　이 참여한다. 그리고 사회적 창조가, 그 동인으로 작용했던 지적 창조를
　역으로 증진하고 촉진시킨다는 사실을 충분히 인식하고 있다.

소년 촘스키의 삶, 아니 그의 인생 전체는 말그대로 이해에 대한 욕
구와 정치적 소명을 위한 노력으로 점철되었다. 유년기에 있었던 대

부분의 중요한 사건과 열정 그리고 동참은 그의 지적탐구와 바로 연결되어 있었다. 촘스키는 이렇게 회고한다. "어렸을 때부터 나는 급진적이고 이단적인 정치행위에 몰두했지만 그것은 지적인 방식에 국한되어 있었습니다. 어느 순간 나는 당시에 흔했던 탄원서명이나 그와 비슷한 활동에 아주 불만족스러워지기 시작했습니다. 그래서 더 이상 참지 못하고 뛰어들기로 결심했지요. 내심으로는 그렇게 결정하기 싫었습니다. 천성이 은둔자였고, 대중 앞에 나서기보다는 혼자 작업하는 편이 훨씬 더 좋았기 때문입니다(포크, 『감옥으로부터의 편지』596)." '현실에 깊이 관여하게 된 지적 은둔자'라는 표현은 3, 40년대의 소년 촘스키뿐만 아니라 오늘날의 운동가 촘스키에게도 그대로 적용된다.

| 지 적 탐 구 의 폭 이 넓 어 지 다 |

십대 후반에 들어선 촘스키는 더 많은 사람들로부터 영향을 받게 된다. 그 중에는 1944년부터 49년까지 뉴욕에서 발행되던 시사저널 「폴리틱스」의 발행인인 드와잇 맥도널드와 낸시 맥도널드 부부도 있었다. 노만 엡스틴은 「폴리틱스」가 "자신과 대다수의 친구들 그리고 감히 말하건대 촘스키에게도 지대한 영향을 끼쳤다"고 주장한다(1995.2.4. 편지). 실제로 촘스키는 십대 후반에 「폴리틱스」를 탐독했고 "몇 가지 측면에서 이 잡지가 무정부주의 운동, 미국의 전쟁 개입 등과 같은 여러 가지 사건에 대한 그의 관심을 충족시키고 배가시켰"다(위트필드, 『비판적 미국인:드와잇 맥도널드의 정치학』113). 「폴리틱스」의 주요 필진은 폴 굿맨을 빼고 모두 이민자들이었다. 안드레아 카피(이탈리아-러시아계), 니콜라 치아로몬테(이탈리아계),

루이스 코저(독일계), 피터 구트만(체코계), 빅토르 세르지(벨기에 – 러시아계), 니콜라 투치(이탈리아계), 조지 우드콕(영국계, 후에 캐나다로 귀화) 등이 바로 그들이었다.

1946년, 이 저널은 드와잇 맥도널드의 표현에 따르면, "무정부주의와 평화주의라는 괴상한 신들을 숭배하기 위해" 마르크스주의의 지도노선을 포기했고(맥도널드, 『회고록』 27), 존경스럽지만 소규모 잡지에 아까운 돈을 쓰고 있는 오천 명의 독자를 간신히 유지하고 있었다. 그 자신이 자유주의적 비평가이자, 시사논평가이고 작가였던 맥도널드는 이렇게 언급한다.

「폴리틱스」를 편집하던 나는 수천 명에 불과한 독자들과 수십 수백만에 이르는 비독자들을 비교해 보면서 종종 고립감을 느꼈다. 그것은 곧 현대가 조장하는 양에 대한 집착의 위력이고, '대중'을 감상적으로 사로잡는 마르크스주의의 위력이다. 그러나 나는 예기치 않은 많은 곳에서 향수에 젖은 구시대 독자들을 수없이 만났고, 결국은 판매부수가 일곱배나 더 많은 「뉴요커」에 게재된 나의 글보다는 「폴리틱스」 때문에 내가 더 잘 알려져 있다는 인상을 받게 되었다. 이 사실은 매우 흥미롭지만 놀랍지는 않다. '소규모 잡지'가 때로는 대규모 상업잡지보다 더 심도 있게 읽혀지고 배포되기도 하는데, 그 이유는 소규모 잡지들이 보다 개인적인 표현을 실을 수 있고 그래서 생각이 비슷한 다른 개인들에게 특별한 매력을 풍길 수 있기 때문이다. **(맥도널드, 『회고록』 27)**

촘스키도 '향수에 젖은 구시대 독자들' 가운데 하나라고 할 수 있다. 「폴리틱스」가 절판된 지 거의 이십 년이 지난 후에, 그는 자신의 1966년도 논문 「지식인의 책무」에서 같은 주제를 다룬 일련의 논문들에 관해 논했기 때문이다. 이 논문들은 비록 오래 전에 쓰여지긴 했지만 촘스키에게 힘과 설득력을 전혀 잃지 않았으며, 특히 전쟁범죄에 관한 맥도널드의 논문이 그러했다. 이 논문에서 맥도널드는 독일이나 일본 국민들이 그들의 정부가 저지른 만행에 대해 어느 정도까지 책임을 져야 하는가, 그리고 미국이나 영국 국민들이 연합군에 의해 자행된 만행들, 가령 민간인을 겨냥한 폭격, 히로시마와 나가사키에 투하된 원자탄의 파괴, 또는 기타 전쟁범죄 등에 대해 어느 정도까지 책임을 져야 하는지를 다루고 있다. 이에 대해 촘스키는 이렇게 쓰고 있다. "1945~46년 당시의 한 대학생에게 이 문제들은 특별한 의미와 통렬함을 내포했다. 이것은 1930년대의 공포스런 사건들, 즉 이디오피아 전쟁, 러시아의 숙청, 차이나 사건, 스페인 내전, 나치 만행, 그리고 이들 사건에 대한 서방세계의 대응과 부분적 공모 행위를 목격하면서 정치적·도덕적 의식을 형성해 온 사람 누구에게나 마찬가지였다(『미국의 권력과 새로운 권력자들』 324)." 스티븐 위트필드는 맥도널드에 관한 한 저서에서 맥도널드와 촘스키의 유사한 비판방식을 지적하고 있다. 그는 "정부정책은 스스로를 정당화하기 위해 제시한 근거에 의해서가 아니라, 그것이 초래한 결과에 의해 평가되어야 한다는 「폴리틱스」의 전통을 촘스키가 지지하고자 노력했다"고 주장한다(위트필드, 114~115).

이 당시에 계속 확장되고 있던 촘스키의 지적 환경에는 어떠한 응집력이 있었다. 즉 촘스키의 관심을 불러일으킨 수많은 저서의 저자들은 상호 관련의 그물망 속에 함께 묶여 있었다. 대표적인 예로 맥도널드와 조지 오웰의 관계를 들 수 있다. 오웰은 필립 라브에게 보낸 1943년 12월 9일자 편지에 이렇게 썼다. "드와잇 맥도널드가 새로운 저널 「폴리틱스」를 창간하겠다면서 나에게 기고를 부탁하는 편지를 보내왔습니다. 나는 그가 과연 「파티잔 리뷰」와 어느 정도 경쟁할 수 있을지 모르겠습니다(『에세이 선집』 3, 53)." 오웰은 그 후 「트리뷴」지의 고정 칼럼인 '내 뜻대로'에서 이렇게 선포했다. "오늘날 해외에서 이 잡지를 구독할 수는 없지만, 혹시 뉴욕에 친구가 있는 사람이라면 나는 그에게 마르크스주의 문학평론가 드와잇 맥도널드의 새로운 월간지 「폴리틱스」를 읽어보도록 권하고 싶다. 이 신문이 표방하는 반전주의가 평화주의적 관점에서 비롯된 것이 아니어서 개인적으로는 그들의 의견에 동의하지 않지만, 수준 높은 정치분석과 지적인 문학비평을 잘 결합하고 있는 이 잡지를 높이 평가한다(『에세이 선집』 1, 172)." 오웰은 결국 다수의 논문을 「폴리틱스」에 기고했고, 전술한 바와 같이 촘스키는 이 저널에 실렸던 오웰의 글에 감탄했다.

폴 매틱과 카알 콜쉬는 다양한 운동에 참여해 함께 활동했는데, 1940년대 이십대에 접어든 촘스키는 이들에 주목하기 시작했다. 촘스키는 매틱을 개인적으로 잘 알았고, 그를 "내 취향으로는 너무 정통적인 마르크스주의자"라고 선언했다. 그럼에도 불구하고 촘스키에게 형성되고 있던 태도와 신념을 이해하고자 한다면, 우리는 매틱이나 콜쉬 같은 이론가들이 청년 촘스키를 둘러싼 시대적 사건에 관해 어떤 주장을 폈는지 살펴볼 필요가 있다. 매틱(1904~1980)은 1926년에 독일에서 미국으로 이주했다. 그는 독일의 평의회 공산주의 운동에서 두각을 나타냈고, 후에는 「리빙 마르크시즘」(콜쉬와 공동발행)과 「뉴 에세이」를 발행했다. 이 두 저널은 청년 촘스키에게 중요한 지적 원천이었다. 촘스키가 십대 후반에 탐독했던 또다른 저널 「국제 평의회 통신」도 매틱으로부터 많은 도움을 받았다. 당시의 상황에 정통한 샘 아브라모비치는 매틱과 콜쉬의 활동에 대해서도

1941년에 발행된 「리빙 마르크시즘」

자세히 기억하고 있다. 그리고 그는 「리빙 마르크시즘」과 「뉴 에세이」가 "정치문제를 다루었고, 필진은 주로 다양한 비볼셰비키 마르크스주의자들이었으며, 프랑크푸르트학파 출신의 일부 이론가들은 미국에 왔을 때 이 그룹과 접촉하기도 했다"고 회상한다(1991.2.12. 편지). 매틱은 비볼셰비키적 관점에서 「반볼셰비키 공산주의」를 비롯하여 마르크시즘에 관한 다수의 중요한 텍스트를 남겼다. 「반볼셰비키 공산주의」는 전체주의적 볼셰비키 통치에 대한 마르크시즘적 대안들, 가령 평의회 공산주의 운동(고터 · 룩셈부르크 · 리프크네히트 · 팬코엑), 독일 노동운동(오토 륄), 혁명적 마르크시즘(콜쉬) 등을 설명하고 있다. 매틱이 혼자서 혹은 동료들과 함께 관여한 저널들은 뜨거운 정치논쟁을 불러일으켰고, 거기에 관여한 필진들은 대안이 될 만한 사회질서를 고안하려는 왕성한 의욕으로 활동했다. 그들은 대중적 인기인의 찬양이나 당시의 정치구조에 대한 변호를 거부했다. 또 어느 정도의 지위를 확보하기 위해 저자의 이름을 강조하는 따위의 일을 하지 않았기 때문에 대개는 이름의 첫 글자만을 사용했으며, 참고문헌의 목록을 부풀리지도 않았다. 그들에게는 당면한 사실을 엄격하게 주목한다는 자각과 냉철한 정신이 있었다.

「리빙 마르크시즘」을 한 권 정독해 보면, 촘스키가 십대 시절에 무엇을 읽었는지 파악할 수 있다. 뿐만 아니라 이후에 촘스키가 구축한 사상의 이론적 단초를 추적해 내는 것도 가능하다. 1941년 가을호는 특집으로 꾸며졌다. 카알 콜쉬의 「전쟁과 혁명」, 브루거스의 「전체주의의 경제 단계들」, 그리고 매틱의 긴 논문인 「한 배를 탄 두 사람-8개의 논점을 포함하여」 등이 여기에 실려 있다. 매틱의 논문은 1941년에 있었던 처칠·루스벨트 회담에 대한 고찰을 시작으로, '평화사절로서의 히틀러', '영국의 제국주의', '평화의 종말', '영국을 위한 투쟁', '독러 전쟁', '미국·독일·일본', '독일의 유럽', '히틀러의 비밀병기' 등 여덟 개의 연관된 주제에 관해 논하고 있다. 「리빙 마르크시즘」은 당대의 쟁점인 파시즘, 제국주의, 전쟁, 볼셰비즘을 지속적으로 다루었고, 그들의 역사·사회·철학적 맥락 안에서 이들 이슈를 분석하여 제공했다. 심지어 콜쉬는 1941년 독일과의 전쟁이 한창이던 때에 이 싸움이 안고 있는 진정한 문제에 관한 글을 쓰기도 했다. "새로운 사회질서를 위한 투쟁은 자본주의 전쟁이 벌어지는 싸움터에서는 일어나지 않는다. 노동자들의 결정적 행동은 자본주의 전쟁이 끝난 곳에서 시작된다(「전쟁과 혁명」 14)."

브루거스는 독점 자본주의의 관행에 대한 촘스키의 이후 견해들을 예측이라도 하듯이, 독점 자본주의는 '지배적인 경제체제'를 국가와 당의 관리들이 소유하고 관리 기능을 공유하는 일종의 '협동

조합 국가'(1924~43년의 이탈리아 파쇼국가가 대표적인 예이다)라고 설명한다. 이것은 "국가가 최대의 소비자이자 국가 전체 생산의 상당 부분이 피라미드식 하향구조로 표현된다는 점에서 '케인즈 경제'이고, 자립경제의 달성과 새로운 대규모 산업의 건설이라는 문제가 국가의 도움으로 해결될 수 있다는 점에서 '전시 경제'이며, 경제적 발전과 팽창뿐 아니라, 자본주의 경제의 추상적 법칙들을 확인할 수 있는 경제 형태와 징후들까지도 국가 권력의 개입과 기업들간의 독점적 담합에 의해 결정된다는 점에서 '조건화 정책에 기초한 자본주의'"이다. 브루거스의 두번째 설명에서 '전시'란 용어 대신 '냉전'이란 용어를 대치해 보면 이 같은 논문들이 촘스키에게 얼마나 가치 있는 것이었는지를 쉽게 알 수 있다.

실제로 이 논문들은 1941년 이후 일어난 거대한 변화에도 불구하고 변함없는 타당성을 지니고 있다. 특히 브루거스의 '관리 자본주의'에 대한 정의를 보면 정치·경제적 권력의 합병을 가능케 하는 기반이 드러나기 때문에, 과거뿐 아니라 현재에도 변함없는 기업의 전체주의적 속성을 읽을 수 있다. 물론 우리 시대에는 촘스키가 이것을 보여주고 있다. "오늘날 우리가 알고 있는 전체주의적 체제는 '관리 자본주의'라 할 수 있다. 기술적으로 그리고 경제적으로 고려된 사항에 따라 이루어진 결정들에 대해서는 소유권자나 직함 소유자들이 제동을 걸 수 없기 때문이다. 반면에 '관리자', 즉 순수한 기술 관리자들은 어디에서도 테크노크라트의 결정 권한을 가져본 적이 없다는 사실이 중요하다. 진정한 권력은 주로 경제·산업의 관리자들에게 있다(브루거스, 『전체주의 경제 단계들』 23)."

또한 「리빙 마르크시즘」에 실린 매틱의 논문은 제2차 세계대전 당시의 긴급한 이슈들을 정리하고 있는데, 그 방식은 마치 현재의 국제 정치 문제에 관한 촘스키의 많은 견해들을 또 한번 예견이라도 하는 듯하다. 여기에서도 '전쟁'이란 단어를 '제1세계 강대국이 개입한 모든 전쟁' 또는 '세계 열강이 저지른 모든 침략'이란 단어로 대체해 볼 수 있다.

> 이 전쟁에 관한 모든 쟁점들이 여전히 안개 속에 묻혀 있다 해도, 한 가지 사실만은 분명하다. 이 전쟁은 세계의 물적 생산을 가장 많이 차지하기 위한 요소, 즉 가장 많은 노동자와 가장 풍부한 자원 그리고 가장 중요한 산업을 차지하기 위해 거대 제국주의자들이 벌인 싸움이라는 것이다. 전세계의 여러 지역은 이미 최고의 지배권을 얻기 위해 싸우는 소규모 권력 집단들의 지배하에 놓여 있기 때문에, 모든 국가의 모든 피지배 집단들은 싫든 좋든 이 싸움에 휘말리게 되었다. 그 누구도 감히 당면한 문제들을 언급하지 못하는 상황에서 거짓 논리가 민중을 선동하고 서로를 죽이게 한다. 대중의 권력 소외가 지배 이데올로기의 막강한 권력으로 드러나고 있다.(매틱, 「한 배를 탄 두 사람-8개의 논점을 포함하여」 79)

매틱의 논문에 나오는 다른 많은 구절들도 촘스키의 반레닌주의, 반스탈린주의, 반볼셰비키주의와 일치할 뿐 아니라, 러시아 혁명은 단지 고고한 감상주의와 전체주의적 관행으로 점철된 또다른 형태의 독재정치를 수립하고 말았다는, 촘스키의 보다 일반적인 믿음을 뒷받침하고 있다. 물론 독재정치가 아닌 다른 선택, 즉 볼셰비키들이 원했던 것과 상충되는 방안들이 존재하기는 했다. 예를 들어 소비에트 노동자들에게 새로운 체제에 직접 참여할 수 있는 길을 열어주는 것, 사적 소유를 폐지하는 것, 계급에 기초한 특권을 일소하는 것 등은 모두 '좋은 사회'를 위해 취할 수 있는 긍정적 조치들이었다. 그러나 불행하게도 소련의 지배 계층은 위에서 언급한 원칙에 따라 소비에트 연방을 건설하는 것보다는 그들 자신의 권력을 유지하는 데 훨씬 더 관심이 많았다. 역사가, 저널리스트, 그리고 정치학자들은 예전이나 지금이나 소련을 공산주의 국가 또는 마르크스주의 국가로 칭하고 비난하지만, 이는 잘못된 것이다. 소련은 사실 강철주먹을 가진 전체주의 지도자들이 이끌고, 진정한 공산주의 국가에서는 결코 허락될 수 없는 전국적이고 강력한 군대가 지탱하는 볼셰비키 국가일 뿐이다.

| 촘스키와 팬코엑 |

촘스키는 의회 공산주의에 많은 관심을 기울여 왔고 지속적인 탐구를 계속했다. 이는 그의 저서 『근본적 우선순위』의 '산업적 자율경영'에 잘 나타나 있다. 그러나 소련 정권은 의회 공산주의의 이념에 조금도 일치하지 않았다. 의회 공산주의 운동은 안톤 팬코엑의 '국제 의회 공산주의자 동맹'과 폴 매틱의 '의회 공산주의자 그룹'에 의해 암스테르담에서 시작되었고, 카알 콜쉬와 안토니오 그람시 같은 지지자를 확보하고 있었다. 그람시는 레닌처럼 제1차 세계대전 이후 이탈리아의 토리노에서 결성된 '노동자 평의회'를 지지했다. 그러나 레닌은 의회 공산주의가 볼셰비키당에 미치는 위협을 감지했고, 결국 「좌파 공산주의, 소아병적 증상」이라는 팜플렛을 작성해 팬코엑과 헤르만 고터의 입장을 비난했다. 아브라모비치는 노동자 평의회에 대한 묘사에서, 노동자를 조직하는 문제에 대한 레닌의 볼셰비키 지도노선과 매틱, 콜쉬, 팬코엑 등에 의해 제시된 노선 사이의 거리를 강조한다. "노동자들은 노동 현장의 조건에 따라 스스로 결정을 내려야 했고, 전체 민중은 자의식과 자기 결정 과정을 개발해야 했다. 이것은 어떤 그룹이나 당에 의해서도, 그리고 다수의 국민을 대신해서 결정하고 그 결정에 따라 대중을 낙원으로 이끌고자 하는 그 어떤 것에 의해서도 아니었다(1991.2.12. 편지)."

팬코엑과 버트란트 러셀은 틀림없이 촘스키에게 가장 중요한 역할 모델이었고, 실제로 그들의 활동은 이후 촘스키의 노력과 아주 비슷했다. 천문학자이자 암스테르담대학의 천문학 교수였던 팬코엑은 과학과 마르크시즘 사이의 이론적 관계에 관심이 있었다. 그는 1903년부터 1960년 생을 마감할 때까지 네덜란드와 독일의 혁명 운동에 적극적으로 참여했고, 그 이전에는 조지 버어나드 쇼의 페이비언 운동*에 참여함으로써 좌익으로 나아갔다. 촘스키는 이렇게 말한다. "나는 팬코엑의 저작에 많은 흥미를 느꼈습니다. 나는 그의 글을 미국에 배포하고 있던 폴 매틱에게서 그에 관해 배우게 되었습니다(1995.3.31. 편지)."

팬코엑은 제2차 인터내셔널에서 주요한 역할을 수행했다. 제2차 인터내셔널에서 공산주의 이론가들은 "국가 권력의 장악과 경제의 국유화를 목표로 하는 사회주의 정당을 건설하는 것이 사회주의로 가는 길"이라고 발표하였다. 제1차 세계대전 이전의 몇 년 동안 팬코엑은 로자 룩셈부르크와 함께 '대중의 직접적인 행동을 지지하

---

*Fabianism 1884년 영국 런던에서 결성된 영국의 사회주의 단체. '끈질기게 시기가 도래할 것을 기다리고, 때가 오면 과감히 돌진한다'는 것을 모토로 사회주의의 실현을 추구했으며, 그 명칭도 지구전술로 한니발을 격파한 고대 로마의 장군인 파비우스(Fabius)에서 유래되었다. 1952년에는 「뉴 페이비언 에세이」를 간행하여 영향력을 확대하기도 했다. 마르크스보다는 존 스튜어드 밀과 스탠리 지본스를 추종하고, 혁명보다는 점진적 사회주의를 신봉했으며, 최대다수의 최대행복은 경제 분야에 대한 국가의 광범위한 행동에 의해서만 확보될 수 있다고 믿었다. 이들은 후에 영국 노동당의 전신이 되었다.

도록 독일 사회주의당을 압박하는 투쟁'에 깊이 관여했다. 제1차 세계대전 중에는 누구보다 앞서, 전쟁을 지지하는 유럽의 사회주의 정당들을 공격했고 전쟁에 반대하는 계급투쟁을 호소했다.

촘스키가 공감한 많은 좌파 지식인들과 마찬가지로, 팬코엑 역시 1920년에 제3차 인터내셔널과 결별했다. 그 뒤 팬코엑은 저술 활동을 통해, 여러 나라에 흩어져 있던 평의회 공산주의자들과 함께 "계급 자체와 구별되는 모든 형태의 사회 조직에 반대하여, 노동계급의 자발적인 조직이론을 발전시켰"다(팬코엑, 「노동자 평의회」 iii). 촘스키가 흥미를 느꼈던 것은 바로 이 후기 논문이다. 그는 비록 팬코엑의 또다른 정치학 저서인 『철학자 레닌』에 대해서는 "논리가 빈약하고, 주제는 솔직히 말해 '시인 가우스'*를 주제로 삼는 것과 다를 것이 없어 보인다"고 덧붙였지만, 팬코엑의 팜플렛 「노동자 평의회」에 대해서는 "진정으로 탁월하다"고 평가했다(1995. 3. 31. 편지). 「노동자 평의회」는 사회민주주의자들과 볼셰비키들에 대한 팬코엑의 비판을 담고 있는데, 이러한 비판은 제1차 세계대전 동안의 경험과 "자유로운 사회주의 사회를 건설하려 했던 독일과 러시아 혁명의 실패"에 기인한 것이었다(팬코엑, 「노동자 평의회」 iii).

팬코엑의 팜플렛은 독일이 네덜란드를 점령하던 1941년에서 42년 사이에 만들어졌지만 오히려 1960년대 후반과 70년대 초반에

---

*Johann Carl Friedrich Gauss(1777~ 1855) 독일의 수학자이자 과학자로 아르키메데스, 뉴턴과 더불어 인류 역사상 3대 과학자로 손꼽히며 근대 수학의 아버지라고도 불리운다. 천문학과 물리학에서의 그의 업적도 수학만큼이나 탁월한 것으로 평가받고 있다. 가우디의 수학적 발견 대부분이 그의 나이 14세에서 17세 사이에 이루어진 것이라 더욱 놀라울 뿐이다. 그의 저서 중 『수리탐구』는 명저로 손꼽히고 있다. 따라서 본문에서 과학자 가우스가 아닌 시인 가우스라 지칭하는 것은 마치 문학가 셰익스피어가 아닌 음악가 셰익스피어라 부르는 것만큼이나 얼토당토 않은 말이다.

새로운 독자층을 만났다. 이 독자들은 학생층에 기반을 둔 반독재 및 자유주의 신좌파들로서 "그들 자신을 어떻게 조직해야 하는지, 그들 자신의 요구사항에 적합한 행동양식과 수단은 무엇인지, 심지어 그들 자신이 요구하는 내용이 정확히 무엇인지"를 발견하기 위해 노력하고 있었다(팬코엑,「노동자 평의회」ii). 촘스키는 「노동자 평의회」에 관한 논평에서 이 학생들의 관심사에 대해 이렇게 언급하고 있다.

> 팬코엑은 "노동자들이 공장의 주인이어야 하고, 자기 노동의 주인이어야 하며, 자신의 의지에 따라 노동을 해야 한다"고 말했다. 그러한 공동 소유는 공공 소유와 혼동되어서는 안된다. 공공 소유는 생산을 관리하는 국가 관리자들이 노동자에게 명령을 내리는 체제이기 때문이다. 노동자들은 생산수단과 모든 계획 그리고 분배를 완전히 장악해야 한다. 자본주의는 현대 산업기술과 사적 소유라는 고대적 사회 원칙을 뒤섞어 놓은 '과도기적 형태'에 불과하다. 공동 소유와 발전된 산업기술이 결합한다는 것은 자유롭게 협동노동을 수행하는 인간 사회를 의미한다. 팬코엑은 또한 "생산수단을 공동으로 소유한다는 개념이 노동자들의 마음을 사로잡고 있다"고 말했다.(『근본적 우선순위』263)

촘스키는 노동자 평의회에 관한 팬코엑의 글이 소수의 몇몇 집단 이상으로는 알려지지 않았다는 사실을 강조한다. 그는 팬코엑과 오웰이 각각 최악의 작품, 즉 지배 계층에 가장 용이하게 동화되는 작품으로 인해 명성을 획득했다는 점에서 둘을 연결시킨다. 오웰은 『카탈로니아 찬미』가 아니라 소설 『1984』로 명성을 얻었다. 팬코엑은 제1차 세계대전 후에 의회 공산주의에 관해 쓴, 좌파 자유주의 운동에 훨씬 더 중요한 논문들에 의해서가 아니라, 오히려 제2차 인터내셔널에 기고한 글로 더 유명해졌다. 촘스키의 말을 들어보자. "팬코엑의 영향력이 절정에 달했던 것은 제1차 세계대전 이전, 즉 그가 제2차 인터내셔널의 핵심 인물이었을 때입니다. 레닌이 그를 극좌파로 비난하자 그는 다른 종류의 명성을 얻게 되었지요. 그 후에는 내가 알기로 거의 아무도 그를 알아주지 않았습니다. 단지 매틱의 노력을 통해서 극소수의 사람들에게 알려졌을 뿐입니다. 나는 보스턴에서 열린 매틱의 팬코엑에 관한 강연에 갔던 기억이 있는데, 거기에는 약 다섯 사람이 앉아 있었고, 그들의 대다수가 그의 개인적인 친구들이었습니다(1995.3.31. 편지)."

중부 유럽에서는 혁명이 실패했고 소련에서는 소비에트 공동체의 중요성이 쇠퇴했음에도 불구하고, 의회 공산주의자들은 지속적으로 평의회에 관한 이론과 실천에 관심을 기울였다. 엡스틴은 다음의 두 집단을 구별하는 것이 매우 중요하다고 강조하면서 "공장 평의회는 러시아 소비에트와 매우 다른데, 후자는 개별 공장을 넘어서 노동자 계급의 행정조직 형태가 되었다"고 말했다(1995.4.20. 편지). 팬코엑과 매틱은 평의회에 핵심적 역할을 부여했고, 이들을 자발적 형태의 노동자 계급 조직으로 간주했다. 그리고 평의회로 하여금 볼셰비키당의 명령에 따르게 함으로써 권력을 빼앗은 소련을 강하게 비판했다. 팬코엑이 꿈꾸었던 사회혁명은 볼셰비키 사회와 자본주의 사회 양쪽 모두에 존재하는 생산체제를 뒤엎고, 노동자들이 그들의 노동에 대한 완전한 지배력을 소유하여 스스로의 운명을 결정할 수 있는 사회를 만드는 것이었다. 팬코엑은 이렇게 주장했다.

노동자들의 정치 권력 장악, 자본주의의 폐기, 새로운 법의 확립, 기업체의 몰수, 사회의 재건, 새로운 생산체제의 구축 등은 서로 다른 별개의 사건들이 아니다. 그것들은 사회적 사건과 변화의 과정에서 동시적으로 그리고 상호관련 속에서 발생한다. 좀더 정확히 말하자면, 이것은 하나의 동일한 사건이다. 그것들은 각기 다른 이름으로 불리우고 있지만, 하나의 거대한 사회혁명, 즉 노동하는 인간에 의한 노동조직의 다른 측면들일 뿐이다.(「노동자 평의회」108)

샘 아브라모비치는 현재라는 유리한 지점에서, 의회 공산주의 강령이 어떻게 실현될 수 있는가를 묘사한다.

사람들은 자신이 생산한 다양한 물품을 교환한다. 각 공장에는 자체의 위원회가 있고, 사람들은 함께 모여 토론한다. 가령 "올해는 만 켤레의 구두와 만 대의 자동차를 생산합시다. 그것을 공동 구매장에 내놓고, 우리가 필요한 것을 가져옵시다"라고 결정한다. 이론적으로 보면 이것은 매우 훌륭하다. 이런 식으로만 실천된다면 정말로 이상적일 것이다. 모두가 공동의 경제적 이익에 따라 사회복지에 기여하고, 각자는 필요한 만큼 무엇이든지 가져갈 수 있으며, 모든 제품이 항상 풍족하다. 그래서 누구도 집안에 물건을 쌓아두거나 비축할 필요가 없다.

그러나 이러한 체제는 또한 인간의 재화와 소유에 대한 사고방식의 극적인 변화를 요구한다. "나는 창고에 자전거 네 대를 쌓아둘 필요가 없다. 사실 창고에 쌓아둘 자전거라면 한 대도 필요가 없다. 빵을 비축해 놓을 필요도 없다. 언제나 상점에 쌓여 있기 때문에 가서 들고 오기만 하면 된다. 필요한 물건이 있으면 일터에 가서 노동력과 교환하면 된다." 그러면 생산 조건과 노동 조건은 어떻게 결정하는가? "사람들이 모두 모여 노동 조건과 근무시간을 결정하고, 또 공장의 조명과 환기시설을 어떤 식으로 설치할 것인지에 대해 결정을 내린다." 혹자는 이런 방법이 중국에서 또는 이전의 소련에서 시도되었다고 말할지 모른다. 그러나 그러한 평가는 진실과 상당한 거리가 있다. "러시아에서의 이러한 시도는 소비에트 위원회의 구성과 함께 초기에 이루어졌지만, 레닌과 볼셰비키당에 의해 즉시 취소되었다(1991.2.12. 편지)."

의회 공산주의는 정치적 대안으로서 촘스키를 비롯한 많은 사람들의 지지를 받아왔음에도 불구하고 이스라엘의 키부츠 같은 소규모 노력을 제외한다면 서방 사회에서는 거의 언급되고 있지 않다. 만일 마르크시즘이 비난받고 있을 때 의회 공산주의 운동이 전개되었더라면, 반마르크스주의적 선전가들 혹은 반공 흑색 선전가들은 틀림없이 해볼만한 상대가 되었을 것이다.

촘 스 키 와 말 린 주 의 자 들

1943년의 촘스키는 지금까지와는 전혀 다른 분야에까지 관심의 영역을 확대해 나가느라 정신이 없었다. 그는 매우 낯선 성격의 분파주의적 좌파, 즉 소위 말린주의자로 불리우는 사람들의 글을 발견했다. "나는 말린주의자들의 이념서에 몰두했습니다. 당시로서는 상당히 많은 도서를 구비하고 있던 필라델피아 중심가의 공립도서관을 마치 내집처럼 드나들면서 관련 서적을 찾아 읽기도 했고, 한편으로는 리브킨을 통해 직접 책을 구하기도 했습니다. 생각해 보면 전쟁에 관한 이들의 황당무계한 예언이 사실로 드러나는 것을 보고 매우 깊은 인상을 받았던 것 같습니다(1996.2.13. 편지)."

필라델피아 소재 센트럴 하이스쿨의 졸업 사진

이 사람들은 제2차 세계대전을, 유럽의 프롤레타리아를 파멸시키기 위해 서방의 자본주의자들과 소련의 국가 자본주의자들이 공모하여 일으킨 '가짜 전쟁'이라고 주장했다(『촘스키 읽기』 14). 이것은 정확하게 「리빙 마르크시즘」의 관점은 아니지만, 어느 정도 유사점이 있다. 촘스키는 "말린주의 원칙이, 아마도 처음에는 신문가판대를 운영하던 이모부를 통해서, 나중에는 무정부주의 운동 사무실과 중고서점 등을 통해서 얻어낸 여러 가지 사실들과 매우 잘 맞아떨어졌다"고 말한다.

그는 엘리스 리브킨을 통해 조지 말린의 글을 접하게 되었다. 리브킨은 드롭시 칼리지의 교수였던 솔로몬 자이틀린의 학생으로 나중에 촘스키의 아버지가 히브리어를 가르쳤던 필라델피아의 히브리대학인 그라츠 칼리지에서 역사학 교수가 된 인물이다. 1940년대 후반에는 리브킨과의 접촉이 단절되었지만 촘스키는 그가 "다른 사람에게는 몰라도 적어도 나에게는 매우 영향력 있는 인물"이었다고 기억한다. 촘스키의 십대 시절에 매우 빈번했던 두 사람의 접촉은 1940년대 말에 완전히 중단되었다. 촘스키는 "리브킨의 정치학에 대해서는 아는 사람이 거의 없다"고 주장한다. "그는 극도로 은밀한 사람이었습니다. 그가 암시하는 것을 어느 정도 이해하는 사람들에게 함축적으로 보여준 것을 제외하고는 정치학 분야에서 자신의 글을 출간하지도 않았습니다. 그러나 리브킨은 학식이 풍부했고 총명했습니다. 우리는 그의 글이나 일상적인 대화에서는 등장하지 않는 주제들, 즉 볼셰비키와 그들의 배경, 그들의 목표가 무엇인지에 대한 이야기로 많은 시간을 보냈습니다(1995.3.31. 편지)." 촘스키의 말은 이어진다. "말린주의 그룹은 아마 3명으로 구성된 아주 작은 단체로서, 이름에서 알 수 있다시피 어떤 의미에서는 '여전히 레닌주의적'이었지만, 트로츠키와 볼셰비키 정책에 대해서는 매우 비판적이었고, 나아가서 샥트만주의자*들에 대해서도 비판적 입장을 견지했습니다. 나 역시 트로츠키에 대한 미련과 숭배를 버리지 못했던 샥트만주의자들에 대해 호감을 가질 수 없었습니다(1995.3.31. 편지)."

어린 시절 촘스키는 이미 무정부주의에 심취해 있었다. 바르셀로나의 함락에 관한 사설로써 그는 조숙한 서약식을 치른 셈이다. 십대 후반에 접어들면서 그는 독서의 폭을 확대하여 자신이 물려받은 지적 전통과 관련된 엄청난 양의 지식을 소화했다. 그는 다양한

---

*Schachtmanite 독일의 경제인인 Horace Greely Hjalmar Schact의 주장을 따르는 사람들을 의미한다. 샥트만은 독일 국립은행장이었고, 1934~37년에 독일 재무상을 지내면서 제1차 세계대전 후의 인플레이션을 저지하기도 했다. 1946년 전범재판소에 의해 기소되었으나 무죄판결을 받았다. 그 후 인도네시아, 이란, 이집트, 시리아 등의 재정고문을 거쳐 1953년 독일의 샤흐트 은행을 창설했다.

사상가와 단체, 운동과 관계를 맺었고 이들의 사상을 연구했으며 그들의 경험을 배경삼아 자신의 활동 방향을 확인하기 시작했다.

촘스키는 지금도 3, 40년대에 받아들였던 지적 전통과 환경의 범위 안에서 작업을 하고 있다. 그는 자신과 접촉하기를 바라는 사람이면 누구에게든 길고 자세한 편지를 쓴다. 일주일에 약 20시간을 편지 쓰는 데 할애할 정도이다. 그리고 그는 기층 운동 단체들과 긴밀한 관계를 유지하고, 고된 학술회의 스케줄을 고집한다. 이 모든 것들이 그의 깊은 사회적 · 학문적 책임감을 보여주는 징표라고 할 수 있다. 또 촘스키는 지식인과 노동 계층 사이의 거리감을 조성하는 상아탑의 특전을 거부하는 매우 생산적인 학자이기도 하다. 그는 자신이 만들어낸 노력의 결과에 자부심을 가지는 동시에, 자신이 수행하는 프로젝트 하나하나에 적용되는 분석과 이해의 기술을 개선시키기 위해 노력한다.

1945년에 시작된 노암 촘스키의 대학 시절 역시 비범했던 유년 시절만큼이나 다양한 사상과 이상으로 충만했다. 그리고 새로운 지식인과 운동가들, 사상가와 활동가들이 그의 삶에 봇물처럼 흘러들었다.

젤리그 해리스, 아부카, 하쇼머 핫자이르

2 | Zellig Harris, Avukah, and Hashomer Hatzair

세상이 돌아가는 것은, 이름없이 역사의 저편으로 사라져버린 헌신적이고 용기있는 사람들의 노력이 있으므로 가능하다.(노암 촘스키, 1993년 12월 18일, 저자에게 보낸 편지)

| 좋 은 스 승 이 있 던 대 학 시 절 |

촘스키는 1945년 열여섯 살의 나이에 펜실바니아대학에 입학했다. 그는 집에서 계속 생활하면서, 강의가 끝난 오후와 일요일, 때로는 저녁 늦게 히브리어를 가르쳐서 얻은 수입으로 학비를 충당했다. 그리고 철학, 언어, 논리학 등의 분야에서 쌓은 방대한 독서량을 체계화하기 위해 일반과목 강좌에 등록했다. 또한 그는 아랍어를 공부하기로 결심했는데, 당시 그 대학 내에서 아랍어를 공부하고자 한 유일한 학생이었다. 촘스키는 신입생다운 열정으로 학업에 뛰어들었으나, 고등학교 시절에 그토록 혐오했던 제도권적 구조가 펜실바니아대학에서도 광범위하게 되풀이되고 있다는 사실을 발견하고는 곧 실망하게 된다. 그러나 몇 가지 주목할 만한 사건이 있었다. 우선 그의 지적 호기심을 자극한 몇몇 학자들을 만났는데 철학과 교수였던 C. 웨스트 처치맨도 그 중 한 사람이었다. 그리고 그의 아랍어 선생은 "인품이 높을 뿐 아니라 탁월한 학자이기도 했던 이탈리아 출신의 반파시스트 망명자" 죠르지오 레비 델라 비다였다(『촘스키 읽기』 7). 촘스키가 특정 인물들에게 끌리게 된 이유는 그들의 학문적 업적 때문만은 아니었다. 촘스키는 그것과 더불어, 어쩌면 더 강하게 그들의 전반적인 태도에 매료되었다. 예를 들어 델라 비다는 학문적인 면에서보다는 정치적인 면에서 그의 흥미를 자극했다.

학부의 경험에 당황한 촘스키는 곧, "대학을 그만두고 팔레스타인으로, 어쩌면 키부츠로 떠나 그곳의 사회주의적 틀 안에서 아랍-유태인 사이의 협력을 이끌어내기 위한 노력에 동참"할 가능성에 대해 심사숙고했다(『촘스키 읽기』 7). 이 결심은 당시의 삶의 단계에서 매우 중대한 것이었고, 그가 시오니즘 운동 때문에 평생 동안 겪어야 했던 어려움에 비추어보면 매우 의미심장한 것이기도 하다. 수많은 주류 시온주의 인물이나 단체와 마찬가지로, 촘스키 역시 팔레스타인에 유태국가가 건설되어야 한다는 생각에 반대했다. 그러한 국가의 건설은 가난하고 억압받는 팔레스타인 민중들을 사회주의적 원칙의 기반 위에 통합하는 것이 아니라, 오히려 종교를 바탕으로 민중 대다수의 땅에 철조망을 치고 이들을 열등국민으로 만드는 결과를 초래할 것이기 때문이다. 유태국가 건설에 반대하는 사람들은 여전히 수많은 시온주의자들의 분노를 불러일으키고 있다. 시온주의자들은 금세기 초에 주류 시오니즘을 관통하던 원칙들을 인정하지 않을 뿐 아니라, 더 나아가 종교적 가르침에 따라 국가를 건설하는 데 수반되는 제반 문제점들을 인식하지 못하고 있다.

촘스키가 대학에서 공부를 하는 동안, 팔레스타인에서는 다양한 사회운동이 활발히 전개되고 있었다. 이 가운데 촘스키의 관심을 끌었던 운동은 협동 노동 운동이다. 협동농장의 지도자들이 사회조직을 위해 각급 단위의 키부츠에서 사용한 방법은, 오웰이 『카탈로니아 찬미』에서 묘사한 카탈로니아식 모델과 중요한 유사성을 띠고 있다. 따라서 당대의 시온주의 청년단체들, 그 중에서도 특히 하쇼머 핫자이르 내에서 인기를 끌었던 스탈린 혹은 트로츠키적 전망보다는, 자유주의적 협동 노동 운동에 공감했던 촘스키의 초기 경향이 다시 한번 그를 사로잡았다.

내가 기억하는 한 시온주의 청년단체들 가운데 시오니즘 운동에 전적으로 관여했다고 볼 수 있는 곳은 단지 하쇼머 핫자이르뿐이었습니다. 그리고 적어도 미국 내에서는 그들 대부분이 스탈린주의자나 트로츠키주의자들이었습니다. 나는 전국의 여러 학술회의에서, 때로는 '하샤라 농장'(젊은이들이 키부츠에 가기 위한 준비로서 공동 생활을 하던 곳)에서나 그밖의 장소에서 많은 운동가들을 만나봤지만, 하쇼머 핫자이르에 속했던 사람들 중에 이러한 틀을 벗어난 사람은 한 명도 없었던 것으로 기억합니다. (1996.2.13. 편지)

1947년, 촘스키는 열아홉 살이 되어 아주 어렸을 때 처음 만난 캐롤 도리스 샤츠와 데이트를 시작했다. 거의 오십여 년이 지난 지금도 그들은 여전히 함께 살고 있다. 1947년은 또한 촘스키가 젤리그 해리스를 만난 해이기도 하다. 해리스는 촘스키와 여러 가지 관심사를 공유했던 카리스마를 가진 교수였고 촘스키의 삶에 지대한 영향을 끼친 인물이다. 촘스키는 해리스를 만난 덕분에 키부츠 협동농장에서 일하기 위해 대학을 중퇴하고 떠나려던 계획을 연기했고, 펜실바니아대학에서의 공부를 연장했다. 이 계획 변경은 후에 중대한 결과를 낳았다.

| 젤리그 사베타이 해리스 |

해리스는 1909년 러시아의 볼타섬에서 태어났으며, 1913년 부모와 함께 그곳을 떠났다. 펜실바니아대학에서 학부와 석사과정을 마치고 1934년에 같은 학교에서 박사학위를 받았으며, 1931년부터 그곳에서 교편을 잡았다. 그는 미국 최초로 펜실바니아대학에 언어학과를 창설했고 1966년에 최고의 영예라 할 수 있는 벤자민 프랭클린 언어학 석좌교수직에 올랐다. 해리스는 구조주의 언어학*에서의 업적으로 유명하며 담론분석의 창시자로 간주된다. 그는 생을 마감할 때까지, 『구조주의 언어학』(1951), 『언어의 수학적 구조』(1968), 『구조-변형 언어학 논문집』(1970), 『통사론 논문선』(1981), 『수학 원리에 따른 영어문법』(1982), 『언어와 정보』(1988), 『과학에서의

---

*Structural Linguistics 1930년대를 전후하여 유럽과 미국에서 활발하게 전개된 언어 이론으로, 언어는 단순히 이질적인 요소가 결합해서 된 것이 아니라 상호의존적 요소가 완전히 통합해서 이루어진 체계, 즉 구조체라고 주장한다. 유럽 구조주의 언어학은 소쉬르에게서 시작되어 제네바학파, 프라그학파, 코펜하겐학파 등으로 갈라졌다. 랑그와 빠롤, 음소, 구조, 계립관계와 연립관계 등의 주요 언어학적 개념이 이들 학파에 의해 탄생되었고 또 확립되었다. 미국의 구조주의 언어학은 행동주의 심리학과 경험주의 철학에 이론적 배경을 두고 있다. 이들은 분포주의적 방법을 사용하여 언어체계를 설명했고, 연구의 단위를 음운론, 형태론, 어휘론, 의미론, 구문론 등으로 세분화하기도 했다.

정보형식』(1989) 같은 유명한 저서들을 남겼다. 「타임지 문학 부록」에서는 해리스의 저술 활동을 두고 "매력적인 일관성을 보여주고 있으며, 그 근저에는 '의미를 배제한 추상적 언어 형식의 연구'에 대한 사명감이 흐르고 있다"고 묘사했다(매튜스, 「무언가 말하기」).

그러나 해리스의 기념비적 저서는 무엇보다도 기술 언어학을 하나의 이론과 실천으로 통합한 『구조주의 언어학 방법론』(1951)이다. 1986년 미드웨이 리프린트사에서 재판한 이 책의 뒷표지에서 노먼 맥쿤은 이렇게 말한다. "해리스의 공헌은 두 가지 의미에서 신기원을 이룩한 것이다. 첫째는 해리스 언어학으로 인해, 종종 문화적 한계를 벗어나지 못하던 종래의 직관주의 단계에서 완전히 탈피하여 언어학적 방법론의 정점에 도달할 수 있었다는 것이고, 둘째로는 나날이 확대되고 있는 인간 문화의 여러 분야에 이 새로운 방법들을 보다 왕성하게 적용하게 될 새 시대의 출발점을 제공했다는 것이다." 촘스키가 그 자신의 위대한 초기 저작 『언어학 이론의 논리구조』의 서문에서 주장하다시피, 이 저서는 해리스와 촘스키의 관계를 형성하는 데 결정적인 역할을 했다.

내가 공식적으로 언어학에 입문한 것은 1947년, 젤리그 해리스가 나에게 『구조주의 언어학 방법론』의 교정본을 보여주었을 때였다. 물론 나는 그것을 매우 흥미롭게 읽었고 몇 번에 걸친 해리스와의 자극적인 토론 후에, 마침내 펜실바니아대학에서 언어학을 전공하기로 결심했다. 당시에 나는 아버지의 저서들을 통해 중세 히브리어 문법과 역사언어학 분야에 어느 정도 비공식적인 지식이 있었고, 동시에 죠르지오 레비 델라 비다로부터 아랍어를 배우고 있었다.(『언어학 이론의 논리구조』 25)

여기에서 평면적 비교를 하고 싶지는 않지만, 그래도 마르크스와 엥겔스가 언어의 본질과 속성을 탐구하는 과정에서 언어학 연구에 일정한 공헌을 했다는 사실은 주목할 만하다. 루카치뿐 아니라 볼로시노프와 바크틴도 마르크스주의 시각에서 언어학을 연구했고, 그람시는 그의 학문적 배경이 언어학이었다. 그러나 촘스키를 맨처음 사로잡은 것은 해리스의 언어학이 아니었다. 촘스키는 스승의 정치학에 마음이 끌렸던 것이다. 그의 논평을 보자. "1940년대 후반에 해리스는 대부분의 구조주의 언어학자들과 마찬가지로 그 분야는 끝났다고, 언어학은 근본적으로 종말을 맞았다고 결론내렸다. 이미 모든 것이 완료되었고 모든 문제가 해결되었다. 아마도 몇 개의 방점을 찍거나 어떤 것을 덧붙일 수는 있었을 것이다. 그러나 기본적으로 그 분야는 끝난 셈이었다(랜디 알렌 해리스, 『언어학 전쟁』 31)."

　　촘스키에 따르면 해리스는 "당시에 많은 젊은이들에게 큰 영향력을 행사하던 비범한 인물"이었다. "그는 언어학 교수였지만 나에게는 부족했던 비상한 능력으로 모든 문제들을 꿰뚫었습니다. 나는 그의 이러한 능력에, 그리고 사적으로나 혹은 그를 통해 만나게 된 사람들의 영향으로 그에게 매료되었습니다." 비범한 천재성과 독창성을 지닌 해리스는 촘스키에게 몇 개의 대학원 강좌를 수강하도록 격려했다. 넬슨 굿맨과 모튼 화이트가 가르치던 철학 강의와 네이탄 화인의 수학 강의가 그것이었다. 이때는 촘스키가 중퇴를 심각하게 고려하던 시기였다. "지금 생각해 보면 해리스의 영향으로 내가 학교에 돌아왔던 것 같다. 그러나 이 문제에 관해 특별히 해리스와 이야기를 나눈 기억은 없다. 나를 붙잡아두려는 특별한 계획이 있었다고 여겨지지는 않았다(『촘스키 읽기』 7~8)."

　　또한 촘스키는 해리스의 추천으로 심리분석에 관한 설리반-

호니 - 라포포트학파(이들은 모두 행동주의 심리학자들이다)의 저서들을 이미 읽고 있었다. 심리분석은 촘스키에게 친숙한 분야였다. 그는 신문가판대를 운영하다 결국 심리분석을 업으로 삼게 된 이모부의 권유로 프로이트를 읽은 적이 있었다. 프로이트의 작품들을 처음 접했을 때 그는 아직 사춘기였고, 그것들은 당시의 촘스키에게 강한 인상을 남겼다. "수년 후에 그것들을 다시 읽었을 때는 솔직히 섬뜩했습니다. 그런 이유로 해리스가 프로이트에 대해 종종 언급했음에도 나는 그의 글을 다시 읽지 않았고, 해리스의 특별한 관심을 지켜보기만 했습니다(1995.3.31. 편지)."

해리스는 심리분석 분야의 저명인사들에게 청년 촘스키를 소개했다. "해리스는 나를 대동하고 라포포트를 방문했습니다. 라포포트는 내가 만난 소수의 학파 회원 가운데 한 명이었습니다. 그곳은 코네티컷의 한 병원이었는데 아마 에릭슨도 거기에 있었던 것 같습니다." 해리스는 심리분석에 대한 열정적인 관심으로 프랑크푸르트학파에도 관심을 기울였고, 특히 에리히 프롬의 저서에 이끌렸다. 인간 심리와 사회 운동 사이의 관계를 매우 이론적인 수준에서 연구하는 이 학파는 해리스와의 강한 유대에도 불구하고 촘스키의 관심을 그다지 끌지 못했다. "심리분석에 대해 나는 결코 흥미를 느끼지 못했습니다. 유태국가 건설 반대 등과 같은 좌파 시오니즘적인 주제들을 제외하고는 해리스와 그의 동지들이 관심을 보인 여러 가지 이슈에 대해 전혀 호기심을 느낄 수 없었습니다(1995.3.31. 편지)."

스승의 정치적 활동과 언어학 연구 그리고 자유로운 사고방식에 빠져 있던 촘스키는 자신이 대학에 남아 있는 가장 큰 이유가 바로 해리스 때문이라는 사실을 깨닫기 시작했다. 해리스는 촘스키에게 자유분방하고 활발하며 창조적인 논쟁을 적극 권장했다. 이러한 태도는 촘스키의 초기 교육의 버팀목이었고 뉴욕에서 이모부와 함께 있던 시절에 그가 성장할 수 있었던 밑거름이기도 했다. 그는 필수과목, 공식적 관계, 학문적 위계질서 등을 거부하고 비공식적인 모임, 광범위한 주제에 대한 토론과 지적 교류를 선호했다. 당시 펜실바니아대학의 언어학과에는 언어학 못지않게 정치학에도 열정을 가진 소수의 대학원생 그룹이 있었다. 그들은 강의실을 멀리하고 근처의 혼 앤드 하다트 레스토랑이나 프린스톤에 있는 (후에 뉴욕으로 옮긴) 해리스의 아파트에서 자주 모였다. 토론은 며칠 동안 계속되기도 했다. 촘스키는 당시의 토론이 "지적으로 흥미진진했을 뿐 아니라 개인적으로도 매우 의미있는 경험이었다"고 기억한다(『촘스키 읽기』 8). 마침내 촘스키는 펜실바니아대학으로부터 관행을 벗어난 학사학위를 받는데, 그의 학위논문은 언어학, 철학, 논리학에 대한 그의 관심을 그대로 반영하고 있다. 그의 학사학위 논문인 「현대 히브리어의 형태음운론」은 이후 저서들의 바탕이 된 동시에 현대 생성문법의 첫 열매로 간주된다. 이 논문이 완성된 것은 그의 나이 불과 스무 살이던 1949년이었다.

　　같은 해에 촘스키는 캐롤 샤츠와 결혼했다. 두 사람 모두 아직 학생이었다. 그들은 유태문화와 역사, 언어연구, 철학을 포함한 다양한 관심사들을 공유했다. 케롤 자신도 후에 언어학 분야를 연구하게 된다. 결혼 당시에는 그녀 역시 정치적 이슈에 적극적이었지만 촘스키와는 아주 다른 방식이었다.

대 학 원 시 절

해리스를 비롯한 주변 사람들에게 고무된 동시에, 학사학위 논문을 위해 착수했던 연구 분야에 많은 지적 매력을 느낀 그는 펜실 바니아대학원에 진학하기로 결심한다. 촘스키는 1949년 가을학기에 대학원 공부를 시작했고, 짧은 기간에 석사학위 논문을 완성하여 1954년에 학위를 받았다. 그의 논문은 학사학위 논문의 개정판으로 1951년보다 세밀한 수정을 거쳤으며, 1979년에는 『현대 히브리어의 형태음운론』이란 제목으로 출간되었다.

촘스키와 해리스의 우정은 갈수록 깊어져서, 지금은 거의 신화적으로 묘사되고 있을 정도이다. 촘스키는 마치 해리스의 업적을 물려받아 발전시키도록 선택된 사람 같았고, 반대로 해리스는 촘스키가 자신의 학문적 성취를 견주어보고 궁극적으로는 뛰어넘어야 할 척도와 같았다. 이 두 사람의 관계에 대해 수많은 글이 쓰여졌고, 서로 주고받은 영향에 대해 상당량의 추측성 출판물이 간행되었다. 그러나 이 시기에 촘스키가 해리스 및 다른 인사들과 나누었던 많은 토론의 진정한 성격은 무엇이었을까? 이러한 지적 교류가 촘스키의 지적 발달에 어떠한 영향을 주었을까? 촘스키는 해리스의 생각이 다음과 같았다고 말한다.

그는 언어학을 텍스트를 구성하기 위한 일련의 절차라고 생각했고, 따라서 실제로 발견할 어떤 것이 있을 것이라는 생각에 강하게 반대했습니다. 그는 정말 언어학적 분석 방법이 이데올로기 분석에도 원용될 수 있다고 생각했고, 그 결과 대학원 수업은 대부분 이데올로기 분석에 맞춰졌습니다. 그 결실의 일부는 1950년대 초「랭귀지」에 실린 담화분석에 관한 해리스의 논문에서 찾아볼 수 있습니다. 비록 해리스가 모든 사람의 주요 관심사였던 정치적 측면을 다소 무시하긴 했지만 말입니다.
(1994.12.13. 편지)

해리스의 『구조주의 언어학 방법론』을 효과적으로 이용하기 위한 촘스키의 시도는 그의 언어학 연구 초기에도 계속되었으며, 이런 노력의 결과로 그의 논문이 처음으로 「상징논리저널」에 실리게 되었다. 촘스키의 학부 논문 역시 해리스의 개념들을 일부 적용했으나, 이 무렵 그는 해리스의 『구조주의 언어학 방법론』을 모두 포기하고 대신에 "완전히 비절차적이며, 제시된 평가 방법이 문법체계 전체에 적용된다는 점에서 전체론적이고 현실적인" 방법을 도입했다 (1995.3.31. 편지).

구구조규칙은 …… 광범위한 표현들의 통사론 구조를 매우 성공적으로 표현해 낼 수 있으며, 이런 목적으로 생성문법* 연구에 도입되었다. 그러나 구구조규칙이 …… 그 자체로 다양한 문장구조를 올바르게 설명하기에는 불충분하다는 것이 곧 확실해졌다. 이 문제를 해결하기 위한 최초의 해결책은 규칙체계를 더욱 확대하는 것이었고, 지금까지 다양하게 변형된 수많은 규칙체계들이 제시되어 왔으며 지금도 통용되고 있다. 이 규칙체계의 확대는 자체 속에 내포된 하위범주에까지도 투사되는 자질을 가진 복합범주를 도입함으로써, 단순한 구구조규칙 체계로는 포착되지 않는 장거리 의존관계를 표현하는 방법이다. …… 나는 젤리그 해리스의 개념들을 약간 다른 틀로 변화시켜, 1949년도 학사학위 논문에 이 방법을 적용했다.(「언어의 지식」 64)

---

*Generative grammar 촘스키의 언어학은 초기에 변형생성문법으로 불리웠다. 그 이유는 블룸필드를 중심으로 하여 언어 자료의 수집과 유형 분석에 매달리던 미국의 구조주의 언어학과 촘스키 언어학을 구분하기 위해, 그것의 가장 큰 특징이라 할 수 있는 변형의 도입과 인간의 언어 생성 능력, 즉 유한수의 어휘와 규칙으로 무한수의 문장을 생성하는 능력을 강조한 것이다. 언어학의 혁명으로 불리우는 생성문법은 그 후 많은 내적변화를 겪었고, 1990년대에 획기적으로 바뀌어 지금은 그것을 '최소주의'라 부른다.

촘스키는 연구의 초기 단계에서 이미 해리스와 근본적으로 궤를 달리하는 매우 독창적인 작업을 수행하고 있었다. 그의 말을 빌리자면, 학사학위 논문에서 그는 "구조주의 언어학에 속하는 모든 것들과 근본적으로 상치되는 작업"을 하고 있었고, 바로 그것 때문에 이 논문과 「언어학 이론의 논리구조」는 30년 후에야 출간될 수 있었다. 이 논문은 "구조주의 언어학과 근본적으로 달랐고, 그런 이유로 해리스는 그 논문을 보지도 않았을 뿐만 아니라 그 분야에서 연구하던 어떤 사람도 반응을 보이지 않았"다. 사실 「현대 히브리어의 형태음운론」은 "내가 아는 한, 평가 기준과는 거리가 먼 어떤 것에 그 평가 기준을 아주 세세하게 적용하고자 하는 유일한 텍스트"로 남아 있다(1995.3.31. 편지).

| 현 대 언 어 학 을 넘 어 서 |

촘스키 연구의 결실이 언어학 분야에 국한되지 않는 것처럼 보이는 이유는, 그가 매우 폭넓은 독서를 하고 있었을 뿐 아니라 철학과 같은 분야에서도 예기치 않았던 통찰력을 보여주었기 때문이다. "생각해 보십시오. 카르납이 죽기 전에는 …… 그의 글을 읽는 사람이 거의 없었고, 읽는다 해도 그것은 단지 그에게 반박하기 위해서였지요. 프레게와 러셀은 예외였지만, 아주 드문 경우였습니다. 흄이나 로크라는 이름의 사람들도 있었지만 누구도 그들의 글을 읽지 않았고 단지 대학원에서 배운 거짓말만을 인용했습니다. 내가 아는 한, 해리스는 이런 일에 조금도 관심이 없었습니다(1994.12.13. 편지)." 오테로는 촘스키의 저서에 제시된 언어학과 철학에 대해 논하는 중에, 독일 태생의 철학자인 루돌프 카르납에게 '논리 – 실증주의자들을 대표하는 가장 유명한 학자'라는 이름을 붙였다. "카르납은 촘스키의 스승들에게 직접적이고도 결정적인 영향을 끼쳤고, 촘스키가 학생 시절에 읽은 책의 저자들 가운데 유일하게 비미국인 철학자였다(『촘스키와 이성주의자』 3)". 카르납은 버트란트 러셀의 학문으로부터 지대한 영향을 받았으며 프레게, 화이트헤드, 비트겐슈타인 등을 면밀히 연구했는데, 이들은 촘스키에게도 모범적인 인물들이었다.

어린 시절 무정부주의 관련 서적을 독파하고 정치적 영역에서 자각에 도달한 것처럼, 이때의 독서도 촘스키에게 신선한 관점을 제공했다. 하지만 그의 스승 넬슨 굿맨은 그의 관점을 '완전히 미친' 것으로 간주했다. 굿맨이 1960년대 중반에 촘스키의 글에 관해 알게 되었을 때, 그는 촘스키와의 우정을 완전히 끊어버렸다. 이에 대해 촘스키는 이렇게 말한다. "그가 나의 글에 대해 알기 전까지 우리는 매우 좋은 친구였습니다. 그는 어떤 이유에서인지 내 글을 개인적 배신으로 간주했습니다(1995.3.31. 편지)." 논문 지도교수인 젤리그 해리스 역시 촘스키의 글을 '사적인 취미'라고 폄하했다. "그는 나의 글에 최소한의 관심도 기울이지 않았으며, 아마 내가 미쳤다고 생각했던 것 같습니다(1994.12.13. 편지)." 촘스키의 초기 연구에 유일하게 관심을 보인 사람은 이스라엘 출신의 논리학자인 바힐렐이었다. 그는 카르납의 동료이자 1951년 이후로 촘스키의 좋은 친구가 된 사람이다. 바힐렐은 아마도 당시에 『현대 히브리어의 형태음운론』을 자세히 읽어본 유일한 사람일 것이다. 그는 몇 가지 수정사항을 제시했고, 촘스키는 그의 의견을 수정본에 반영했다. "우리는 많은 문제들에서 견해가 매우 달랐고 지면을 통해 논쟁을 벌이기도 했지만, 대단히 가까운 사이였습니다. 이는 정치적인 문제에 관해서도 마찬가지였습니다." 촘스키의 회고이다. 그는 또 "바힐렐은 아랍인들의 인권과 시민권을 위해 이스라엘에서 공개 연설을 했고, 이스라엘이 1967년 전쟁 이후 은밀하게 아랍 영토를 합병한 것에 대해 공개적으로 반대했던 최초의 사람들 가운데 하나였다"고 기억한다. 그런데 흥미로운 것은 이 문제에 관한 바힐렐의 저서가 거의 언급되고 있지 않다는 점이다. 이에 관한 촘스키의 설명은 지금은 많이 알려진 다음과 같은 내용이다. "바힐렐은 이스라엘의 운동가들 사이에서는 잘 알려진 사람입니다. 많은 운동가들은 그의 학생이었거나 그에게서 영향을 받았지요. 그는 진지하고, 지적이고, 헌신적이며, 존경할만한 사람으로서 중요하고 영향력 있는 역할을 담당하긴 했지만, '대중적 지식인'은 아니었기 때문에 널리 알려지지 않았습니다. 이것은 결코 지성사에 기록되지 않는 사실이지요(1995.3.31. 편지)."

촘스키가 아직 대학생이었을 때 그의 학사학위 논문을 읽어준 또다른 사람은 펜실바니아대학 교수인 헨리 후닉스왈드였다. "그는 매우 훌륭한 역사 언어학자로서 인도전통을 잘 알았고, 해리스식 구조주의를 충실하게 따랐으며, 유럽 구조주의에도 일가견이 있었습니다(1995.3.31 편지)." 후닉스왈드와 해리스는 비록 촘스키의 1948년 논문보다 치밀하지 못하고 단지 음성부에 국한되기는 했지만, 촘스키의 생성문법 모델보다 약 8년 앞서 또다른 생성문법의 전례가 있었다는 사실을 알고 있었던 것으로 보인다. 이것이 바로 「메노미니어*의 형태음운론」이라는 논문으로, 미국의 언어학자 레오나드 블룸필드가 1939년 체코의 「프라하 언어학회 논문집」에 실었던

---

*Menomini language 미국 위스콘신주(州)에서 쓰이는 아메리카 인디언의 언어. 알콩킨 와카슈 어족의 알콩킨 어파에 속한다.

것이다. 촘스키의 견해에 따르면, 후닉스왈드나 해리스가 이런 텍스트의 존재를 자신의 학생에게 알려주지 않은 것은 놀라운 일이다. 「메노미니어의 형태음운론」은 특이한 텍스트로, 블룸필드가 언어와 언어학적 방법에 대해 쓴 다른 글들과는 완전히 불일치하는 것이었다. 촘스키는 블룸필드가 이러한 이유로 이 논문을 유럽에서 출간했다고 믿고 있다.

후닉스왈드와 해리스는 블룸필드와 매우 가까웠으므로, 틀림없이 그의 논문에 대해 알고 있었을 것입니다. 그러나 그 누구도 자신의 유일한 학부학생에게, 8년 전에 블룸필드가 연구했던 것과 다소 비슷한 것을 다시 연구하고 있다는 사실을 말해주지 않았습니다. 해리스의 경우는 내가 무슨 일을 하고 있는지 몰랐기 때문에 그리 놀랍지 않습니다. 그러나 적어도 후닉스왈드는 나의 논문을 읽었고, 틀림없이 고전 인도어와의 유사성을 발견했을 것입니다. 나 자신은 이 사실을 전혀 몰랐고, 1960년대에 모리스 할레가 블룸필드의 논문을 찾아내면서 알게 되었습니다.

(1995.3.31. 편지)

| 영 향 력 갈 등 |

스승과 제자간의 복잡미묘한 관계, 특히 해리스의 친구들과 추종자들의 강한 추측을 불러일으킨 관계가 여기에서도 만들어지고 있었다. 촘스키의 정치적·언어학적 연구에 해리스가 관여했다는 사실과 이들 두 사람 사이의 접근 방법이 유사하다는 사실이 이들의 영향력, 권위, 권력투쟁에 대한 격론을 불러일으켰다. 이와 비슷하게, 보다 최근에는 촘스키와 그의 학생들 사이의 관계에 대한 추측

으로 논란이 일어났고, 심한 경우에는 논쟁으로까지 번졌다. 많은 논평가들은 촘스키의 언어 이론이 해리스와 유사하다는 사실에 관해 언급해 왔다. 제럴드 카츠와 토마스 베버는 『제국주의의 몰락과 생성』(1976)에서 이렇게 말한다. "사람들의 생각과는 달리 현대 언어학에서의 변형의 도입은 촘스키에게서 시작된 것이 아니라, 문장의 형태에 관한 해리스의 규칙체계에서 비롯되었다. 이것이야 말로 진정한 변형이라 할 수 있다. 그 이유는 그것이 구구조를 또다른 구구조로 옮기는 구조-의존적 규칙들이기 때문이다. 이 점은 해리스가 제시한 변형의 예를 보면 명백해진다(292쪽)." 1986년판 『뉴 브리태니카 백과사전』에는 촘스키와 해리스의 관계를 다음과 같이 적고 있다. "젤리그 해리스는 노암 촘스키의 스승이었기 때문에, 일부 언어학자들은 촘스키의 변형문법이 세간에 알려진 것처럼 혁명적인가에 대해 회의적이다. 그러나 이들 두 언어학자는 서로 다른 맥락에서 서로 다른 목적으로 변형이라는 개념을 발전시켰다. 해리스의 변형은 표면구조의 문장형태와 관련이 있기 때문에 현재의 변형문법에서와 같이 심층구조를 표층구조로 변형*시키는 장치는 아니다." 이런 종류의 영향력 갈등에 대한 연구는 종종 정신분석학적 형태의 가설과 추측에 이르거나, 아니면 푸코 스타일의 권력분석을 이끌어냄으로써 지켜보는 사람들의 상상력을 자극하곤 한다. 1940년대 이후의 언어학 역사를 가십성으로 다룬 책이 『언어학 전쟁』이라는 제목으로 최

---

*Deep structure, Surface structure 촘스키는 문장은 기저에서 생성된 심층구조와 변형 규칙의 적용을 받아 이루어진 표층구조로 구성되어 있다고 주장한다. 가령 What do you like?라는 문장은 you like what?이라는 심층구조에 의문사 이동규칙을 적용한 결과라는 것이다. 이러한 심층구조와 표층구조의 구분은 비단 언어학 이론뿐 아니라 사회 분석의 틀에도 지대한 영향을 끼쳤다.

근에 출간되었다. 이 책에서 랜디 알렌 해리스는 여러 해 동안 촘스키와 그의 제자 및 동료들 사이에 거대한 권력투쟁이 계속되어 왔다고 주장한다. 이러한 유형의 사고방식 일반에 대한, 특히 랜디 알렌 해리스의 책에 대한 촘스키의 견해는 한 마디로 어불성설이란 말로 요약될 수 있다. "대개는 내 학생도 아니고 동료도 아닌 몇몇 사람들이 권력투쟁의 당사자라고 생각하는데, 그것은 전적으로 그들의 문제이지 나와는 상관이 없습니다. 사실 그것은 공상의 산물입니다. 나는 결코 권력투쟁에 연루된 적이 없습니다(1995.8.14. 편지)."

긴밀한 스승과 제자의 관계에서는 당연히 상호간에 영향력이 교환되고, 때때로 나쁜 감정이 발생하기도 한다. 촘스키는 언어학 분야에서 특히 그런 역동적 관계가 전개될 가능성이 높다고 생각한다. 촘스키가 주지하다시피, 문제는 랜디 알렌 해리스나 하임즈 또는 매튜스 같은 언어학 사가들이 묘사하는 모습과 실제 언어학자들이 수행하고 있는 언어학 사이의 간극에 놓여 있다. "이 모든 것은 50년대 초부터, 만일 나의 사적인 취미까지 고려한다면 40년대 후반부터 구조주의 언어학과의 급격한 단절이 발생했다는 사실과 관련이 있습니다(1995.3.31. 편지)." 그러나 이 단절은 하임즈나 매튜스의 유명한 언어학 사서에 분명하게 나타나 있지가 않다. 이 언어학사에서 받는 전반적인 인상은, 촘스키가 언어학계의 종전 경향을 근본적으로 의심했다기보다는 그 뒤를 계속 이어갔다는 것이다. 촘스키는 언어 연구에 종사하는 많은 사람들이, 자신들이 채택한 원리의 기원과 발전에 대해 취하고 있는 입장을 이렇게 개탄한다.

60년대에 접어들면서 언어학은 이미 완전히 다른 방향으로 나아가고 있었습니다만, 그 당시 언어학에 적극적으로 참여하던 사람들은 언어학의 역사에 전혀 관심이 없었지요. 그러한 태도에는 동의할 수 없지만, 그것은 사실입니다. 화학을 예로 들자면, 비록 그 역사는 짧지만 화학연구에 열심인 사람이 화학의 역사에 관해 별로 신경쓰지 않는 것과 마찬가지입니다. 그 결과 언어학사는 언어학에서 무슨 일이 벌어지고 있는지에 대해 그저 막연하게 이해하고 있는 사람에 의해 쓰여지거나 아니면 특별히 도끼를 갈고 있는 외부인에 의해 쓰여지고 있습니다. (1995.3.31. 편지)

랜디 알렌 해리스는 그의 연대기에서 특별히 '도끼를 갈고 있다' 는 인상을 주지는 않지만, 대부분의 이슈에 대해 촘스키와는 명확히 다른 입장을 취하고 있다. 그러나 더욱 놀라운 것은 마치 멜로드라마처럼 풀어가는 그의 글쓰기 방식이다. 갖가지 음모가 전개되고, 악당들이 등장하며, 플롯이 복잡해진다. 또 그의 글은 소위 푸코식의 역사장르로서, 핵심 등장인물들 사이의 권력투쟁을 강조하는 접근방식을 가진다. 우리는 이런 종류의 글을 읽을 때, 마치 권력투쟁이 촘스키를 포함한 연구자들을 이런 저런 연구의 길로 몰고간다는 인상을 받게 된다. 그러나 촘스키가 보기에 이런 글은 그 분야에 흥미를 더해주기는 하지만, 우리가 그것을 이해하는 데는 거의 기여하는 바가 없다.

촘스키는 자신의 연구과정에서, 한편으로는 변형생성문법을 일종의 취미로 계속 연구하면서도, "해리스의 『구조주의 언어학 방법론』과 언어에 대한 절차적 접근방식들을 당시의 조작주의적인 방식으로 완벽하게 이해하려는" 노력을 멈추지 않았다(1995.3.31. 편지). 그가 펜실바니아대학에 남아 있었던 것은 무엇보다도 해리스 때문이었고, 정치적·철학적 토론이 주는 자극을 새롭게 발견했기 때문이었다. 그러나 그는 자신의 진정한 관심사들, 즉 자유주의 정치학 그리고 언어 연구의 전분야에 대한 새로운 전망이 궁극적으로는 그 대학의 울타리 밖에서 추구되어야 할 가장 중요한 개인적 관심사(또는 취미)라고 굳게 믿고 있었다.

정 치 학 에 국 한 되 다 : 새 로 운 관 계 의 형 성

촘스키는 자신과 해리스가 언어학 분야에서 "대략 1950년경, 즉 내가 해리스의 『구조주의 언어학 방법론』 프로그램을 그만둔 후 몇 년이 지나 완전히 결별하게 되었다"고 말한다. 그들은 정기적으로 만났고 "여전히 좋은 친구였지만, 정치학에 국한되었"다(1994.12.13. 편지). 이러한 제한에도 불구하고 공통의 관심사는 여전히 광범위했다. "십대 시절 나의 세계관은 해리스의 영향을 강하게 받았습니다. 이것은 사실 내가 다른 곳에서, 즉 무정부주의자와 좌파 반볼셰비키적 원천 그리고 반마르크스주의적 원천으로부터 이미 얻었던 신념과도 아주 잘 일치했습니다(1994.12.13. 편지)."

그러나 해리스의 사상과 그 기반이 촘스키의 후기 저서들과 어떤 관계가 있는지 한번도 정밀하게 분석된 적이 없다. 그에 대한 한 가지 분석방법은 세 가지의 관련 이슈들을 탐색해 보는 것이다. 첫째는 해리스를 아는 거의 모든 사람들이 언급하는 그의 개성이다. 그리고 그의 개성은 당연히, 상대방과 의견을 교환하고 관계를 유지하는 적절한 방법이 무엇인가에 대한 그의 사고방식과 직접적인 관계가 있다. 둘째는 해리스가 중요한 인물로 참여하고 있던 아부카라는 단체의 역사, 강령과 관련이 있다. 마지막으로, 세번째 이슈는 시온주의 단체인 하쇼머 핫자이르와 키부츠 아르치라는 이스라엘의 공동체와 관련이 있다.

| 해 리 스 의 개 성 에 반 하 다 |

힐러리 퍼트남은 『정보형식』의 서문에서, 자신이 펜실바니아 대학에서 해리스 교수가 가르치던 언어 분석이라는 대학원 강좌를 수강하던 때를 회상한다. 이 수업에는 또 한 명의 학부생이 있었는데, 그가 바로 촘스키이다. 수업교재는 어려웠고, 전문용어들로 채워져 있었다. "그러나 젤리그 해리스의 강한 지적 능력과 개성은 마치 나를 자석처럼 끌어당겼고, 비록 나는 철학을 전공하고 있었지만 그 후부터 졸업할 때까지 언어 분석으로 개설되는 모든 강좌를 수강했다." 현재 하버드대학 교수인 퍼트남은 촘스키와 고등학교 시절부터 친구이다. 그는 해리스의 그룹에 참여하지는 않았지만, 해리스에 관한 관찰은 다른 많은 사람들과 일치한다. 현재 콜로라도대학의 교수인 윌리 시걸 역시 해리스를 잘 알고 있다. 그는 해리스의 개성에 대해 공손하게 말하면서 이렇게 덧붙인다. "어떤 사람도 나의 개인적 발전에 있어서 해리스보다 더 강력한 영향을 끼친 사람은 없습니다(1995.4.24. 편지)."

세이무어 멜만의 견해를 들어보자. "젤리그는 아주 강력한 개성의 소유자였고, 여러 사람에게 교육자 역할 외에도 정신적 지도자의 역할을 했습니다. 그는 개인적 관계에서도 정직의 기준을 세웠고, 한편으로는 지적 성취를 강조하면서도 또다른 한편으로는 키부츠로 대표되는 건설 활동을 강조하는 겸손한 성품의 표본이었습니다(1994.7.26. 편지)." 해리스의 관대함을 묘사하면서 멜만은 이렇게 덧붙인다.

또 해리스는 잘난 척을 하지 않는 사람이었습니다. 그런 점이 많은 사람들에게 폐쇄적으로 보일 수도 있었지요. 가령 그는 무엇에든 사인을 하는 일이 거의 없었습니다. 그는 내적인 관념에 관심이 있었고, 정치적·사회적 이슈들에 대한 폭넓은 이해를 통해서 그룹 전체의 협력을 이끌어 내는 데 더 많은 노력을 기울였습니다. 이러한 개성들이 노암 촘스키에게 얼마나 많이 반영되었는지는 특별한 상상력을 발휘하지 않아도 쉽게 알 수 있습니다. 또 한 가지, 그는 분명한 태도로 민주주의 편에 섰고 어떠한 종류의 전체주의에 대해서도 동조하지 않았습니다.(1994.7.26. 편지)

해리스에 대한 이러한 평가는 촘스키의 평가와도 일치할 뿐 아니라, 그의 가르침을 받았거나 영향을 받은 많은 사람들—가령 아브라모비치, 엡스틴, 허먼, 멜만, 오테로 등—이 그에 대해 내리는 평가와도 일치한다. 개인적 성취보다는 사회운동의 중요성을 강조하던 해리스의 태도는 전기(傳記)장르에 대한 촘스키의 거부 반응에서도 잘 드러난다. 그리고 좌파 자유주의 정신으로 충만했던 해리스의 교수 방식과 개인적 창조성을 억압하지 않고 북돋아주려는 그의 소명의식은 교육일반, 그룹관계, 올바른 정치구조에 대한 촘스키의 접근방법에 그대로 반영되고 있다.

촘스키가 이러한 성향을 해리스로부터 물려받았는지, 아니면 해리스의 가치관이 우연히 그의 가치관과 일치한 것인지는 궁극적으로 중요하지 않다. 중요한 것은 흥미로운 중첩이 존재한다는 사실이다. 해리스의 개성의 힘은 촘스키에게 생생한 기억으로 남아 있다. "그는 남들이 알고 있는 것보다 훨씬 더 강력한, 모든 종류의 사람들에게 와닿는 영향력을 가지고 있습니다. 아부카의 일원이었던 나단 글레이저를 처음 만난 지 몇 분 후에 나는 그에게 해리스를 아느냐고 물어봤습니다. 그는 물론이라고 대답하면서, 그와 25년 전에 함께 공부한 적이 있다고 했습니다. 왜 그런 질문을 했는지 글레이저에게 말하지는 않았습니다. 그런 질문을 한 이유는 그가 해리스의 갖가지 특이한 버릇들을 따라하고 있었기 때문입니다. 물론 그가 유일한 사람은 아니었지요(1994.12.13. 편지)."

| 아 부 카 |

아부카란 단체는 해리스의 개성과 신념들이 앞으로 형성될 사상가 촘스키의 모습과 어떤 관련성을 가지는지를 탐구해 볼 수 있는 두번째 맥락이다. 아부카는 해리스와 촘스키, 그리고 촘스키의 현재의 가치관 및 견해와 금세기 초 다른 학자들의 가치관 및 견해 사이의 비판적 관계를 보여주는 역할을 한다. 아부카는 해리스가 유명해지기 이전에 만들어졌지만 그는 대략 1933년 경부터 펜실바니아지역 및 북미 전체의 아부카 활동에 중요한 영향력을 발휘하기 시작했다. 해리스의 독보적인 지도력에 힘입어 펜실바니아대학 아부카 지부는 특히 매력적이고 다소 특이한 곳이 되었다. 그 당시에 맥길대학 아부카 회장이었던 윌리 시걸은 이렇게 언급한다. "젤리그 해리스 그룹은 아부카로부터 생겨났지만, 둘 사이에는 발전 과정상 차이가 있습니다(1995.4.24. 편지)." 해리스는 흡인력있는 개성과 지식인으로서의 매력을 바탕으로 펜실바니아 지부에서 아부카의 활동이 극대화될 수 있도록 기여했다. 여기에는 일부 저명 인사들이 참여했다. 많은 독일계 유태 지식인들의 대변자였고 한나 아렌트의 연인이었던 쿠르트 블루멘펠트도 그 중 한 명이었고, 독일 역사학자인 아더 로젠버그도 힘을 실었다. 후에 군산복합 문제와 사회적 책무, 노동자 자율경영 등에 대해 매우 진보적인 업적을 낸 세이무어 멜만도 역시 이 단체의 회원이었다.

아부카와 그 활동에 대한 문헌들은 세이무어 멜만이 뉴욕 공립도서관의 유태관에 기증한 것을 제외하고는 거의 사라졌고, 미국의 시오니즘이나 자유주의 운동사를 연구한 사람들조차도 아부카의 존재를 잊고 말았다. 필자는 이런 이유로 편지를 비롯한 1차 사료에 많이 의지했다. 필자의 전기(傳記)연구와 관련된 한 편지에서 촘스키는 이렇게 말하고 있다. "아부카의 역사를 파헤치는 일은 매우 흥미로울 것입니다. 사실 나에 관한 책을 쓰는 것보다 훨씬 더 재미있을 겁니다." 어떤 의미에서 필자는 그의 제안을 따르고 있는 셈이다. 아부카라는 주제가 본질적인 흥미를 불러일으킬 뿐 아니라, 그것이 노암 촘스키를 이해하는 데 직접적으로 관련이 있기 때문이다.

| 아 부 카 의 목 표 |

아부카는 뉴욕 5번가 111번지에 본부를 두고 있었다. 「미국의 유태인들을 위한 강령」이란 제목의 1938년도 팜플렛에 따르면, 설립자들은 이 단체가 '유태민족의 생존에 관심을 가진 유태인들, 시온주의자들, 유태인 단체에 관심이 없는 유태인들, 그리고 사회주의자들'에게 매력적일 것이라고 생각했다. 특히 이 팜플렛은 유태계 미국인 학생들에게 배포되었고, 유태인들에게 해당되는 특별한 사실이나 문제들이 어떤 것인지를 다루었다. 이 팜플렛의 뒤표지에 인쇄된 아부카의 목적에는 "아부카가 유태인의 관심사나 태도에 어떻게 관계할지"를 결정하고, "아부카가 이 관심사와 태도에 어느 정도 일치하는가 혹은 다른가를 파악하고자 하는 것"이 포함되어 있었다.

아부카는 다음과 같은 몇 가지 전제에 동의하고 있었다. 당시 미국의 400만 유태인들이 특별한 요구와 특별한 문제들을 가진 집단으로 존재하고 있다는 것(6쪽), 유태인은 특정한 활동 분야에 제한되고 있거나, 아니면 나치 독일에서처럼 일자리를 잃고 집단수용소로 내던져진 상태라는 것(7쪽), 미국 사회 내에 노골적인 반유태주의가 잠복해 있다는 것, 그리고 유태인의 전체 환경, 즉 유태인 아동과 청소년들을 둘러싼 사회가 그들의 필요조건들을 충족시키기에 적절치 못하다는 것(6~8쪽) 등이 그것이다. 또 아부카는 기존의 지원망이라 할 수 있는 유태인 단체, 출판사, 교육체제와 정치활동 등으로는 이와 같은 위협 요인에 효과적으로 대응할 수 없다고 믿었다. 따라서 아부카는 네 가지 목표를 설정했다. 첫째는 소수집단이라는 유태인의 지위로 인해 생기는 어려움에서 궁극적으로 해방되는 것(11쪽), 둘째는 새로운 유형의 조직을 만들어내는 것(12쪽), 셋째는 반유태주의가 팽배한 나라의 유태인들에게 가능한 한 도움을 제공하는 것(13쪽), 그리고 넷째로 팔레스타인 지역에 새로운 유태인 정착지를 반드시 건설하는 것(11~13쪽)이 그것이다.

아부카가 설명한 새로운 정착의 문제는, 촘스키 자신은 물론이고 해리스에 의해서도 널리 공표된 시오니즘적 입장의 중요한 표명이었다. 아부카의 견해로 볼 때, 일부 영국인들과 봉건 아랍세력 그리고 이탈리아인들이 서로 이해관계에 얽혀 각자 자신들의 목적을 위해 팔레스타인 상황을 이용하고 있었다. 이것은 아랍인과 유태인 사이에 심각한 갈등이 빚어지는 결과를 낳고 있다. 그리고 이러한 이해관계와 유태인들의 이주로 인해 아랍 민중의 해방이 가로막히고 있다. 아부카에 의하면 팔레스타인 상황은 유태인들이 직시해야 하는 문제이고, 사회적 평등을 유일한 기초로 삼을 때에만 해결될 수 있는 문제이다. 유태인과 아랍 민중의 근본적인 이해관계는 같기 때문이다. 팜플렛에는 또 이러한 주장도 나온다.

> 팔레스타인에 오는 유태인들은 아랍인을 몰아내지 않는다. 오히려 그
> 반대로 유태인들은 아랍 농민을 농노로 구속하는 봉건제도로부터 그들
> 을 반드시 해방시킬 것이다. 그러한 변화의 과정에는, 농민들의 해방을
> 가로막고 그들과 유태인을 이간붙이려는 반동세력의 시도 그리고 그에
> 대한 투쟁이 뒤따를 것이다. 그러나 팔레스타인에서 봉건제도의 붕괴는
> 불가피한 것이고, 그와 더불어 아랍 민중과 유태 민중의 협력을 위한 기
> 반이 다져질 것이다. (팜플렛, 16쪽)

그러나 노만 엡스틴은 이러한 인식이 유태인들의 팔레스타인 이주가
가져올 결과를 지나치게 낙관적으로 평가한 것이라고 주장한다. "아
부카는 그들의 좋은 의도에도 불구하고 시오니즘 신화를 만들어냈습
니다. 즉 유태인의 팔레스타인 이주로 인해 '아랍 민중'이 '해방'될
것이라는 신화, 그리고 '이주해 오는 유태인들이 아랍인들을 몰아내
지 않을 것'이라는 허구적 신화 말입니다. 사실 유태인들은 땅을 샀
고 아랍인들의 일자리를 빼앗았다는 의미에서 그들을 '해방'시켰습
니다. 이것은 유태인 기업에서 아랍인보다는 유태인을 우선적으로
고용한다는 차별정책으로 더욱 더 강화되었습니다(1995. 4. 20. 편
지)." 촘스키는 아부카의 입장에 대해, 1940년대였다면 동의했을지
모르지만 지금으로서는 '좋게 말해' 열정이 지나친 것이었음을 시인
한다. 또 그는 이렇게 주장한다. "내가 이 문제에 관해 공개적으로
언급하기 시작했던 1960년대 무렵에야 비로소 이 사실을 깨달았던
것이 분명합니다. 돌이켜보면 1940년대에 '유태인 노동력 우선'과
같은 슬로건이 내포하는 인종차별적 요소를 파악하지 못했을 뿐만

아니라, 그밖에도 굉장히 많은 허구를 믿고 있었다는 사실을 깨닫고 스스로도 무척 놀랐습니다(1995.5.18. 편지)." 1940년대에 촘스키는 열두 살에서 스물두 살이었다. 따라서 그에게 시오니즘의 신화를 완전히 파악할 수 있는 분명한 관점이 없었다는 것은 어쩌면 당연한 일이었다.

| 아 부 카 의   강 령 |

펜실바니아대학에 입학하기 전에 이미 촘스키는 자신만의 독특한 지적 여정을 시작했지만 가족들의 관심사, 특히 유태인의 문화적·정치적 이슈와 관련된 문제들에는 계속 동조하고 있었다. 또 그는 이 기간 동안 새로운 차원의 자율적인 영역을 발견해 나가는 동시에 자신의 관심사에 공감하는 사람들과의 유대관계 또한 확대해 나갔다. 젤리그 해리스도 그 중 한 사람이었다. 그러나 해리스는 일부 이슈에 대해 다른 각도로 접근했고, 이 시각은 아부카의 강령에 어느 정도 반영되었다.

아부카의 사명은 '반유태주의와 맞서 싸우고', 시민의 자유를 옹호하며, '반파쇼 활동'에 동참하고, '유태인의 환경을 독립화하고 현대화하며, 유태인의 팔레스타인 이주를 최대한 돕기 위해 조직화하는 것'이었다(그러나 흥미로운 것은 이와 같은 세 방향의 접근법이, 1942년 아부카 학생신문 여름호에서, 다름아닌 아인슈타인의 총명한 젊은 조수이자 후에 젤리그 해리스와 결혼한 브루리아 카우프만에 의해 '부적절한' 것으로 비판받았다는 사실이다). 이 강령에 고무된 아부카 구성원들은 여러 가지 팜플렛을 발행하면서 일련의 행동을 선도하기 시작했다. 예를 들어 그들은 1940년대 초에 '진보주의 사상과 행동을 위한 저널'인 「아부카 스튜던트 액션」을 발행했다. 몇 년에 걸쳐 발행된 이 정기간행물에 많은 젊은 활동가들이 노력을 기울였다. 여기에는 편집장 나단 글레이저를 비롯해서 알린 엥겔, 제리 카플란, 로레인 크루글로프, 버나드 맨델바움, 레이첼 나이만, 잭 오시포비츠, 밀톤 샤피로, 마골리드 쉘루브스키, 한나 웨일, 로잘린드 슈와츠 같은 사람들이 참여했다. 1942년 2월호 「아부카 스튜던트 액션」에 실린 무기명 논설에서 저자는 이렇게 쓰고 있다. "「아부카 스튜던트 액션」을 보내달라는 검열을 통과한 낡은 편지가 영국과 남아프리카공화국에서, 심지어 캐나다의 집단수용소에서 도착하면 우리의 작업은 한층 뜨거워진다."

후에 그룹의 회원들은 연구 프로젝트에도 참여했다. 샘 아브라모비치가 다음과 같이 설명하는 프로젝트도 그 중 하나였다. 이 프로젝트는 전체 인구를 먹여살리는 데 필요한 인구의 수는 점점 더 줄어든다는 마르크스주의의 가설을 근거로 해서 사회 자원을 조직하는 새로운 방법을 발견하는 것이었다. 아브라모비치의 말을 들어보자. "그 연구에서는 사회적 활동을 크게 세 부분으로 구분했다. 첫째는 산출의 경제관계(ERO)로서 사람들이 먹고 살기에 필요한 모든 활동을 포함한다. 둘째는 생산의 경제관계로서(ERP) 생산에 관계된 필수적인 조직 기능들을 포함한다. 셋째는 자본주의적 경제관계로서(ERC) 우리가 특정한 사회 속에서 살기 때문에 이루어지는 행동들, 다시 말해 불가항력적 활동을 포함한다." 이 프로젝트에 참여한 사람들은 효용성에 따라 규정되는 작업 덕분에 자원의 분배문제에서 어디에 강조점이 놓이는지를 쉽게 이해할 수 있었다.

전쟁이 절대적으로 필요한 것이 아니라면 군대와 군산복합체는 자본주의적 경제관계의 한 요소가 됩니다. 보험회사들도 자본주의적 경제관계의 요소가 되지요. 그러나 자동차를 만드는 것은 산출입니다. 식량을 생산하는 것도 산출이 되겠지요. 중립적인 것들, 예를 들면 식당과 같은 것들도 산출로 간주했습니다. 산출이 아닌 것들은 단지 우리가 현재와 같은 사회의 유형 속에서 살기 때문에 존재하는 겁니다. 사회가 바뀔 수 있다면 이러한 것들은 더 이상 필요없게 될 것입니다. 그리고 사람들이 살아가는 데 불필요한 것들은 다른 체제 하에서 변화를 겪을 것입니다. (1991.2.12.편지)

세이무어 멜만의 견해에 따르면, 아부카가 시오니즘 지도자들로부터 지지를 받은 이유는 그것이 유일한 시오니즘 학생조직이었기 때문이다. 다시 말해 아부카는 시오니즘 지도자들이 대학 사회에 파고들 수 있는 유일한 통로였다.

1939～40년에 멜만은 아부카가 선정하는 여행 경비 수혜자로 선발되었다. 그는 이 돈으로 제네바에서 개최된 세계 시온주의자 대회에 참가한 뒤 이스라엘의 하이파 근처에 있는 키부츠 아르치를 방문했다. 그는 키부츠에서 1935년도 아부카의 총비서였던 실비아 바인더 같은 사람들을 만나 친구가 되었고, 여러 명의 아랍인, 폴란드인, 팔레스타인인과도 사귀었다. 당시는 폴란드가 나치에 유린된 직후였다. 1940년 봄에 다시 미국으로 돌아온 멜만은 아부카의 기관지인 「아부카 스튜던트 액션」의 특별호에 기사를 기고했다. 이 글에서 그는 국가 이전 단계인 팔레스타인 유태인 정착촌 이슈브의 제반 여건과 그에 대한 아랍과 영국의 반응에 초점을 맞추고 있다. 멜만의 회상을 들어보자.

미국의 시온주의자들은 이슈브에서 토지매입 금지법에 맞서 강력한 데모가 일어나자 주춤했습니다. 모든 대도시에서 대규모 시위가 있었습니다. 그러자 미국의 시온주의자들은 이슈브에 대한 지지를 축소하고 제한하고 억제했습니다. 그것은 루스벨트와 처칠에 대해 부정적으로 비판하기를 꺼렸기 때문입니다. 일종의 교조주의적 독단이었지요. 아부카의 지도부는 다소 다른 견해였습니다. 즉 무조건적인 지원이 아닌 비판적 지원을 해야한다고 생각했습니다. 이런 점에서 우리는 거의 모든 주류 시온주의 조직들과 구별되었습니다.(1994.7.26. 편지)

아부카 지도부의 이러한 견해는, 똑같은 문제에 대해 촘스키가 대학 시절과 그 이후로 계속 유지했던 견해를 보여주는 동시에 보충해 주고 있다.

| 아 부 카 의 행 동 촉 구 |

아부카는 사회주의 지향성과 양민족 국가체제의 지지라는 점에서 대규모 단체인 브나이 브리드 힐렐재단*과 구별되었다. 촘스키는 두 단체의 입장을 다음과 같이 설명한다. "아부카는 유태국가가 아닌 양민족 국가체제를 제안했던 반면, 브나이 브리드는 유태국가를 지지했습니다(1995.5.18. 편지)". 1942년 6월 27일 아부카는, 힐렐재단과 전국적 연합을 하자는 아브람 사샤의 제안을 자체의 독자

---

*B' nai B' rith Hillel Foundation 1843년 미국 뉴욕에 설립된 가장 오래되고 가장 큰 유태인 단체. 인권과 문화교류를 표방하고, 유태인 대학생들의 종교적 · 문화적 필요사항들을 공급하며, 유태인의 각종 권익을 도모하려는 목적으로 설립되었다. 유엔에서도 발언권을 가지고 있는 강력한 단체이다.

성 유지라는 이유로 거부했다. 1942년 여름 「아부카 스튜던트 액션」에 '제2전선: 유태인 조직들, 진정한 요구에 부응하지 못하다'라는 제목의 기사가 실렸다. 저자인 밀톤 샤피로는, 브나이 브리드가 미국 유태인 위원회와 마찬가지로 '장막 뒤에서' 반유태주의와 싸우고 있는 상류층과 중상류층 유태인만을 대변함으로써 결과적으로 대다수 유태인들의 요구를 제대로 표명하지 못하고 있다고 주장했다.

이 시기 즉 1940년대 초에 촘스키는 아직 고등학생이었고, 아부카는 적어도 북미대륙의 60여 개 대학에 지부를 둔 중요한 조직으로 성장하고 있었다. 1943년에 아부카는 「행동방식: 유태인의 지위를 위협하는 사회적 불안정에 대항하여」라는 팜플렛을 발간했는데, 이것은 젤리그 해리스가 쓴 것으로 보인다. 이 팜플렛은 제2차 세계대전의 여파에 따른 유태인들의 상황과 '전쟁에서의 승리만으로는 해결될 수 없는' 제반 문제들을 다루고 있다. 팜플렛의 필자는, 그때까지 200만 유태인이 유럽에서 사라졌고 800만이 수용소에 수감된 것으로 추정하고 있었다. 게다가 미국에서도 유태인에 대한 차별이 존재하고, 유태인과 비유태인 사이에 "심각한 사회적 소원함과 상호불신이 자리잡고 있으며, 이로 인해 유태인들은 '유태인 금융가'이든 '유태인 공산주의자'이든 상관없이 손쉽게 군중 적개심의 표적이 되고 있다"고 주장했다.

이 팜플렛이 간행되던 시기에 많은 사람들은 유럽뿐 아니라 미국도 파쇼국가가 되지 않을까 두려워했다. 「행동방식」은 다음과 같은 경고의 목소리를 담고 있다. "현재 우리가 살고 있는 사회는 더욱 권위적으로 변해가고 있으며, 소수집단이 가지고 있는 차이점에 대해 더 편협해지고, 갈수록 조직화·군대화되고 있으며, 이와 함께 개인의 자유는 더욱 제한되고 있다." 필자는 또한 "우리가 사는 사회

가 보다 민주적일수록 우리는 더욱 안전하다"고 선언한다. 이는 특
권으로부터의 소외, 가난, 노동 계층의 불만, 독점 자본주의 등이 발
생하는 사회라면 어디든지 파시즘이 내재할 수 밖에 없기 때문이다.
이 팜플렛은 사회적 행동과 저항을 촉구하고 있으며 사회 민주주의
를 추구하는 모든 조직에 유태인들이 적극 참여할 것을 호소하고 있
다. 그러나 「행동방식」은 경고성 어조에도 불구하고 나치 독일의 파
시즘과 미국에서 감지되는 파시즘을 명시적으로 동일시하지 않고 있
다. 그러한 동일시는 많은 근거를 필요로 하기 때문이다. 그러나 엡
스틴은 이렇게 말한다.

아부카와 의회 공산주의자들은 「리빙 마르크시즘」 등에서 그리고 가끔
씩 드와잇 맥도널드는 「폴리틱스」에서, 미국의 지배를 받고 있는 국가들
이 아니라 바로 미국 본토에 파시즘이 도래할 것이라고 예언했습니다.
그리고 그들은 완전히 틀렸습니다. 파시즘은 거의 모든 자본주의 사회
에서 고유하게 발생하는 '특권으로부터의 소외, 가난, 노동 계층의 불만
및 독점자본의 확대' 뿐 아니라, 국내의 군국주의화, 독재정치, 시민권의
부인, 노동조합의 탄압 및 모든 정치적 반대파에 대한 탄압을 수반합니
다. 그러나 촘스키가 적절히 묘사했다시피, 미국은 '여론 조작'과 관련
된 기술을 통해 미국 국민을 통제함으로써 노골적인 억압보다 오히려 더
효과를 봤습니다. (1995.4.20. 편지)

아부카는 반파시즘 투쟁이 실패할 경우에 대비하여 팔레스타인 지역
에 장래성있는 안전한 사회를 건설하는 것이 중요하다고 믿었다. 이
에 유태인들에게 팔레스타인 지역의 땅을 사고, 그곳에 정착하여 농
업과 산업을 발전시키며, 그곳에서 '경제적으로 계획된 진보적인 사

회구조를 세우고 다수의 아랍 민중과 협력관계'를 유지할 것을 촉구했다. 이와 같이 미국내에서의 사회적 변화를 추구하면서 동시에 팔레스타인 지역으로의 유태인 이주를 준비하는 이중적 접근방법은 상호양립적이고 바람직한 방안이었다. 「행동방식」을 인용하자면, 이 방안은 "유태인들의 현실적 조건을 다루고 있으며, 유태인들의 상황을 어떻게 개선할 수 있는가 혹은 더 나빠지는 것을 어떻게 방지할 수 있는가라는 보다 근본적인 문제를 다루고 있기 때문"이었다. 촘스키 역시 북미지역의 젊은 유태인들이 마음속에 키우던, 그리고 아부카와 같은 단체들의 노력으로 점화되고 불타오르던 소망을 공유하고 있었다. 그것은 바로 이스라엘에 정착하는 것이었다. 그의 여자친구, 캐롤 샤츠도 마찬가지였다.

| 촘스키와 아더 로젠버그 |

촘스키는 사실 아부카의 정식 회원이 아니었다. 그가 대학에 진학했을 무렵 아부카는 이미 존재하지 않았다. "나에게 그것은 단지 '아우라(후광)' 였습니다(1995.5.8. 편지)." 그럼에도 불구하고 아부카의 기본 가치관은 촘스키 자신의 가치관과 분명히 일치했고, 그는 해리스로부터 직접 듣거나 아더 로젠버그 등의 글을 통해 아부카의 활동에 관해 알게 되었다. 실제로 촘스키는 해리스의 제안으로 로젠버그의 글을 읽었다. 제2차 세계대전중이던 1943년에 타계한 로젠버그는 아부카에 깊이 관여했던 인물이다.

아부카는 해마다 2주 동안 여름학교를 개설했다. 이 여름학교는 시온주의 단체인 하쇼머 핫자이르 단원의 훈련을 위해 운영되던 농장에서 개최되었다. 1941년도 강의는 슈멜 벤즈비, D. 맥도널드(드와잇 맥도널드와는 다른 인물임), I. 메레민스키, 알프레드 칸, 나단 글레이저, 아드리엔 슈와츠, 아더 로젠버그 등이 맡았다. 멜만은 로젠버그의 여름학교 강의와 그가 동시에 다른 곳에서 행했던 몇몇 강의들에 대해 다음과 같이 회상한다.

아더 로젠버그는 히틀러 –스탈린 조약에 대해 언급하면서, 이 조약을 불길한 징조로 받아들여서는 안된다고 했습니다. 사실 독일과 러시아 사회에는, 당시까지 계속되던 내부정책과 국제간의 분쟁을 조장하던 원동력이 있었습니다. 이 조약을 가장 보수적인 나치 일파의 영구적 장악이나 완전한 승리로 받아들여서는 안되었지요. 로젠버그는 독일이 러시아를 침공한 며칠 후에 앞으로 그 전쟁이 띠게 될 성격에 대해 특기할 만한 강의를 했습니다. 그는 나치가 소련군과 맞설 때, 사상 처음으로 중무장한 훈련받은 군대와 전투를 벌이게 될 것임을 지적했습니다. 전쟁 초기에 소련 정부의 치명적인 실수에도 불구하고, 그의 말은 결국 현실로 드러났습니다. (1994.7.26. 인터뷰)

로젠버그는 아부카 운동의 지적 지도자이자 초석과 같은 존재였다. 역사가이자 사회사상가로서 그가 촘스키와 다른 사람들에게 미친 영향력은 수년 간 강하게 유지되었다. 그러나 로젠버그의 방향성과 촘스키가 채택한 방향성 사이에는 중요한 차이가 있다. 아브라모비치는 이렇게 말한다. "로젠버그의 접근법이 역사적이고, 도덕을 배제한 마르크스주의적 방법이라면 촘스키의 접근법은 무정부주의적이었습니다(1995.4.4. 편지)". 그럼에도 불구하고 그 당시 또는 오랜 후에라도 두 사람 사이에 토론이 오갔더라면 논의를 위한 근거들은 충분했을 것이다. 가령 제2차 세계대전에 대한 로젠버그의 입장은 젤리그 해리스의 사진. 그의 사진은 매우 희귀하다.

기본적인 자유주의 원칙을 지지하는 것이었고 따라서 그는 어느 한 쪽 편을 드는 것을 거부했다. 이러한 로젠버그의 입장은 제2차 세계 대전에 관한 현대의 연구에서는 거의 발견되지 않는 것으로서, 그와 유사한 입장을 취했던 아브라모비치의 말로 잘 설명된다.

로젠버그는 나치 사회가 안정될 수 없고, 전쟁에서는 비록 승리할 수 있을지 모르나 결국 일련의 위기를 겪을 것으로 믿었습니다. 자본주의의 위기는 나치의 승리 이후에도 지속될 것이므로 그것이 '최후의 기회'는 아닙니다. …… 로젠버그의 입장은 현실에 반대한다면 일관성이 있어야 한다는 것입니다. 독일에 대항한 전쟁을 지원하는 것은, 현실 속에서 변혁의 조건을 준비한다거나 현상 유지적 입장에 반대하도록 국민들의 태도를 변화시킬 수 있는 조건을 마련하는 데 별 도움을 주지 못할 것입니다.(1991.2.12. 편지)

아더 로젠버그 서거 두 달 후인 1943년 4월, 「아부카 스튜던트 액션」이 추모 기념호로 발행되었다. 여기에서 『독일공화국의 탄생』, 『볼셰비즘의 역사』, 『독일공화국의 역사』, 『민주주의와 사회주의』 등과 같은 로젠버그의 저서들이 '현대의 거대한 정치적 변화가 어떻게 발생했는가'를 이해하는 데 크게 기여하는 것으로 추천되었다. 이 저서들은 촘스키의 후기 저서에서도 자주 인용된다.

로젠버그와 촘스키는 여러 가지 차이점에도 불구하고 공통적으로 경험적 방법을 강조하여, 그들이 제시한 이론의 가치를 보여주는 실제의 사건들을 생생하게 묘사한다. 로젠버그가 제안한 사회변화의 메커니즘은 「아부카 스튜던트 액션」에 실린 기사, '로젠버그 교수의 저서들은 우리 시대의 거대한 변화를 분석한다:러시아와 독일혁명에 관한 그의 논문은 오늘날 유용한 교훈을 준다'에 잘 요약되어 있다. 이 기사는 로젠버그의 글을 인용하여 독자들에게 다음과 같은 주장을 제시한다. "첫째, 특정한 사회 계급은 곧 그 계급의 구성원들에게 삶의 조건을 개선하기 위한 특별한 정치적 태도를 제공한다. 둘째, 비특권 계급의 정치적 태도는 곧 삶의 향상을 위해 정치·경제적 체제를 변화시키도록 그들을 이끈다. 이러한 시도는 거의 언제나 물리적 힘, 즉 혁명에 의해 이루어진다. 정치 권력을 독점하고 있는 특권 계급은 대개 자신들의 권력과 특권적 지위를 자발적으로 포기하지 않기 때문이다." 사회적 변화가 어떻게 발생하는가에 대한 이러한 관점은 현재의 입장에서 되돌아보면 대단히 낙관적으로 보이는 것으로서, 이는 촘스키 글에서도 자주 볼 수 있다. 다만 수정된 점이 있다면, 촘스키는 '특권 계급'이 자신의 '권력과 특권적 지위'를 지키기 위해 사용하는 막강한 군사력에 좀더 초점을 맞추고 있다는 것이다.

촘스키와 로젠버그는 개인 대 집단이란 문제에서도, 사회적인 힘은 개인의 노력보다 훨씬 더 강력한 힘을 발휘한다는 공통된 믿음을 가지고 있다. 게다가 두 사람은 주어진 행동이나 사건을 분석할 때 단일한 질문, 즉 '그것이 노동 계층의 힘과 정치적 이해를 강화시키는가' 라는 의문을 먼저 제시한 뒤 분석을 시작한다.

또한 아부카와 로젠버그 그리고 해리스는 서로 긴밀한 관계에 있다. 탁월한 지성인인 로젠버그와 해리스는 북미지역 전체와 심지어 몬트리올에 이르는 북부지역의 아부카를 지도하고 이끄는 교수 자문위원을 맡고 있었다. 해리스는 1942년도의 아부카 여름학교에서 강의를 맡았고, 로젠버그는 그 전 해에 강의를 했다. 해리스는 '자생적 파시즘' 과 '유태인들이 어떻게 정치적일 수 있는가' 에 대해 각각 한번씩의 강의를 했다. 그 해 여름의 「아부카 스튜던트 액션」에 실린 한 논문은 이 강의들을 요약하고 있다. 이 글에는 해리스와 촘스키의 정치적 입장에 놓인 또다른 연관성, 즉 파시즘의 위험성이 유럽에만 국한된 것이 아니라는 그들의 공통된 인식이 잘 드러나 있다. 해리스는 자생적 파시즘에 관한 토론에서 미국에서의 파시즘의 위험성과 유태인들 사이에 퍼진 잘못된 믿음, 즉 '핵심적 파시즘 분자와 제5열 칼럼니스트들만이 민주주의의 적' 이라는 그릇된 생각을 다루고 있다. 또 그는 언론계, 산업계, 정부의 지도자들이 반자유주의적·반노동적 행위에서 담당하는 역할이야말로 '파시즘 세력의 영원한 본거지' 라고 언급하면서, 파시즘이 미국에 상륙한다면 그것은 "독일의 파시즘과 형태만 다를 뿐, 현재 우리 사회에 존재하는 심각한 사회·경제적 불평등 구조를 기반으로 하여 번성할 것"이라고 주장했다. 해리스에 따르면 파시즘은 불안정과 불만을 먹고 성장하며, 거대 기업의 이해관계를 옹호하는 흑색선전에 의해 강화된다.

즉 과도한 민족주의와 사디즘적 인종주의에 유사 사회주의적 성격을 가미함으로써, 거대 기업을 옹호하는 나치의 본색은 베일에 싸여버린 것이다. 이에 대한 유일한 대응책은 사회복지 프로그램을 시행하고 사회적 진보에 참여하는 것이지만, 이러한 이중의 노력은 강력한 기업 집단의 이해관계에 의해 공격받을 것이다. "해리스 박사는, 파시스트 위협은 전쟁의 승패에 관계없이 우리 사회에 항구적으로 존재하므로 만일 자생적 파시즘에 맞선 싸움이라면 자생적 파시스트들의 움직임을 면밀히 추적할 필요가 있다고 강조했다. 이를테면 거대 기업계의 커플린주의자*와 그들의 연합세력, 언론, 공공기관 등이 추적의 대상이 된다." 해리스는 그의 두번째 강의에서, 유태 종교단체나 문화단체가 유태인들이 직면한 근본 문제들을 적절히 제시하지 못하고 있다고 진단하면서 이렇게 결론을 내린다. "유태인들에게 필요한 것은, 이 나라에서 안전이 보장되어야 할 필요성을 지적하고 그에 대한 긴급 대책을 마련할 수 있는 정치 프로그램이다. 또한 소수집단의 꼬리표를 뗄 수 있는 땅으로 가기를 원하는 유태인들에게는 팔레스타인이 필요하다. 많은 미국 거주 유태인들에게 팔레스타인은 잠재적인 제2의 고향이다."

│ 촘 스 키 와 몬 트 리 올 │

촘스키와 해리스를 몬트리올과 연결시켜 주던 몇 개의 루트가 있었고, 그 중 대다수는 아부카와 관련이 있다. 촘스키와 알고 지

---

*Coughlinites 샤를 커플리나이트(1891~1979)의 주장을 따르는 과격주의자들을 의미한다. 커플리나이트는 미국의 파시스트 신부로서 루스벨트의 정책이 너무 온건하다고 주장하면서 우유부단한 금융가들을 비난하고 은행의 국유화를 주장한 과격파 신부였다.

내던 논평가들 가운데 상당수가 몬트리올 출신이었고, 그 중에는 아브라모비치, 노만 엡스틴, 메이어 멘델슨, 윌리 시걸 등이 있다. 촘스키의 많은 정치 저서를 출판하거나 재출판해 온 출판사 가운데 하나인 블랙 로우즈도 바로 몬트리올에 있다. 또 캐나다 국립영상위원회가 제작한 촘스키에 관한 영화 '여론 조작'은 몬트리올 사람인 마크 아치바와 피터 윈토닉에 의해 몬트리올에서 만들어졌다. 그리고 촘스키에게 교육받은 상당수의 언어학자들이 맥길대학교를 비롯한 몬트리올 지역의 여러 대학에서 현재 언어학을 가르치고 있다.

1942년 5월 '반유태주의와 싸우기 위한 맥길대학생들의 집회'라는 제목의 기사가 「아부카 스튜던트 액션」에 실렸다. 기사는 1942년 3월 24일 몬트리올에서 개최된 징집 반대 집회가 결국 반유태인 폭동으로 돌변한 사건을 다루고 있다. 맥길대학의 아부카 단원들은 이 폭동이 파시스트당인 자크 카르티에나 캐나다당 같은 '퀘벡의 파시스트 단체들의 잘 짜여진 계획'에 의해 발생했다고 주장했고, 그 집회가 극단적 반유태주의 신문인 「쉐 누」에 의해 선전되었음을 지적했다. 기사는 일부 인사들, 이를테면 반유태 파시스트인 아드리안 아르칸트와 M. 레이몬드, 퀘벡 분리주의 민족주의자인 M. 부라사와 M. 부샤드 등을 배후인사로 지목했다. 기사는 이들 친파쇼주의자들의 행위를 단순히 보도한 것이 아니라, "어떻게 해서 파시즘이 퀘벡에서 성장했는가"라는 질문을 던지고, 그 해답으로서 파시즘의 사회적 기반에 대한 해리스의 분석을 상기시키고 있다. "퀘벡지역의 극심하게 낮은 생활수준, 보잘 것 없는 교육체제, 아사 상태의 빈곤 등으로 인해 수천 명이 이러한 반동적 흐름에 휩쓸리고 있다. 가령 보잘 것 없는 보수와 억압에 지친 도미니온 섬유회사의 프랑스계 캐나다 노동자들은 이러한 환경을 개선하겠다고 약속하는 단

「아부카 스튜던트 액션」의 간행물들

체를 신봉할 수밖에 없다." 퀘벡문제를 다루기 위해 1942년에 취해진 이 분석은, 캐나다의 한 주(州)인 퀘벡의 장래와 관련한 현재의 논쟁과 비교해 볼 때 특히 흥미롭다. 비인간적 조합자본주의와 국가자본주의라는 파시스트적 측면을 강조하는 계급분석은 그때나 지금이나 전혀 찾아볼 수 없기 때문이다.

│ 젤 리 그   해 리 스 와   ' 민 중 ' │

거의 알려지지 않은 소규모 그룹 '민중'도 해리스의 도움을 받았다. 필자가 이 '민중'의 존재에 대해 알게 된 것은 노만 엡스틴이 필자에게 보낸 한 권의 비망록을 통해서였다. 이 비망록은 타자기로 작성된 미간행 기록물로서 일종의 선언문 형식이었다. 비망록의 첫 구절에 의하면 '민중'은 이렇다.

미국 사회에 만연한 고통, 비효율, 부정직, 불평등, 자유의 결핍, 부르주아와 기계화가 지배하는 구조 등을 간과할 수 없으며, 자신의 일과 직업을 수행함에 있어 자유와 안정을 느낄 수 없다. 현실을 개선하기 위해 할 수 있는 일이 있다면, 단지 주의 깊은 경험적 관찰과 과학적 분석으로 현실 개선이 가능하다고 믿는 것이다. 일부 단원들은 현재의 직업을 포기하고 육체노동이라도 할 준비가 되어 있다.

한두 명의 예외는 있었지만, 이 그룹의 구성원들은 "경력을 높이기 위해 정치적 관심사를 이용할 의도"는 없었다. 그들은 관리자나 명령자 없이도 협동하여 일을 하기로 맹세했고, 종종 개인이 아닌 단체로 행동했다. 그들은 각종 보고서 작성과 인쇄물 출판을 '거의 무기명'으로 했다. 또 그들은 어떤 것도 진정한 권위로 인정하지 않았고, 어떠한 개인도 권위와 진리의 독점자로 인정하지 않았다. 그들은 경제와 역사분석의 분야에서 "마르크스주의가 사실에 부합하고 미래 예측에 유용하다"고 주장했다. 이 그룹이 불만스럽게 생각하는 미국의 사회적 요소들은 "지배계급, 임금과 이윤, 그리고 생산수단을 사용할 수 있는 완전한 자유가 결핍되어 있는 한" 사라질 수 없었다. '민중'은 자본주의 사회 틀 안에서는 개혁이 불가능하다고 믿었고, 어떠한 관료주의 구조나 국민을 지배하고 지도하려는 시도도 "궁극적으로 올바른 방향으로 발전해 가는 데 도움이 되지 않을 것"으로 믿었다. 비망록이 인용하고 있는 저서들에는, 프랑크푸르트학파의 에리히 프롬과 아더 로젠버그의 유물사관적 저서들뿐 아니라 미국 문화인류학 저서, 현대 자연과학 서적, 수리논리학 서적들도 포함되어 있다. 이 모든 것은 해리스와 '민중' 간의 중요한 관계를 말해 준다. 왜냐하면 해리스는 한때 로젠버그의 반볼셰비키 마르크스주의에 대한 관심을 기반으로 에리히 프롬의 정신분석학적 마르크스주의에 몰두한 적이 있었기 때문이다.

'민중'은 마르크스주의를 비롯한 어떤 종류의 도그마에도 빠지지 않았고, 기존의 사회질서에 저항하고 그러한 저항을 확산시키는 방법으로 함께 모였을 뿐이었다. 그들은 비록 혁명 또는 붕괴가 기존의 권력관계에 종지부를 찍는 유일한 수단이라는 데 동의했지만, 그들 자신을 노동 계급의 지도자로 자처하지는 않았다. 사회변혁을 향한 그들의 길은 이렇게 요약된다.

갈수록 저항의 수위를 높이는 노동 계급의 정치적 이해와 행동에 유용한 정보, 가령 경제와 문화, 지배 계급의 성장과 통제 수단, 과학기술과 사회적 관계의 변화, 노동자 계급의 태도 변화 등에 관한 정보를 수집하는 것. 노동자들이 사회적·자연적 환경을 이해하고 통제하는 데 과학적 방법을 사용할 수 있도록 그 방법을 보다 쉽게 바꾸는 것. 사회적 변화의 이론과 정확성을 높이는 것. 궁극적으로 자유롭고 평등한 무계급 사회를 만들기 위해, 각자의 위치와 시간에 따라 언젠가는 행동으로 나설 사람들에게 과학적으로 타당한 사회적·정치적 논의를 보급하는 것.

촘스키가 자신의 저서에서 지지한 교의와 가치관은, 해리스나 그와 밀접했던 '민중'이 여기 제시한 것과 깊은 관련이 있다.

촘스키는 자신이 프랑크푸르트학파에 속한 아도르노, 프롬, 호크하이머, 로웬탈, 마르쿠제 등의 영향을 받았다는 설을 부인한다. 그러나 그러한 인물들이 젤리그 해리스에게, 그리고 그 연장선상에서 아부카와 아랍-유태인 협력위원회 그리고 '민중'에게 중요했다는 사실은, 프랑크푸르트학파가 촘스키의 발전에 적어도 간접적인 영향을 미쳤음을 암시한다.

| 촘스키, 멜만, 아랍-유태인 협력위원회 |

촘스키는 젤리그 해리스가 알고 있던 지식과 개념을 통해 아부카를 만났고, 이후에는 아부카의 전 간사였던 세이무어 멜만 같은 사람들과의 교류를 통해 계속해서 정보를 얻을 수 있었다. 멜만은 촘스키보다 일곱이나 여덟 살 위였다. 두 사람은 1960년대에 촘스키가 멜만의 저서를 발견하면서 다시 만나게 되었으며, 그 후 긴밀한 우정을 나누었다. 촘스키는 멜만이 훨씬 오래 전부터 학문적 업적을 쌓아가고 있다는 사실을 모르고 있었다. 해리스와 멜만은 아랍-유태인 협력위원회라고 알려진, 아부카의 좌파그룹에서 발전해나온 단체와도 관계하고 있었다. 이 협력위원회의 주요 활동은 1944년부터 49년까지 지속된 소식지 「유태 – 아랍 협력위원회 게시판」을 간행하는 것이었다. 이 소식지의 주요 필자는 해리스와 그의 부인 브루리아였다. 히브리어판과 아랍어판을 내고 있던 이 소식지는 한나 아렌트 같은 사람들로부터 높은 평가를 받고 있었다. 촘스키 또한 이 단체와 소식지에 대해 여러 번 경의를 피력했다. 특히 그는 「중동의 평화? 정의와 국가에 대한 단상들」이라는 논문의 한 구절에서 1947년도 소식지를 인용하면서, 그 위원회가 "거대 권력의 결정에 의지하는 것과 반대로 노동자들이 하나의 계급으로서 독자적 정치행위를 할 가능성"에 초점을 맞추었다고 언급하고 있다(64쪽). 또 촘스키는 이렇게 덧붙인다. "내 견해들이 이 단체와 거기에 관련된 많은 사람들에게서 지대한 영향을 받았다는 사실을 강조하지 않을 수 없다(89쪽)." 그에게 영향을 준 많은 사람들 가운데 가장 중요했던 사람이 바로 세이무어 멜만이다. 멜만에 관한 질문을 받자 촘스키는 이렇게 대답했다. "멜만은 1950년대에 노동자 자율경영에 관한 중요한 연구를 했습니다. 사실 그는 1940년대 후반에 이미 로렌스 B. 코헨과 더불어 주요 개념들을 발전시켰고, 이 개념들은 해리스와 그의 모임에 활력을 불어넣었습니다. 당시는 해리스와 그의 모임이 이 문제에 대해 심도있는 연구를 하던 때였습니다. 결국 해리스는 그 이론적 틀을 미발간 정치학 유고 논문에서 설명하고 있습니다 (1995.3.31. 편지)."

멜만은 콜롬비아대학에서 경제학과 산업공학을 공부했고 그곳에서 교편을 잡았다. 1956년 콜롬비아대학은 연구비와 함께, 무기 감축체제의 위반을 방지할 수 있는 감시체계를 개발할 수 있는지의 여부를 조사해 달라는 부탁을 받았고, 멜만이 그 연구프로젝트를 맡게 되었다. 연구 결과는 멜만을 편집장으로 해서 『무기감축을 위한 연구』라는 제목으로 출간되었다. 그는 계속해서 일련의 광범위한 연구 분야의 책임자가 되었고, 군사복합체 전반에 관한 상세한 이해를 얻게 되었으며, 이것을 『펜타곤 자본주의:전쟁의 정치경제학』이란 저서로 남겼다.

| 촘 스 키 와　아 랍 - 유 태 인　화 해　연 맹 |

아랍-유태인의 협력을 권장하기 위한 시도로서 촘스키가 크게 공감했던 것이 협력위원회 외에도 몇 가지 더 있었다. 예를 들어 그는 아랍-유태인 화해 연맹의 활동에 대해 "모든 자료를 읽었고, 매우 공감했다"고 회상한다. 이 단체는 이스라엘에서 설립되어 차임 칼바리스키라는 이스라엘 오렌지 농장주에 의해 운영되었고, 유태-아랍 노동 계층의 협력과 반제국주의적 신념을 지지했다. 이 단체의 회원들은 아부카 단원들과 마찬가지로 유태국가의 건설을 반대했다. 1942년 4월에 발행된 「아부카 스튜던트 액션」에서 마골리드 쉘루브스키는, 1938년에 설립된 이 연맹이 "아랍인과 유태인의 화해를 위한 노력의 필요성을 인정하는 모든 유태인과 아랍인으로 구성되며, 이들의 활동 분야는 주로 경제와 사회"라고 설명했다. 그녀는 1936~39년에 '아랍 테러'를 조장하는 데 외국이 얼마나 큰 영향력을 발휘했는지를 논하는 모쉬 스밀란스키의 보고서를 인용하면서, 다음과 같이 쓰고 있다.

그 테러는 유태인들을 향한 본질적 증오의 폭발이 아니라 외세에 의해 조장된 순간적 분노의 표현이었다. 그 증거는 테러가 중지되자 유태인과 아랍인들이 다시 좋은 친구가 되고 좋은 이웃이 된 사실에서 발견된다. 많은 사람들이 지속적이고 뿌리깊은 것으로 생각했던 장기간의 테러가 끝난 후에 아랍인들은 말그대로 유태인 이웃의 팔에 안겨 평화를 구했다. 심지어 테러 기간 중에도 기본적인 우호와 신뢰가 존재했다는 증거가 있다. 아랍인들은 유태인의 의료 시설과 사회 시설을 이용했다. 그러므로 적대적 관계는 외세의 간섭으로부터 생겨난 것이다. 오늘날 우리는 아랍 – 유태인 화해가 많은 지역에서 자연스럽게, 거의 자발적으로 이루어지고 있음을 목격하고 있다.

유감스러운 것은 연맹의 계획이 보고서에 그려져 있는 것만큼 장미빛을 발하지 못했다는 사실이다. 촘스키의 말을 들어보자. "되돌아보면, 유감스럽게도 아랍 – 유태인 화해 연맹이나 아부카를 포함한 대부분의 단체들이 내놓은 이야기가 그저 희망사항에 불과했습니다. 그러나 당시에는 이것들을 그냥 액면 그대로 받아들였습니다(1995. 3.31. 편지).

│ 촘 스 키 와 하 쇼 머 핫 자 이 르 │

촘스키는 많은 친구들을 통해서 아부카와 관련된 또다른 단체인 하쇼머 핫자이르와 직접 접촉할 수 있었고 자유롭게 참여하기도 했다. 이 단체는 아부카와 달리 촘스키가 펜실바니아대학에 입학할 당시에도 활발하게 활동했고 오늘날까지도 존재한다. 촘스키는 자신이 대학원생이었을 때, 하쇼머 핫자이르가 팔레스타인에서의 사회주의 양민족국가 건설과 키부츠의 가치를 전적으로 지지하는 데 공감했다. 촘스키는 이렇게 말한다. "나는 비록 어떠한 단체의 정식 회원도 아니었지만 하쇼머 핫자이르와는 비교적 밀접한 관계를 맺고 있었습니다. 다만 그 단체가 스탈린주의자와 트로츠키주의자로 양분되어 있었기 때문에 어느 한쪽으로도 가세할 수 없었으며 마르크스 -레닌주의에 관해서는 어느 편에도 동의할 수 없었습니다 (1995.3.31. 편지)". 이 단체는 1917년 폴란드의 렘버그에서 설립되었다. 노만 엡스틴의 설명을 들어보자. "하쇼머 핫자이르는 유럽과 남북아메리카를 포괄하는, 강력하고 잘 조직된 시온주의 사회주의자 청년 운동단체였습니다. 이 단체의 목적은, 젊은 유태인들이 팔레스타인(후에는 이스라엘)의 키부츠 생활을 준비하는 것을 도와주고, 키부츠로의 이주와 통합을 용이하게 해주며, 이스라엘의 시온주의 좌파 정당인 MAPAM(지금은 메레츠라고 알려진 연립정당의 일부)의 주요 구성원을 키워내는 것이었습니다(1994.12.15. 편지)."

하쇼머 핫자이르와 아부카 사이에는 명백한 유사성이 있었을 뿐 아니라 상호교류도 가졌다. 예를 들어 뉴욕에 사무실을 둔 아부카는 「폐허 속의 젊은이」 같은 팜플렛을 멀리 떨어진 하쇼머 핫자이르에 배포하기도 했다. 그러나 아부카의 활동이 미국의 대학캠퍼스에 집중되었다면, 하쇼머 핫자이르는 강력한 노동자 계급과의 연대와 국제적 명성을 (지금처럼) 유지하고 있었다.

젤리그 해리스는 하쇼머 핫자이르의 멤버는 아니었지만, 세이무어 멜만이나 노만 엡스틴과 마찬가지로 그 구성원들과 교류를 가졌다. 샘 아브라모비치는 하쇼머 핫자이르의 몬트리올 지부의 지도자였다. 하쇼머 핫자이르 단원들은 1943년에 있었던 반나치 바르샤바 게토 봉기에서 중요한 역할을 수행했고, 전직 단원들은 이후에도 중요한 지적 · 정치적 작업을 계속했다.

하쇼머 핫자이르의 지부들 사이에는 약간의 차이가 있던 것으로 보인다. 촘스키와 마찬가지로 엡스틴은 이렇게 기억한다. "하쇼머 핫자이르와 그 후신인 MAPAM의 구성원들은 이념적 측면에서 매우 다양했지만, 그 지도부는 오랫동안 레닌주의를 표방했고 심지어는 스탈린주의를 내세우기도 했습니다. 물론 스탈린이 반유태주의 경향을 보이거나 명시적으로 반시온주의를 표방했을 때를 제외하고는 말입니다(1994.12.15. 편지)." 엡스틴은 나아가 "1942년경 몬트리올에서는 비록 잠깐이지만 좌익 유태인 동맹이 결성되었는데, 여기에는 아부카, CCF 청년 운동 단원들 그리고 하쇼머 핫자이르 단원들이 참여"했던 것으로 기억한다(1995.4.20. 편지). 반면에 아브라모비치는 몬트리올 지부에서 그러한 정치적 연합이 형성된 적이 있었는지 전혀 기억하지 못한다. 그는 하쇼머 핫자이르가 대외적으로 시오니스트 사회주의적 이상을 지지했음을 시사하면서, 반스탈린주의 2.5 인터내셔널과의 연계를 예로 든다. 이 특별한 인터내셔널은 거의 알려진 바가 없다. 그러나 엡스틴에 따르면 그 구성원들은 "하쇼머 핫자이르, 오스트리아 사회주의자, 영국의 독립 노동당, 그리고 1930년경에 독일 사회민주당으로부터 떨어져나온 독일 사회주의 노동자당" 같은 수많은 영향력있는 단체들에 속해 있었다(1995.4. 20. 편지). 촘스키 자신은 몬트리올 그룹과 접촉한 적이 없었다. "나는 대부분 필라델피아와 뉴욕지역의 사람들을 알고 지냈습니다. 생각해 보십시오. 그 당시 우리의 생활 수준으로는 거의 어느 곳으로도 여행을 할 수 없었습니다. 나는 펜실바니아대학에 진학할 때까지 필라델피아의 서부 지역도 가보지 못했습니다. 심지어 게티스버그가 서쪽 끝 어디라고 생각할 정도였지요(1994.12.15. 편지)."

하쇼머 핫자이르의 각 지부들 사이에 어떤 사상적 차이가 있었는지는 알 수 없지만, 이 단체의 다양한 구성원들과 관련자들은 노동자 계층의 참여를 높이고 이스라엘의 키부츠로 이민을 보내기 위해, 그리고 이스라엘 키부츠의 공산주의적 이상을 선전하기 위해 노력했다. 하쇼머 핫자이르는 특히 유럽에서 활발했다. 그곳은 반유태주의 감정이 뿌리깊은 만큼 위협적인 곳이었기 때문이다.

아부카와 유태인의 관점을 가진 촘스키 그리고 팔레스타인인의 관점을 가진 에드워드 사이드와 마찬가지로, 하쇼머 핫자이르도 아랍 – 유태인의 협력이 처음에는 팔레스타인에서, 나중에는 이스라엘에서 이루어지리라고 믿었다. 아랍 – 유태인 협력 연맹은 이러한 협력의 한 사례를 보고서로 발행했고, 이 기사는 1942년 4월 「아부카 스튜던트 액션」에 다시 게재되었다. 기사에 따르면, 하쇼머 핫자이르 전국 연맹에 소속된 키부츠 아르치는 이렇다.

최근 이웃 아랍 마을과 접촉하기 위한 중요한 활동을 시작했다. 키부츠 아르치는 가까운 아랍 마을과 관계를 맺고 아랍 세계에 시오니즘에 대한 우호적 태도를 강화시킬 수 있는 요원들을 훈련시키기 위한 강좌를 개설했다. 약 3백여 명이 아랍어, 아랍 관습, 아랍의 공동체 생활 등을 가르치는 강좌를 수강하고 있다. 이 강좌를 수강한 요원들이 아랍 마을 가운데 약 7분의 1을 담당할 것이다.

촘스키의 반시오니즘 : 당시와 현재

촘스키는 아부카나 하쇼머 핫자이르 같은 유태인 조직들과 자유롭고 대개는 간접적인 관계를 맺고 있었음에도 불구하고 오랫동안 미국의 많은 유태인들에게 반시온주의자로 낙인찍혀 왔다. 이런 일이 발생한 이유는, 그가 이스라엘 정부의 행위를 다른 모든 정부의 행위를 판단하는 것과 똑같은 기준으로 평가했기 때문이고, 더욱이 이스라엘이 유태인 국가가 되어야 한다는 생각을 지지하지 않았기 때문이다. 반동적 시온주의자들은 이스라엘의 후원으로 자행되는 팔레스타인인과 아랍인들 또는 다른 외부집단들에 대한 테러나 침략을 옹호하는 것을 시오니즘으로 혼동함으로써, 촘스키의 입장을 반시온주의로 잘못 이해하고 있다.

촘스키가 말하는 양민족국가란 이전의 팔레스타인 지역에서 아랍인과 유태인의 동등한 참여 하에 팔레스타인 사회주의 국가를 건설한다는 1948년 이전의 계획을 지칭한다. 당시의 시온주의 단체들에 의해 발전된 이 계획이 실현되었다면 지금까지 중동지역과 이스라엘에서 발생했던 수많은 폭력은 없었을 것이다. 스페인 내전에 대한 면밀한 관찰을 통해 무정부주의 신디컬리즘의 힘과 자유주의적 속성을 확인할 수 있는 것처럼, 이스라엘에서의 유태인 노동 운동을 살펴보면 사회주의 공화국을 건설하려는 노동자들의 가능성을 읽을 수 있다. 그러나 많은 수의 시온주의자들은 이 점을 인식하지 못하고, 이 분야에서의 촘스키의 작업을 비난하고 있다.

1995년 6월, 아부카의 이름을 딴 한 언론이 첫 간행물로 브리티시 콜럼비아대학의 명예교수인 워너 콘이 저술한 『혐오의 동반자:노암 촘스키와 홀로코스트 부인자들』을 출간했다. 노만 엡스틴은 이와 같은 일이 어떻게 일어나게 되었는지를 이렇게 설명한다. "아부카는 후반기에 이르러 중도우파(냇 글레이저, 세이무어 립셋 등)와 좌파(멜만, 해리스 등)로 분열되었습니다. 그런데 지금은 중도우파가 그 이름을 차지해버린 것 같습니다(1995.7.6. 편지)." 촘스키에 따르면 지금은 사라진 아부카라는 단체와 아부카 프레스 사이에 어떤 관계가 있다는 주장은 '완전한 헛소리'이다. 그의 말을 들어보자.

내가 알기로, 립셋의 경우는 어떤지 모르겠습니다만, 글레이저는 지난 50년 간 아부카나 아부카의 이상에 관련된 그 어떤 것과도 전혀 관계가 없었습니다. 아부카라는 이름은 단지 비판의 발원지를 감추기 위한 술책으로 끌어들인 것입니다. 다시 말하면, 나에 대한 비판이 실제의 발원지, 즉 극우적이고 극단적인 친이스라엘 패권주의에서 나온 것이라기보다는 마치 좌파로부터 나온 것처럼 위장하는 것이 더 효과적이라고 생각한 겁니다. 실제로는 칸(Kahane)에 대한 지원을 통해 연결된 신나치주의와의 합작인데 말입니다. 아부카란 이름을 되살려낸 것은 글레이저의 아이디어인 것 같습니다. 그들 그룹에는 아부카란 이름을 들어본 사람이 없었을 것입니다. 물론 그들은 누군가가 연관성을 포착해 주기를 바라고 있거나 아니면 그들 스스로가 연관성을 만들어내겠지요. 그들은 심지어 좌파 자유주의적 성향을 가진 반유태국가 진영의 선량한 사람들까지도 소위 나의 끔찍한 소행에 전율한다는 인상을 조작해 내려 합니다. 칸니스트 극우주의자들이 내 소행에 전율한다고 말하는 것보다 훨씬 효과적이니까요.(1995.8.14. 편지)

| 자 신 만 의   장 소 |

그러는 동안에도 촘스키의 자유분방한 대학원 교육은 계속되었다. 넬슨 굿맨을 비롯한 몇몇 사람들이 그를 위해 베풀어준 노력에 힘입어 그는 1951년 하버드대학의 특별 연구원에 임명되었다. 혹자는 그러한 지위가 보장하는 학문적 전망에도 불구하고, 촘스키 같은 사회적 배경과 교육철학을 가진 사람이라면 자신이 하버드 같은

기관에 소속된다는 생각에 일말의 거부감을 느꼈을 것이라고 상상할 수도 있다. 실제로 촘스키는 이에 대한 재미있는 일화를 소개한다.

나는 중하류 계층의 도시환경에서 자랐고 어떤 특별한 사회적 특권도 받지 못했다. 1950년대 초, 나는 권위있는 엘리트들에게만 주어지는 상류층 연구원 복장을 입고 대학원생 신분으로 하버드에 갔다. 거기에서 나는 교육의 많은 부분을 단지 예절과 사교적 품위의 습득, 어떤 옷을 입어야 하는가, 어떻게 하면 너무 심각해지지 않고 공손한 대화를 나눌 수 있는가, 지성인에게 기대되는 것이 무엇인가 등의 문제가 차지한다는 사실을 발견했다. 나는 몇 년 후에 하버드가 그렇게 모방하고 싶어하는 옥스퍼드대학 출신의 한 저명한 영어교수에게 옥스퍼드의 원래 모습과 비교해 볼 때 하버드대학의 모방에 대해 어떻게 생각하는가를 물었다. 그는 잠시 생각하더니 그것은 다름아닌 진짜 위선과 가짜 위선의 차이라고 대답했다. 우리는 가짜 위선만을 가지고 있고, 그들은 진짜 위선을 가지고 있다는 것이다. 교육이라는 것이 대부분 이렇다. 교육은 권력을 가진 사람들에게 방해가 되지 않도록 당신에게 특정한 사회적 통념에 순응하는 법을 가르치고, 그런 다음 나머지 것들을 가르친다.(「창조와 문화」)

케임브리지에 도착한 촘스키는 어떤 지적 사조가 당시를 지배하고 있는지를 알게 되었고, 여기에서 비롯된 압박감은 후에 행동주의*에

*Behaviorism 심리학의 주요 개념으로 1913년 경 존 왓슨에 의해 체계화되기 시작했다. 행동주의의 핵심은 유기체가 외부환경과 내적인 생물학적 과정에 의해 주어진 조건(자극)에 반응하는 것으로 관찰된다는 것이다. 즉 인간의 의식과 경험과 마음에 집중되던 이전의 심리학과 단절된 왓슨의 새로운 심리학은 무엇보다도 관찰 가능성이 그 핵심이다. 1920~30년대의 고전기를 거쳐 스키너, 스펜스, 밀러 등으로 이어졌고, 언어의 습득도 자극과 반응으로 설명하려는 거대한 흐름으로 발전하였다.

대한 비판에 작용한다. 하지만 그는 하버드대학에서 생애 처음으로 연구와 학문에 전념할 수 있다는 사실을 깨닫고 매우 행복했다. 연구원 직위에 따른 생활보조금은 그가 먹고 살기 위해 더 이상 비학문적 직업에 매달리지 않아도 된다는 것을 의미했다.

1950년대 초기에는 인간의 행동을 이해하려는 새로운 과학 기술의 비약적 발전에 대한 논쟁이 활발하게 전개되고 있었다. 컴퓨터, 전자공학, 음향학, 통신에 관한 수학이론들, 인공두뇌학 등이 유행했고 과학자들은 이것들을 응용하기에 바빴다. 20대 초반의 대학원생이었던 촘스키는 이러한 행위에 불안감을 느꼈다. "나 자신을 포함한 일부 사람들이 이러한 사태 전개에 대해 다소 걱정했다. 그것은 어느 정도 정치적인 이유에서였다. 적어도 내가 걱정한 이유는, 이 개념들의 거대한 복합체가 잠재적으로 아주 위험한 정치적 조류, 즉 인간 본성에 대한 행동주의적 개념들과 결부된 조작주의적 정치 행태와 연결될 것처럼 보였기 때문이다(『언어와 정치학』44)."

그러나 촘스키에게는 이러한 의심을 확인해 볼 수 있는 방법이 없었다. 대신에 그는 일종의 취미라고 생각했던 것에 몰두하기 시작했다. 구체적으로 그것은, 행동주의적 조류를 거부하는 방식으로 인간 언어의 본질을 새롭게 분석하려는 시도였다. 2년 후 촘스키는 마침내 이 작업이 기존의 학문에서 진행되고 있는 연구보다 훨씬 더 유망하다는 결론에 도달했다. "1953년이 되어서야 내 취미가 옳은 길이고 구조주의적 방법론 전체가 핵심에서 벗어나 있다는 것을 알게 되었습니다. 내가 진리라고 생각했던 것들 모두가 솔직히 말해 거의 무가치하다는 것을 깨달은 것입니다(1994.12.13. 편지)."

스물다섯 살이 되던 해에 배를 타고 유럽으로 가던 촘스키는 '완전히 배멀미에 지친 상태에서' 이것을 깨달은 직후 "기존의 언어학과 거의 완전히 결별"했다(1995.4.13 편지). 그것은 극적인 결별이었고, 촘스키는 이에 대해 한번도 후회하지 않았다. 심지어 촘스키는 『통사구조론』, 『언어학 이론의 논리구조』 같은 이후의 저서들에서 언어학자들이 희망도 없는 발견절차*의 탐구를, 즉 구조주의 언어학을 포기해야 한다고 주장한다. 그리고 한 편지에서는 "적어도 언어학이 음운론을 뛰어넘어 이론적인 열정을 보여주려 한다면"이라는 조건을 덧붙인다. 언어학자들은 구조주의적 방법을 포기하는 대신 촘스키가 『현대 히브리어의 형태음운론』에서 최초로 시도했던 것처럼 이론에 대한 평가절차**의 발견이라는 좀더 겸손한 임무를 수행해야 한다. "언어학자들이 제안하는 방식으로는 평가절차에 이를 수 없습니다. 그것은 구조주의 언어학에는 알려져 있지 않은 개념이고, 그와는 개념상 거리가 먼, 매우 근본적인 차원의 개념이기 때문입니다. 우선 평가절차는 조작주의 입장보다는 현실주의 입장을 견지합니다. '원리와 매개변항' 접근법은 발견절차와 같은 개념을 재

---

*Discovery Procedure 주어진 언어 자료에만 입각하여 그 언어의 옳은 문법을 자동적으로 발견하는 과정을 말한다. 발견절차는 언어 습득 측면과 일반문법 이론의 확립 측면에서 살펴볼 수 있다. 어린아이는, 경험에 의존하든 아니면 촘스키가 주장하는 언어 습득장치에 의존하든 언어를 습득하기 위하여 어떤 절차나 방법을 찾거나 그것을 사용하게 되는데, 언어학자의 임무는 이러한 절차나 방법을 재구성하는 것이다. 촘스키는 발견절차가 구조주의 언어학이 추구하는 목표이지만, 결국 실패했다고 진단하면서 자신이 추구하는 변형생성문법도 이러한 발견절차를 찾아내려는 시도라고 말했다.

**Evaluation Procedure 촘스키는 구조주의 언어학이 추구하는 발견절차는 현실적으로 불가능한 목표라고 판단하였다. 따라서 언어 이론에서 요청되는 것은, 어떤 언어를 기술하는 복수의 문법 중에서 어느 문법이 더 나은지를 판정하는 방법, 즉 평가절차를 준비하는 일이라고 주장하였다. 이 개념은 이후의 촘스키의 저서에서 관찰적 타당성, 기술적 타당성, 설명적 타당성 등의 개념으로 발전했다. 설명적 타당성이 있는 문법이론이란 언어 기술의 정밀성, 간결성 등을 갖추어야 하지만, 무엇보다도 보편언어와 직결되는 언어 습득과정을 설명해줄 수 있는 요건을 갖추어야 한다고 주장한다.

구성한 것이지만, 지금은 근본적으로 달라져서 비교가 무의미한 이론 틀 내부에서 사용되고 있습니다(1995.3.31. 편지)."

이 시기에 촘스키는 언어학 연구에 더욱 몰두했을 뿐 아니라 관련 분야의 연구도 계속했다. 그는 메사추세츠주 케임브리지 지역의 많은 영향력있는 교수, 학생과 접촉하고 있었다. 이 중에는 여호수아 바힐렐, 피터 엘리아스, 아나톨 홀트, 에릭 렌네버그, 이스라엘 셰플러, 콰인, 로만 야콥슨 등이 있었다. 촘스키는 문학비평에 있어 형식주의 접근법의 아버지라 할 수 있는 야콥슨을 1951년 하버드 대학에서 처음 만났다. 그들은 특히 언어학 방법론 분야에서 근본적인 견해 차이를 가지고 있었다. 촘스키는 "야콥슨이 내가 하고 있는 어떠한 일에 대해서도 관심을 보이거나 이해를 해주지 않았습니다"라고 말한다(1994.12.13. 편지). 그럼에도 불구하고 그들은 친구가 되었고 야콥슨이 타계할 때까지 우정은 지속되었다. 촘스키의 가장 친한 친구는 동기이자 당시에 야콥슨의 수제자이면서 MIT 전자공학 연구소 연구원이었던 모리스 할레였다. 콰인은 촘스키의 철학 저서를 논할 때에만 종종 언급된다. 이유는 촘스키가 결국 언어적 지식의 습득에 관한 콰인의 경향을 포기했기 때문이다.

촘스키가 몇 년에 걸쳐 깨달은 바는, 지금까지 제시된 어떠한 귀납적 방법을 이용하더라도 아동에게서 얻을 수 있는 언어 자료로부터 언어 이론에 필요한 추상화의 원리들을 도출할 수 없다는 것이다. 결국 이것은 이 원리들이 귀납과 같은 것에 의해서는 결정될 수 없다는 것을 의미했다. 이 결론은 콰인이 그의 『논리 철학』 서문에서 밝힌 것, 즉 귀납적 논리의 철학은 결코 철학의 원류인 인식론과 구별될 수 없다는 견해와 날카롭게 대비된다.(오테로, 「촘스키와 이성주의자들」 4)

1954년 여름에 촘스키는 시카고에 있는 언어학 연구소로부터 문법성(文法性)과 문법성의 정도에 관한 논문을 발표하도록 초청받았다. 그리고 당시에는 아직 출판되지 않았던 그의 글에 흥미를 느낀 버나드 블록의 초청으로 예일대학에서 일련의 강연을 하기도 했다. 그러나 비록 촘스키의 초기 언어학 저서가 신선하고 유망하긴 했지만, 그가 하는 연구의 대부분이 학계에는 상대적으로 알려져 있지 않았다. 말하자면 촘스키는 아직 언어학계에서 아웃사이더였다. 시카고대학과 예일대학으로부터 인정을 받았다는 이와 같은 증거들에도 불구하고, 대개는 컴퓨터 센터나 심리학 세미나에서 강연하는 것으로 활동 범위가 한정되어 있었다. 그는 몇 개의 평론과 논문을 어렵사리 출간할 수 있었지만 이것도 언어학 분야는 아니었다.

| 이 스 라 엘 로 간 촘 스 키 부 부 |

1953년 촘스키가 아직 하버드대학의 특별 연구원으로 있을 무렵, 그와 캐롤 촘스키는 오래 전부터 정착하고 싶어했던 이스라엘에서 얼마간의 시간을 보내기로 결정했다. 그들의 키부츠 생활은 약 6주에 불과했다. 그럼에도 불구하고 이 경험은 촘스키 부부에게는 매우 중요했다. 이 경험을 통해 두 사람은, 육체노동과 지적 작업 모두에 종사하는 성공적인 좌파 자유주의 공동체의 삶이 어떤 것인지를 볼 수 있었기 때문이다.

하조레아라는 키부츠에 도착한 노암은 비숙련공으로 판정받아 감독의 지휘 아래 농업 노동자로 근무했다. 하조레아는 아주 가난한 키부츠였다. 그곳에는 식량이 거의 없었고 어려운 일이 많았으며 무엇보다 중요한 것은, 노암의 표현에 따르자면, '사상적 복종'을 요구했다. 그는 '배타적이고 인종주의적인 분위기'에 불편함을 느꼈다(『촘스키 읽기』9). 그러나 그가 더욱 참을 수 없었던 것은 "이들 고등교육을 받은 지각있는 좌파 부버주의자들이 이 점을 깨닫지 못하고 있다는 사실"이었다(1995.3.31. 편지).

이스라엘은 1947~48년에 건국되었다. 주지하다시피 노암은 이스라엘 건국에 반대했다. 그것은 촘스키가 이슈브의 사회주의적 제도를 염려했고, 양민족국가로서 팔레스타인의 잠재적 특성이 결국 국가체제의 선호에 의해 거부될 것을 염려했기 때문이다. 이스라엘에 머무는 동안 그는 비유태인들이 소외되고 "경멸과 공포감이 수반된 비참한 대우를 받고 있음"을 목격했다(『촘스키 읽기』9). 이러한 이중적 기준에 대한 그의 개인적 경험은 종교국가의 장점에 대한 그의 의심을 정당화시켜 주었다.

촘스키 부부가 머물렀던 키부츠는 이스라엘의 철학자 부버가 세운 것으로 고등교육을 받은 독일계 유태인들이 많았다. 촘스키의 체류 기간은 우연히도 체코슬로바키아에서의 슐란스키 재판과, 이 키부츠 내에서도 지지자가 있었던 스탈린 대숙청의 마지막 시기와 일치했다. 촘스키 부부가 키부츠를 떠난 주요 원인이 결코 동료 키부츠 단원들과의 사상적 차이는 아니었다. 그리고 캐롤도 계속 머물기를 원했으나, 그들은 결국 둘 다 케임브리지로 되돌아왔고, 노암은 1955년 학사원으로부터 특별 연구직 기간을 연장받았다. 캐롤은 1955년에 6개월 동안 다시 키부츠에 머물렀고, 노암과 이스라엘에 영구정착할 의도를 품은 채 케임브리지로 돌아왔다. 그러나 노암은 "이런 저런 이유로, 정확히 무엇 때문인지는 확실하지 않지만 그렇게 되지 않았다"고 회상한다(1995.3.31. 편지).

| 노 암 촘 스 키 박 사 |

촘스키는 자신의 학위논문 가운데 단지 한 장(章)을 제출하고 1955년 펜실바니아대학으로부터 박사학위를 받았다. 굿맨, 해리스와 유지했던 관계를 제외한다면, 펜실바니아대학과 촘스키를 연결해 주는 끈은 1951년에 이미 단절되었고, 이 한 장(章)의 글을 제출한 것 외에는 학위를 위한 어떠한 공식적 의무도 이행하지 않았다. 이후 저서들의 기초가 된 이 논문이 작성되던 시기 내내 촘스키는 굉장한 집중력을 발휘했지만 그만큼 외롭기도 했다. 거의 고립된 채 그는 '믿을 수 없을 정도의 집중력'으로 파고 들었다. "되돌아보면 그런 일이 어떻게 가능했는지 알 수 없다. 단 몇 달만에 약 천 페이지에 달하는 책을 썼고, 그 속에는 비록 거친 형태이긴 하지만 내가 그 이후로 지금까지 작업해 온 모든 것이 포함되어 있다(『언어와 정치학』129)."

이 거대한 논문은 마침내 일부 기술적인 내용을 제외하고, 1975년 『언어학 이론의 논리구조』라는 이름으로 출간되었다. 이 책의 기원은 지금까지도 혼란의 진원지로 남아있지만, 원고의 내력은 다음과 같이 서문에 기록되어 있다. "나는 1955년 가을 학기에 『언어학 이론의 논리구조』의 몇 장(章)을 수정했다. 당시 하버드 도서관에서는 두 벌의 마이크로필름을 제작했는데, 1955년 판이 그 하나이고, 나머지 하나는 부분적으로 편집, 개정된 1956년 1월 판이다. 지금까지 보급된 것은 이 두 가지 마이크로필름과 1955년 판의 복사본이었다. 세어보지는 않았지만 약 천 부 이상이 복사되었을 것이다 (『언어학 이론의 논리구조』3)."

촘스키는 이 논문의 일부를 MIT 프레스의 전신인 MIT 테크놀로지 프레스에 제출했으나 "다소 관행을 벗어난 방법론을 취하고 있는 무명의 저자라면, 방대하고 상세한 원고를 단행본으로 출간할 계획을 세우기에 앞서 소논문들을 전문 학술지에 투고하는 것이 순서라는, 비합리적인 설명과 함께 거절"당했다(『언어학 이론의 논리구조』 3). 촘스키가 이 논문을 전문 언어학 저널에 먼저 보내지 않은 이유는 이렇다. "내가 하고 있던 작업이 사실상 미국과 유럽에서 행해지고 있는 언어학, 적어도 구조주의 언어학과는 직접적인 관련이 없었기 때문입니다. 물론 해리스의 작업도 포함해서 말이지요(1995. 3. 31. 편지)." 마침내 1975년에 출간된 책에는 1955년 판과 1956년 수정판의 일부가 포함되어 있다. 1958년에 촘스키는 프린스톤대학의 고등연구소에서 국립과학재단의 연구원에 임명되었고 이 기간에 그는 『언어학 이론의 논리구조』 중 여섯 개의 장을 수정했다.

이 책의 특이한 내력은 1979년, 프랭크 헤니가 저널 「신테즈」에 올린 서평에도 자세히 나와 있다. 헤니는 이 책이 쓰여진 지 20여 년 후에 출간되었고, 완전히 새로운 연구분야, 소위 변형문법이라고 알려지게 된 분야의 기초를 제공하고 있음을 지적했다. 『언어학 이론의 논리구조』의 초고는 학계의 소수 인사들 내에서만 회람되었고 따라서 "단지 막연한 소문으로 떠돌았다. 변형분석이라는 촘스키의 특별한 상표는 손에서 손으로 전해지면서 그 형태가 혼란스러워지고 더럽혀지고 종종 상당히 왜곡되기는 했지만 결국 승리를 거두었다. 곧 문법적 변형은 적어도 미국 언어학계 내에서는 이론의 여지없이 지배적 지위를 획득"했다(「신테즈」 308). 1950년대 중반에 새내기 학자가 된 노암 촘스키는 존재하지 않는 분야의 최전선에 서게 되었다. 그는 또한 실직자였다.

촘스키는 하버드대학 연구원 시절(1951~55년)의 대부분을 케임브리지에서 보냈지만 여전히 젤리그 해리스와의 관계를 유지했다. 해리스는 여전히 펜실바니아대학에서 학생들을 가르치고 있었다. 그러나 1950년대 중반부터 촘스키는 해리스와 거의 접촉이 없었고, 60년대 중반부터는 완전히 두절되었다. 앞에서 본 바와 같이, 촘스키에게 해리스의 언어학 프로젝트는 이차적 관심사에 불과했고, 촘스키는 이미 다른 방향으로 나아가고 있었다. 촘스키에게 당시의 언어학은 마치 똑같은 연습을 반복하는 로봇의 운명에서 벗어나지 못할 것처럼 보였다.

학생 시절 나는 언어학에 매료되었다. 언어학 문제들은 재미있었고 나의 모든 것이었다. 그러나 모든 언어학자들은 "십 년 후 우리들은 과연 무엇을 하고 있을까"라는 고민을 안고 있었다. 모든 언어의 음소분석을 마쳤다고 가정해 보자. 모든 언어의 직접성분 분석을 모두 마쳤다고 가정해 보자. 그것은 재미있는 일이다. 마치 낱말맞추기 퍼즐처럼 도전적이고 어려운 일이다. 그러나 그런 일은 십 년 후면 모두 끝나게 될 것이다. 그것이 내가 본 언어학의 미래 모습이었다. 언어학은 본질적으로 파국을 맞은 것으로 보였다.(랜디 알렌 해리스, 『언어학 전쟁』 83)

촘스키의 기억으로는 해리스가 "담론구조로 뭔가 새로운 돌파구를 열겠다는 생각을 가지고 있었다. 그는 언어학적 분석의 특징들을 담화분석을 위해 사용하고자 했"다(랜디 알렌 해리스, 『언어학 전쟁』 83). 이런 계획하에 해리스의 담화분석이 탄생되었다. 촘스키가 "원어민 화자의 머릿속에 있는 언어적 지식을 모델화하기 위해" 변형을 추구하는 동안 해리스는 "기계번역과 자동 정보검색 같은 실용적 목적"에 관심을 보였다(랜디 알렌 해리스, 84). 그들의 언어학적 관심은 돌이킬 수 없을 만큼 멀어졌다. 촘스키가 해리스와 마지막으로 대화를 나눈 것은 1960년대 초였다. "그때 해리스는 연구 계약건으로 국립과학재단에 갔고 나에게 동행을 요청했습니다. 그래서 우리는 1964년 이스라엘에서 며칠을 함께 보냈지요. 그 후에는 접촉이 없었습니다. 만나지는 못했지만 서로간의, 군이 말로 설명할 필요가 없는 이해가 남아 있었지요(1994.6.23. 편지)."

해리스는 1990년대 초 세상을 떠나기 전에 한 권의 정치학 저서를 완성했다. 그는 이 책을 영국에서 출간하고 싶어했다. 영국의 노동자 계급이 한층 발전했다고 생각했기 때문이다. 이 책은 결국 해리스의 부인인 브루리아의 노력과 세이무어 멜만, 노만 엡스틴, 기타 여러 사람들의 노력으로 최근에 출간이 허락되었다. 촘스키와 멜만은 이 책을 초고 형태로 읽었고, 촘스키는 이 책이 흥미있는 것들을 많이 포함하고 있다고 언급했다. 멜만은 초고의 학술적인 장치를 손질해서 촘스키에게 보냈고, 촘스키는 몇 가지 누락된 참고문헌 등을 보충했다.

촘스키와 해리스의 관계는 일찍 종말을 맞았지만 그들을 모두 알고 있던 사람들에게는 이들의 관계가 여러 가지 이유로 중요하다. 두 사람의 많은 저서에 스며 있는 가치체계와 지적 열정, 그리고 해방운동에 대한 관심 등이 지성인이자 한 개인으로서의 집념과 성실성을 증명하기 때문이다. 그들은 서로에게 영감을 제공했다. 러셀 자코비는 그의 책 『최후의 지성인들:아카데미 시대의 미국문화』에서 해리스에 대해 언급하지는 않았지만, 그가 촘스키, 머레이 북친, 폴 굿맨, 아이작 로젠펠트에 관해 내린 평가는 해리스에게도 똑같이 적용될 수 있을 것이다. "그들이 무정부주의자인 한, 그들은 거대 기관, 국가, 대학, 그리고 그에 속한 관리들을 불신한다. 그들은 직위나 봉급이라는 부패 요소에 오염되지 않는다. 그들의 저항은 도덕적이고 거의 본능적이기 때문이다." 마르크스주의자들은 무정부주의자들이 전략적이 아닌 윤리적으로 사고한다고 비난한다. 그러나 자코비는 이것이야말로 무정부주의자들의 힘의 원천이라고 확신한다. "마르크스주의 지식인들은 종종 시야를 벗어나는 원대한 목표나 대의명분에 이성과 윤리를 바쳐야 한다고 믿고 실제로 그렇게 하고 있다. 반면에 무정부주의 지식인들은 이러한 논리에 민감하지 않다. 유물사관적 용어를 사용하자면, 현재 무정부주의자인 노암 촘스키가 미국의 외교정책을 옹호하는 관변 지식인들에 대한 가장 강력한 비판자라는 사실은 전혀 우연이 아니다(『최후의 지성인들』96~97)."

| 촘 스 키 , M I T 에 도 착 하 다 |

1955년, 촘스키는 친구인 로만 야콥슨의 배려로 MIT에서 연구원으로 일할 수 있게 되었다. 촘스키는 그 자신의 말을 빌리자면 "어떤 분야에서도 자격증이나 전공 분야라고 할 만한 것이 없었"다(1994.12.13. 편지)." 그러나 자격증에 대해 그다지 신경쓰지 않았던 MIT 공과대학은 촘스키에게 증명할 만한 그 어떤 '전문적 능력'도 없다는 사실을 기꺼이 눈감아 주었다(1994.6.23. 편지). 촘스키는 조교수에 임명되었고, 역설적이게도 그가 자주 비판했던 기계번역 프로젝트를 부여받았다. 이 프로젝트는 미육군의 지원을 받아 빅토르 잉그베의 책임하에 MIT의 전자공학연구소에서 수행중이었다.

촘스키는 면접시험을 볼 때 연구소장인 제롬 와이즈너에게, "나는 이 프로젝트에 지적인 면에서 전혀 관심이 없고 쓸데없는 시간 낭비일 뿐"이라고 말했다. 그의 솔직함 덕분이었는지 아니면 와이즈너가 촘스키의 아이디어를 참신하다고 생각했기 때문인지, 그는 전일제 교수요원으로 고용되었다. 이것은 촘스키가 시간의 반을 연구소에서 작업하고 나머지 반은 수업을 맡아야 함을 의미했다. 그의 말로 이것은 "MIT 교원으로서 아주 정상적"이었다(1995.6.27. 편지). 그는 실제로 기계번역 프로젝트에 손도 대지 않았고 지금도 그것에 대해 회의적이다. "기계번역은 어떤 면에서 유용할 수도 있을 겁니다. 그것은 마치 대형 불도저를 만드는 것과 같지요. 불도저는 유용한 물건입니다. 구덩이를 파야 한다면 더 큰 불도저일수록 좋겠지요(1994.6.23. 편지)."

촘스키가 직면한 긴급한 문제는 "시간의 반을 차지하는 수업 시간을 이용해서 무엇을 할 수 있을까" 하는 것이었다(1995.6.27. 편지). 그는 현대 언어학과에서 개설한, 부교재를 많이 읽어야 하는 힘든 강좌를 맡아 대학원생들을 가르치기 시작했다. 촘스키는 비록 불어를 공부한 적이 없었고 독일어도 거의 몰랐지만, "대학원생들이 지금은 고맙게도 폐지된, 박사과정 읽기시험을 통과할 수 있도록 도움을 주려는 것이 그 강좌의 목적"이었다(1995.3.31. 편지). 그는 "또한 학부과정에서 언어 강좌 하나를 담당"할 수 있었다(1995.6.27. 편지). 이 과목을 가르친 것은 촘스키에게 몹시 중요한 경험이었다. 가르치는 동안 그는 자신의 몇몇 개념들을 이끌어낼 수 있었고 또 생성문법이라는 개념에 대해 학생들과 토론할 기회를 가질 수 있었기 때문이다. MIT는 스물일곱 살의 촘스키에게 편안한 장소였다. "나는 학부과정의 철학 강좌도 가르치기 시작했고, 후에 MIT의 철학과가 유명해지는 데 일조했습니다. MIT 공과대학은 언제나 자유롭고 열린 공간이었지요. 경직된 요구사항이 없고 다양한 실험에 대해 개방적이었습니다. MIT는 나와 같은 특이한 관심사와 작업을 수행하는 사람에게 완벽한 곳이었습니다(1995.6.27. 편지)."

이 시기는 촘스키에게 매우 유익했다. "기계번역 프로젝트를 제외한다면 전자공학연구소는 대단히 활발한 학제간 연구환경을 제공해 주었다(『언어학 이론의 논리구조』 2)." 바로 이 연구소에서 『통사이론의 제양상』의 씨앗이 발아했다. 이 책 감사의 글에서 그는 MIT 전자공학연구소를 '다양한 학과의 교수와 학생들이 연구를 수행할 수 있는, 학과간의 상호교류가 자유로운 연구소'로 묘사하고 있다. 『통사이론의 제양상』으로 출간된 그 연구는 미 육해공군의 연합전자공학프로그램, 미공군의 전자공학시스템 사단, 국립과학재단, 국립보건연구소, 나사 등에 의해 지원되었다. 촘스키와 MIT, 그리고 촘스키와 MIT를 둘러싼 제반 환경에 관심을 가진 많은 사람들은 지금까지 이들 각 기관과 MIT의 관계, 지식인의 역할, 과학적 연구와 비과학적 연구의 관계 등과 같은 쟁점을 제기해 왔다. 이 쟁점들은 그의 학문적 경력이 후반부에 이를수록 더 긴박감을 띠게 된다.

인지과학의 탄생과 『통사구조론』의 출간

촘스키 저서의 중요성은 그가 MIT에 자리를 얻은 직후 명백해졌다. 1956년 가을, 스물일곱 살의 촘스키는 정보이론에 관한 3일간의 MIT 심포지움에서 「언어 기술(記述)을 위한 세 가지 모델」이라는 논문을 발표했다. 오테로에 따르면 이 논문은 "촘스키의 획기적인 언어 이론의 필수 요소들"을 담고 있었다(『촘스키와 인지과학 혁명』

14~15). 이 심포지움에서 알렌 뉴엘과 허버트 사이몬은 '논리 기계'를 이용한 문제 해결에 관한 논문을 발표했고, 또한 신호탐지와 인간의 정보처리에 관한 수편의 논문들이 발표되었다. 이 심포지움, 그 중에서 특히 이 논문들은 오늘날 인지과학 연구의 출발점으로 간주되고 있다.

촘스키는 모리스 할레의 제안에 따라 자신이 가르치던 언어학부 강좌의 강의 노트를 코넬리스 반 쇼네펠트에게 보여주었다. 그는 당시 네덜란드의 무톤사가 시리즈로 출판하고 있던 「야누아 링구아룸」의 편집장이었다. 쇼네펠트는 촘스키의 강의 노트를 출판하자고 제안했고, 이 강의 노트는 1957년에 『통사구조론』이라는 제목의 단행본으로 출간되었다. 『현대 히브리어의 형태음운론』 및 『언어학 이론의 논리구조』와 마찬가지로, 이 책도 해리스-블룸필드의 전통에 전적으로 반대하고 있다. 다만 이 책은 사람들이 해리스-블룸필드의 전통에 대해 종종 인용하는 다음과 같은 내용을 담고 있을 뿐이다. "연구를 수행하는 전기간 동안 나는 젤리그 해리스와 장기간에 걸쳐 빈번하고 유익한 대화를 나누었다. 그의 아이디어와 제안들이 아래의 글과 그 글을 낳은 연구에 무수히 반영되었으므로 이후에는 특별히 언급하지 않을 것이다(『통사구조론』 6)." 촘스키가 해리스에 대한 경의감의 표현으로 이 인용문을 집어넣었음이 분명하지만, 그러한 존경의 표현에는 다음과 같은 조건이 붙어 있었다. "내가 주장하는 바는 기존의 언어학 전체를 그 기반부터 완전히 바꾸어야 한다는 것임을, 내가 명시적으로 표명하지 않아도 이 단행본을 읽는 모든 언어학자들은 이해할 것입니다. 내가 그 점을 명시적으로 표명하지 않은 것은 개인적인 이유에서입니다. 그러나 이 점은 텍스트 속에 명시적으로 드러나 있으므로, 언어학자들은 곧 분명하게 알아볼 것입니다(1995.3.31. 편지)."

　　이 시기의 촘스키의 작업은, 『현대 히브리어의 형태음운론』, 『언어학 이론의 논리구조』, 『통사구조론』 등에 기술되어 있듯이, 당시 유행하던 절차언어학의 요구에 대한 일종의 거부였다. 기존 절차언어학에서 요구하는 바는, 기록된 발화내용을 정해진 목표에 맞게 조직화된 형태로 축소시키기 위해 분석자가 사용할 수 있는 일련의 조작방법을 찾는 것이었다. 그러나 촘스키는 이 방법 대신 '언어와 언어 이론에 관한 진리'에 도달하는 방법, 말하자면 보편문법을 찾고 있었다(1995.3.31. 편지). 촘스키가 매우 진지하게 도전하고 있다는 사실은 그 어떤 언어학자가 봐도 명백했다. 오테로의 말로는, 개인적 영역에 따라 언어학자들이 보여준 "초기의 반응은 무관심에서 적대감에 이르기까지 다양했다. 촘스키가 혜성처럼 무대에 등장했을 당시 언어학적 노력이 집중되고 있었던 음운론 분야의 학자들은 촘스키의 방법론에 대해 상당한 적대감을 나타냈고, 그들의 시야로는 포착할 수 없었던 전체적인 틀에 대해서는 적대감이나 완전한 몰이해뿐이었으며, 당시까지 별 주목을 받지 못했던 통사론 연구에 대해서는 대개 무관심을 드러냈"다(『촘스키와 그의 도전』 13~14).

　　오웰의 『카탈로니아 찬미』가 단지 스페인 내전에 대한 기존 관념에 모순된다는 이유로 북미대륙에서 오랫동안 배포되지 못했던 것처럼, 촘스키의 『통사구조론』도 당시의 표준언어학과 근본적으로 달랐다는 이유로 미국 언어학계의 서평란에조차 언급되지 않았다. 촘스키는 단 한 사람의 예외를 기억한다. 그는 바로 해롤드 알렌이었다. "알렌은 아마도 나를 네덜란드인으로 알았는지, 『통사구조론』이 네덜란드어 책이라고 언급했습니다. 그것은 이 책이 몇 년 동안 미국에서 출판될 수 없었던 또 한 가지 이유였지요(1995.3.31. 편지). " 초창기의 가장 중요한 서평은 로버트 리스에게서 나왔다. 그는 『통사구조론』이 출판되기 전, 아직 교정쇄 상태일 때 이 책에 대한 서평을 쓰겠다고 자청했다. 리스는 해리스의 모델을 충실히 따랐음에도 불구하고 기계번역 프로젝트에 참여하기 위해 1956년 MIT로 갔다. 그곳에서 촘스키를 만난 리스는 촘스키의 방법론이 옳다는 확신을 얻었고, 1960년에는 자신의 박사학위 논문을 기초로 한 『영어의 명사화 문법』이라는 제목의 변형생성문법서를 출간했다. 리스의 서평은 1957년, 권위지인 「랭귀지」에 게재되었다. 당시 이 저널의 편집을 맡고 있던 버나드 블록은 이렇게 말한다. "언어학계에서는 거의 유일하게 리스만이 정통에서 벗어나 있던 촘스키의 입장을 지지했다(42쪽)." 리스는 이렇게 썼다. "통사구조에 관한 촘스키의 책은, 언어학자의 입장에서 과학적 이론구성의 전통에 따라 포괄적인 언어이론을 구축하고자 하는 최초의 진지한 시도이다. 이것은 화학이나 생물학의 포괄적인 이론이 그 분야에서 통상적으로 이해되고 있는 것과 같은 의미로 이해될 수 있는 언어 이론이다." 리스는 이 책이 불러일으킬 혁명적 변화를 예견하면서 이렇게 덧붙였다.

촘스키의 언어학은 단지 데이타를 재구성하여 새로운 종류의 도서목록을 추가하는 것도 아니고, 인간과 언어의 본질에 관한 또 하나의 사변철학도 아니다. 그것은 명백한 공리체계와 그로부터 유도된 정리(定理)에 근거하여, 그리고 새로운 데이터나 다른 종류의 직관들과 비교할 수 있고 언어의 내적구조에 관한 분명한 이론에 기초한 명백한 결과물에 근거하여, 언어에 관한 우리의 직관을 정밀하게 해명한 것이다. 따라서 촘스키의 언어학은 당연히, 여러 가지 문법형태 가운데 한 가지 형태를 선택하기 위한 간단하고 명시적인 척도의 적용 기회를 제공한다.(「랭귀지」 42)

촘스키의 말대로, 리스는 비록 '자신이 중요하다고 생각하는 일'을 했지만, 후에 불복종이라는 죄목으로 해고되었다. 이 사건에 대한 촘스키의 설명을 들어보자.

빅토르 잉그베는 프로젝트를 위해 매우 유능한 언어학자들을 계속 고용했습니다. 그러나 비록 정도의 차이는 있었지만 그들도 나와 똑같은 생각을 갖게 되었습니다. 나는 고용되기 전에 이미 이 프로젝트가 무의미하다는 입장을 분명히 밝혔습니다. 리스, 매튜스, 루코프 등은 이 문제에 관해 다양한 견해를 가진 채 연구를 진행했습니다. 그러나 그들 모두는 차츰 같은 결론에 도달하면서 순수언어학에 더욱 집중하기 시작했고, 이로 인해 당시 MIT의 분위기는 정말로 소란스러웠습니다. 잉그베는 이것을 탐탁치 않게 여겼습니다. 그는 오로지 기계번역에만 몰두했지요. 그는 결국 매우 치사한 방법으로 리스를 해고했습니다.(1996.2.13. 편지)

리스는 촘스키와 할레의 중재로 전자공학과에 들어갈 수 있었고, 결국 자신을 '반역자'로 간주하던 분야의 연구로 박사학위를 받았다.

『통사구조론』에 관한 또다른 서평을 쓴 (이후 1970년에 촘스키의 초기 연구에 관한 글을 쓰기도 했던) 존 라이온스는 이렇게 결론 내리고 있다. "통사론과 의미론의 관계에 대한 촘스키의 모든 논의는 이 문제에 관한 언어학자들의 관심을 증폭시킬 것이다. 이는 언어학을 위해 매우 유익한 일이다. 의미론적 적절성에 대한 외적 판단 기준과 이 책에서 고찰된 것과 같은 문법의 내적 속성을 다룬 그의 방식은, 문법구조에 관한 이론에 확실한 공헌을 하고 있다(『통사구조론』 서평, 87).

사실 촘스키 자신이 느끼기에 『통사구조론』의 중요성은 그때나 지금이나 그리 크지 않고, '거의 당치 않은' 것이다. 어쨌든 이 책은 그가 가르치던 학부 강좌를 위해 만든 강의 노트를 단순히 모아 놓은 것에 불과했다. 이 강좌는 학생들의 관심을 겨냥한 것이었다. 촘스키의 주장에 따르면, 그는 "학생들을 마르코프, 정보이론, 자동화 등에 대한 일반적인 믿음으로부터 유인하여 그들에게 언어에 대한 관심을 심어주기 위해 노력했다. 언어는 '하드 사이언스(자연과학)'에서 정통으로 간주되던 개념들로는 분석되지 않았기 때문이다. 자연과학은 구조주의와 거의 상관이 없었지만, 이들 각각의 접근법이 각기 다른 방식으로 언어학적 이슈들에 부적절했다는 점은 공통적"이었다.

촘스키 자신이 언어학에 주요한 공헌을 했다고 생각하는 부분은 『통사구조론』의 후반부로서, 『언어학 이론의 논리구조』에서 직접 발췌한 부분이다. "내가 진정으로 기여한 것은 단지 당시에는 존재하지 않았던 그 분야에서였습니다. 즉 통사의미론에서였지요. 현대 생성음운론에 대한 작업은, 『현대 히브리어의 형태음운론』에서 출발하여, 할레와 루코프와의 공동 논문과 그 이후의 논문들, 그리고 1959년 텍사스 학술회의에서 발표한 나의 미발간 논문과 할레의 59년도 박사논문을 거쳐, 『영어의 음운 패턴』과 그 이후까지 이어지고 있습니다(1995.3.31 편지)." 물론 이것은 시작에 불과했다.

| 요새에 대한 공격 |

같은 해인 1957년에 촘스키 부부는 첫 아이를 얻었다. 캐롤은 집에서 아기를 돌보고 노암이 가족을 부양하기로 결정했다. 결혼한 지 8년이 되도록 아기를 갖지 않았던 것은, 그들이 미국에 남을지

아니면 이스라엘로 이주를 할지 오랫동안 결정하지 못했기 때문이었고, 또한 노암이 대학 강단에서 일자리를 얻을 수 있을지에 대해서도 확신할 수 없었기 때문이었다.

그러나 시간이 지날수록 촘스키에게는 강사와 교사로 와달라는 요청이 쇄도했다. 1957년 내내 그는 펜실바니아대학의 강의를 위해 케임브리지에서 필라델피아까지 통근해야 했다. 유태주의자이자 초기 사회언어학자인 우리엘 바인라이히의 초청으로, 그는 뉴욕시에 있는 콜롬비아대학의 객원교수로 임명되기도 했다. 또 촘스키는 스물아홉 살에 MIT에서 부교수로 승진했고 곧이어 프린스턴대학의 고등과학연구소에서 1년 간 국립과학재단의 지원을 받는 연구원직을 얻게 되었다. 그의 연구는 언어학 분야에 일대 격변을 일으키고 있었다. 영어의 언어적 분석문제를 다룬 두 차례의 텍사스 학술회의가 미국언어학회 회장이자 언어학계의 원로인 아치볼드 힐의 주도하에 1958년과 1959년에 각각 개최되었다. 촘스키의 설명에 따르면, 이 학술회의는 원래 "새롭고 유망한 언어 이론의 창안과, 영어분석에의 적용 가능성을 공정하게 평가하는 기회를 부여하기 위해" 개최되었다. 그러나 촘스키의 주장에 의하면, 이 학술회의는 마치 "이단적 이론을 떡잎부터 고사시키려는 특정한 목적하에 조직된 것" 같았다(1995.3.31. 편지).

촘스키가 '언어학계의 협객들' 이라고 지칭했던 미국 구조주의의 지도급 인사들이 모두 학회에 참석했고, 그 중에는 마틴 주스, H. L. 스미스, 그리고 당시 떠오르는 젊은 별이었던 로버트 스톡웰이 포함되어 있었다. "그들은 기껏해야 중학생들의 웃음거리에 불과했던 전통문법학자 랄프 롱도 초대했습니다. 그들의 임무는 롱을 조롱하고 나를 파멸시키는 것이었지요." 그러나 그들은 실패했다. 전선은 그들이 예측했던 것과는 아주 다른 방향으로 형성되고 말았다. 촘스키의 설명을 들어보자.

> 랄프 롱과 나는 좋은 사이를 유지했고, 나는 처음부터 끝까지 그를 변호했습니다. 한편으로는 당시에 벌어지고 있는 상황이 싫다는 개인적인 이유 때문이기도 했고, 또 한편으로는 생성문법과 전통문법 사이에 실제로 어떤 연관성이 있었기 때문입니다. 그들은 이 점을 전혀 이해하지 못했습니다. 나는 수학과 논리학을 상당히 많이 알고 있었기 때문에 그들의 논리전개를 파악할 수 있었고, 따라서 그들이 반대파를 분쇄하기 위해 사용하던 술수들을 나에게는 전혀 써먹을 수 없었습니다. 그런 기술로는 논증과 이슈들을 전혀 다룰 수 없다는 사실과, 당시에 엄청난 자신감과 자만으로 가득 차 있던 그들의 입장이 남김없이 무너지고 말았다는 사실이 아주 분명해졌습니다. 이것을 이해한 스톡웰은 중간에서 양쪽의 입장을 오갔습니다.(1995.3.31. 편지)

이 모든 사건의 최종적 결과로써, 언어학계의 인사들은 마침내 어느 한쪽을 선택할 수밖에 없었다. 버나드 블록은 촘스키의 이론을 한마디도 믿지는 않았지만 매료되었고, 콰인은 촘스키에게 전적으로 관심을 가지게 되었다. 또 여호수아 바힐렐과 모리스 할레는 촘스키에 동의했고, 전폭적인 지지자가 되었다. 로버트 리스도 마찬가지로 블룸필드식의 구조주의 언어학 프로그램을 완전히 포기했다. 로버트 스톡웰 역시 '다소 유사한' 반응이었고, 조지 밀러는 행동주의 과학의 이론틀을 포기한 후 촘스키 언어학에 매우 우호적인 반응을 보였다(1995.3.31. 편지).

　1959년에 열린 두번째 학술회의는 첫번째의 '복사판'에 가

1959년 프린스톤대학 고급반 강좌에서의 촘스키

까웠다. 두 번의 학술회의로써 봉합하려던 언어학 내부의 균열은, 결국 발표 논문집 발간의 문제가 제기되자 더욱 더 커졌다. 아치볼드 힐은 '큰 압력'에 못 이겨 1958년도 발표 논문집을 발간하는 데 동의했다. 그러나 1959년의 발표 논문들은, 촘스키의 지적에 의하면 "결국 햇빛을 보지 못했고, 구조주의 언어학의 거점이었던 음운론에 대한 일대 공격이자 영어의 생성음운론에 관한 최초의 광범위한 논문"이었던 촘스키 자신의 글도 출판되지 못했다. 1959년도 학술회의에서 논의되었던 기초 자료는 마침내 MIT의 전자공학연구소가 발행하는 계간 보고서에 실렸고 후에 『영어의 음운 패턴』에 반영되었다. "그 무렵 이미 할레와 나는 MIT로 옮겨온 또 한 명의 해리스의 제자인 프레드 루코프와 함께 영어의 생성음운론에 대해, 즉 미국 언어학자들의 커다란 자부심이었던 강세에 관해 이미 논문을 출간했습니다. 이를 통해 주류 언어학자들이 그렇게 자랑스러워하던 방대한 기술문법적 장치가 사실은 극히 간단명료한 생성규칙으로 쉽게 설명될 수 있는 무의미한 가공품에 지나지 않는다는 사실을 증명했습니다 (1995.3.31. 편지)."

이 시기에 촘스키가 꿈꾸었던 언어학은 그의 동료들 대부분이 몰두하고 있던 언어학의 유형과는 전혀 달랐으므로, 그가 완전히 새로운 분야를 개척했다고 생각할 수 있을 정도였다. 그러나 촘스키는 그 개념들과 수백 년 전부터 이루어진 작업 사이의 관계를 입증하기 위해 큰 고통을 감수해야 했다.

훔볼트와 데카르트의 전통

3 | Humboldt and the Cartesian Tradition

과학이란 마치 길 건너편에서 열쇠를 잃어버리고 이쪽편 가로등 아래서 찾고 있는 술취한 사람에 관한 농담과 흡사합니다. 가로등 아래가 빛이 있는 곳이기 때문이지요. 다른 선택은 없습니다.(노암 촘스키, 1993년 6월 14일 저자에게 보낸 편지)

| 근 본 적   가 치 와   이 론 들 |

촘스키의 정치 저서에는 놀랄만한 일관성이 흐르고 있다. 그의 근본적 가치관은 유년기 이후 사실상 그대로 유지되었다. 그는 자유주의적이고 창조적인 인간의 특성을 고양시킬 수 있는 방법들을 지지하고 추구했으며, 자신과 같은 신념을 가진 사람들과의 교제를 확대해 나갔다. 일단 촘스키를 이끌었던 기본적인 자양분과 그와 서로 영향을 주고받았던 지적 환경의 구성원들을 이끌었던 자양분이 무엇이었는지를 알게 되면, 우리는 특정한 이슈에 대해 그가 취하는 반응의 본질까지는 아니더라도, 그의 접근방법 정도는 예측할 수 있다.

물론 똑같은 논리가 촘스키의 언어학에까지 적용될 수는 없다. 이 분야에 있어서 촘스키는 지금까지도 새로운 자료를 토대로 자신의 연구를 추진하는 것으로 유명하다. 그럼에도 불구하고 언어학 분야에서 그의 주요 공헌으로 간주되는 많은 것들이 아주 이른 시기에 이루어졌다. 예를 들어 『현대 히브리어의 형태음운론』, 할레 및 루코프와 함께 쓴 1956년도 논문, 현대 생성음운론에 관한 1959년도 학술회의 논문(미출판), 『언어학 이론의 논리구조』 등이 모두 그의 언어학 연구 초기에 쓰여졌다. 그 이후 언어학 연구는 과학적 연구 분야로 간주되었고, 발화와 언어의 본질에 대한 새로운 통찰에 의해 더욱 발전하였다. 이러한 발전의 상당 부분이 바로 촘스키의 공로이다. 그는 자신이 대학에서 배운 것의 함축적 의미를 재해석할 수 있는 용기있는 사람이었다.

촘스키가 언어연구 초기에 학계에 기여한 세부적인 내용들은 상당히 복잡해서 역사가들, 특히 언어학사가들 사이에 큰 혼란을 불러일으켰다. 특히 언어학 분야에서 이루어진 그의 초기 저서들과 기타 저서들 사이의 관계가 그러하다. 그러나 「상징논리저널」에 실렸던 절차적 구성적 방법론에 관한 1953년도 논문인 「통사분석의 체계들」을 제외한다면, 촘스키의 거의 모든 언어학 저서는 인간 언어의 생성적 특성을 강조한다는 점과, 문법이론으로 생전 처음 듣는 문장을 이해할 줄 아는 화자의 능력을 설명할 수 있어야 한다는 원칙이 확고하다는 점에서 해리스 블룸필드 학파를 거부하는 공통점이 있다. 이 점을 이해한다면 촘스키의 저서에 대한 혼란은 어느 정도

누그러질 것이다. 촘스키의 저서에는 이러한 일관성이 관통하며, 종종 언급되는 문법적 문장과 비문법적 문장의 '차이점'이 강조된다는 것은 사실과 다르다. 실제로 촘스키는 『언어학 이론의 논리구조』와 『통사구조론』에서 이렇게 지적한다. "그러한 이분법은 없고, 단지 문법성의 다양한 정도 차이가 존재할 뿐이다." 그는 이 문제에 관해 다시 한번 설명한다. "모든 표현은 다양한 스펙트럼 어딘가에 속하고, 특별한 이분법적 구분은 존재하지 않습니다(1995.6.27. 편지)."

자주 논의되어 온 발견절차에 관한 또다른 쟁점은, "언어학 이론은 유용한 절차들을 모아놓은 문법지침서와 동일시되어서도 안 되고, 기계적 절차를 제공해서 이런저런 문법들을 발견하는 것이라고 생각해서도 안된다"는 것이다(『통사구조론』55). 대신에 언어학의 목표는, 다수의 문장을 생성할 수 있는 하나의 문법을 발전시키는 것이고, 이것은 한 언어의 화자가 자신이 알고 있는 유한수의 단어와 문법규칙을 이용하여 거의 무한한 수의 문장을 생산할 수 있는 것과 같다.

| 反행동주의 |

블룸필드주의자들과 촘스키 사이에는 중요한 결정적인 차이점이 또 하나 존재한다. 그것은 바로 촘스키와는 달리 블룸필드의 모델이 행동주의와 행동주의적 학습이론에 기초한다는 사실이다. 그러한 행동주의의 개념에 대한 촘스키의 정치적 · 학문적 거부는, 스키너의 1957년도 저서인 『언어 행동』에 대한 촘스키의 '격렬하고 통쾌한 서평'을 통해서 명백하게 공개되었다(고어링, 『타임즈 하이어』 15). 1959년 「랭귀지」에 게재된 이 서평은 세간의 비상한 관심을 끌었다. 서른 살의 촘스키가 한 저명하고 확고한 기반을 구축한 인물에게 도전하고 있었고, 그 와중에 심리학 연구에 종사하는 한 학파 전체를 상대로 문제를 제기하고 있었다.

　스키너의 연구는 십년 전에 하버드대학의 '윌리암 제임스 강의'의 일부로 심리학계의 전문가들에게 발표되었고, 촘스키가 1951년 하버드에 도착했을 때 그의 사상은 이미 유행하고 있었다. 6년 후 행동주의 심리학은 스키너가 가르치고 있던 하버드대학뿐 아니라 아주 광범위한 지역에서 중요한 경향으로 자리잡았다. 따라서 1950년대 초에 스키너는 행동주의의 주요 지도자가 되어 있었다. 스키너는 동물의 행동을 예측하고 통제하는 데 사용하는 것과 똑같은 외부절차(예를 들어, 강화)를 통해 인간의 행동, 특히 언어 행동을 설명하고 통제할 수 있다고 믿었다. 그러나 이것은 촘스키가 볼 때, 인간 행동의 근본적 특성인 창조성을 부인하는 것이었다. 즉 스키너의 믿음은, 아주 어린아이조차도 생전 처음 듣는 다양한 문장을 이해할 수 있다는 인간의 창조성을 부인하고 있었다. 게다가 촘스키로서는 '자극', '반응', '습관', '조건화', '강화' 등과 같은 행동주의 심리학 용어를 언어 과정에 적용한다는 것이 대단히 애매하고 경험적으로 무의미한 일이어서, 마음만 먹으면 그것으로 어떤 것이든 설명할 수 있을 것으로 느껴졌다. 예를 들어, "갑이 을을 원한다"라는 말을 "갑이 을에 의해 강화된다"는 말로 바꿔보자. 이것은 과연 무엇을 의미하는가? 촘스키의 견해로, '강화된다'는 말은 너무나 다양한 반응을 암시하기 때문에 거의 무의미하다. 강화라는 개념은 좋아함, 소망, 요구 등에 대한 설명을 객관화하거나 명백하게 해주지 못한다. 존 라이온스의 말을 들어보자. "명백한 '반응'이 없는 경우에 행동주의자들은 관측된 적이 없고 관측할 수도 없는 '반응 경향'이라는 용어

B. F. 스키너의 행동주의에 대한 비판으로 인해 촘스키 자신의 새로운 언어학적 방법론이 세간의 관심을 끌게 되었다.

속으로 피신한다. 뿐만 아니라 '반응'으로서의 단어와 '자극'으로서의 대상의 연관성을 원리적인 차원에서 설명하고, 그와 똑같은 방식으로 일정한 수의 문장을 학습한다고 설명한 후에는, 새로운 문장의 형성에 대해 아무것도 언급하지 않거나 이 시점에서 '유추'라는 정의되지 않은 개념에 호소한다(『촘스키』84~85)."

간단히 말해, 언어 행동을 설명하기 위해 외부적 조건들을 조사하는 것은 '과학적 근거가 전혀 없는 도그마에 불과'할 뿐이다. 라파엘 샐키는 촘스키의 견해를 잘 요약하고 있다.

영어 화자들의 언어에 일정한 규칙이 있다는 사실을 설명하고자 한다면, 외적 환경과 영어 화자의 내적 구조, 즉 영어에 대한 그들의 지식을 살펴보아야 한다. 또 영어 화자들이 어떻게 영어에 대한 지식을 습득하는지를 알고자 한다면, 그들의 타고난 지식, 유전적으로 결정된 변화들, 그리고 경험에 기인한 변화들을 고려해 볼 필요가 있다. 처음부터 이러한 요인들이 무관하다고 주장하는 것은 교조적 독단에 불과한 것으로 과학의 영역에서는 설 자리가 없다.(『**촘스키 업데이트 : 언어와 정치학**』 87)

스키너에 대한 촘스키의 비판의 요지는 많은 사람들이 믿는 것처럼 행동주의에 대한 공격이 아니었다. 이러한 공격으로 그의 연구가 얻게 될 세간의 신뢰를 그는 거부했기 때문이다. 그의 말을 들어보자. "나의 구체적 관심사는 말도 안되는 스키너식 행동주의가 아니라 그것이 콰인의 경험주의와 '철학의 자연과학화'에서 이용되고 있던 방식이었습니다. 내 생각으로는 대단히 잘못된 것이었지요. 나에게는 이것이 중요한 문제였지, 스키너는 그다지 중요하지 않았습니다. 스키너는 되풀이되는 실패의 무게에 곧 무너질 수밖에 없었습니다 (1995.3.31. 편지)."

　케네스 맥코쿼데일은 1970년도 「임상분석저널」에, 「스키너의 '언어 행동'에 대한 촘스키의 서평에 대하여」라는 반박문을 게재했다. 그러나 그는 촘스키가 제기한 언어와 언어적 행동에 관한 이슈들을 제대로 다루지 못하고 있다. "『언어 행동』의 가설은 간단하다. 즉 그것은 언어 행동에 관련된 개별적 사실들이 그 체계를 구성해 온 개별적 사실들의 영역 안에 존재한다는 것일 뿐이다. 스키너의 전략은 자신의 설명체계에 사용한 법칙과 개념들(자극, 반응, 강화, 동기 부여 등)을 확인해 줄 수 있는 신빙성있는 증거를 발화 자료에서 발견하는 것이다. 발화 행위에 대한 그의 법칙과 구성 변항들의 관련성은 단지 가설일 뿐이다. 그것은 독단적으로 주장되고 있지 않다(「임상분석저널」185).” 이에 대해 촘스키는 저널 「인지」에서 이렇게 반박한다. “맥코쿼데일은 내가 스키너의 주장들을 반박하려 한다고 가정하면서, 내가 이론의 오류를 증명할 자료를 제시하지 못하고 있다고 지적한다. 그러나 나의 초점은, 스키너의 주장을 곧이곧대로 받아들인다면 그 주장은 이미 그 자체로 틀렸거나 매우 공허하다는 것이다(「심리학」11).”

| 초 기 의 중 심 사 상 |

행동주의 가설에 대한 이러한 공격은 한 자신감 있고 유능한 젊은 학자의 몫이었다. 촘스키는 이미 서른의 나이에 수많은 정치적·철학적·언어학적 관심사에 대해 독창성이 뚜렷한 견해를 발전시키고 있었다. 그러나 당대의 도그마에 대한 그의 도전은 오랫동안 잊혀져 온 텍스트에 그 뿌리를 두고 있었다. 즉 그의 정치사상이 19~20세기의 급진 자유주의 좌파를 자양분으로 삼았듯이, 그의 언어 연구는 최종적으로 17세기까지 거슬러 올라가는 연구들에 젖줄을 대고 있다.

촘스키는 또한 일련의 중심사상들을 함께 발전시키고 있었다. 예를 들어 그는 스키너의 방법적 오류는 더 큰 문제의 일각일 뿐이라고 주장했다. 결정론과 행동주의뿐 아니라 그밖의 많은 지적 책략들이 대중을 통제하고 가증스런 행동을 정당화하기 위해 훨씬 더 광범위한 규모로 사용되고 있다는 것이다. 이 문제에 관한 촘스키의 대표적인 인터뷰인 「계급의식과 권력 이데올로기」(1974)는, 그의 설득력 있는 주장뿐 아니라 그의 접근방식에 담긴 냉소적 유머를 잘 드러내준다.

스키너와 관련된 한 …… 나는 그것이 속임수이고, 아무런 알맹이도 없다고 생각한다. 내 말은 그것이 텅 비어 있다는 것이다. 그것은 흥미로운 사기이다. 여기에는 두 가지 차원의 논의가 가능하다. 하나는 순수하게 지적(知的)인 것으로, 그의 학설은 결국 무엇에 도달하는가의 문제이다. 그 해답은 무(無)이다. 다시 말해 사소하지 않은 원리가 하나도 없다는 것이다. 또다른 하나는 그렇다면 왜 그렇게 흥미를 끄는가의 문제이다. 대답은 쉽다는 것이다. 그들이 제안하고 있는 방법론은 교도소의 간수나 경찰, 탐정에 이르기까지 모든 사람이 알고 있다. 그러나 그들은 그것을 친절하고 과학적으로 보이도록 만든다. 그들은 그것의 표면에 일종의 코팅을 하기 때문에 그것들이 매우 값 비싸게 여겨지는 것이다. 나는 이 두 가지 사항이 모두 지적되어야 한다고 생각한다. 먼저, 이것은 과학인가? 아니다. 그것은 속임수이다. 그러면 당신은 이렇게 말할 것이다. 좋다. 그렇다면 왜 그렇게 흥미로운가? 대답은 이렇다. 그것은 집단수용소의 간수에게, 당신은 본능이 시키는대로 할 수 있지만 동시에 과학자인 척 할 수 있다고 일러주기 때문이다. 그런 점이 그것을 좋게 만든다. 과학은 좋은 것 중립적인 것, 그리고 기타 등등이기 때문이다.(『언어와 정치학』 190)

촘스키는 여기에서, 지배 계급의 이익과 특정 이론의 조장에는 강력한 유대관계가 있다는 그의 신념을 다시 한번 강조한다. 스키너 자신은 촘스키의 논평이나 다른 언급들에 대해 전혀 반응을 보이지 않았다. 그는 단지 1990년 「타임」지에 보낸 편지에서, 촘스키가 "언어의 생성이라는 문제를 깊이 다루지 않았고, 대신에 이해의 편에 서 있다"고 지적했을 뿐이다. 그는 "언어 행동의 이해에 대한 촘스키의 공로는 지금과 마찬가지로 무시할만 했다"고 폄하했다(『언어 행동』). 여기에 대한 촘스키의 생각은 이러했다. "스키너가 반응을 보여야 할 특별한 이유가 없었습니다. 우리는 서로를 잘 알고 있었고, 좋은 관계를 유지해 왔습니다. 그러나 이런 문제에 대해서는 한 번도 논의한 적이 없었지요(1996.2.13. 편지)."

스키너와 촘스키간의 논쟁을 통해 스키너의 경험주의적 가설이 부각되었다. 그의 가설은 "인간 정신의 생득적 특질을 유추나 비교 등과 같은 단순한 능력으로 제한"하고 있었다(고어링, 『타임즈 하이어』15). 촘스키의 관점에서 보면, 이 가설들 때문에 스키너의 행동주의 상표는 무한하다시피 한 언어의 변화무쌍함은 차치하고 인간 행동의 단순한 요소조차 설명할 수 없다. 촘스키의 관점은 본질적으로 합리주의적 관점이다. 촘스키는 언어학의 지평을 확장시키면서 동시에 지성사의 영역에 도달하고 있었다.

| MIT 언어학과 대학원의 설립 |

촘스키는 서른한 살의 나이에 바야흐로 빛나는 학문적 경력을 펼치려 하고 있었다. 또한 그와 캐롤은 가정생활에도 많은 신경을 써야 했으므로 아이들을 위해 조용하고 안락한 환경을 마련하기로 결심했다. 한편 「랭귀지」에 실린 『인간 행동』 서평으로 인해 촘스키는 논쟁의 핵심에 서있는 공인으로 인정받기 시작했다. 그리고 조만간 그의 악명을 드높이게 될 정치적 견해들이 빠르게 형태를 갖추는 중이었고 그의 왕성한 독서는 이를 가속화시켰다. 촘스키는 또한 유태인의 문화적 문제에도 지속적인 관심을 기울여서 부모 형제들과도 가까운 관계를 유지했고, 그들을 만나러 자주 필라델피아의 집을 방문했다. 그때마다 유태인의 문화적 문제에 대한 관심을 새롭게 할 수 있었다.

1959년 봄이었다. 촘스키는 생성음운론에 관련된 프로젝트에 착수했다. 그것은 그가 예전에 『현대 히브리어의 형태음운론』에서 히브리어 분석을 위해 발전시켰던 이론을 영어에 적용하는 것이었다. 그는 계속해서 자신의 이론이 내포하는 보다 광범위한 의미들을 탐구해 나갔고, 그 결과 철학, 심리학, 언어학을 포함한 다양한 분야의 종사자들에게 없어서는 안될 기준이 되고 있었다. 촘스키의 명성은 그와 비슷한 생각을 가진 동료들, 특히 모리스 할레와 함께 MIT 언어학과에 대학원 프로그램을 개설함으로써 더욱 높아졌다. 그러한 프로그램은 시기적으로도 무르익어 있었다. 바야흐로 언어학 분야에서 혁명이 시작되는 중이었고, MIT는 촘스키와 할레로 하여금 관료적 형식주의를 타파하도록 허락할 준비가 되어 있었다. 당시에 대한 촘스키의 회상을 들어보자.

MIT에서 우리의 프로그램을 발전시킬 수 있었던 것은 어떤 의미에서 MIT가 미국의 대학 시스템에서 벗어나 있었기 때문이다. MIT에는 대규모 인문학과나 사회과학과가 없었다. 결과적으로 우리는 타과와의 경쟁이나 학문적 관료주의와 같은 문제에 봉착하지 않고 언어학과를 창설할 수 있었다. 우리는 사실 전자공학연구소의 일부였다. 그런 이유로 다른 대학의 언어학과와는 매우 다르고 완전히 독립적인 성격의 프로그램을 개발하는 것이 가능했다.(『언어와 책임』 134)

언어학 프로그램은 많은 재능있는 학자들을 끌어들였고, 여기에는 MIT의 전자공학과에서 박사학위를 끝낸 로버트 리스, 프린스톤대학에서 박사학위를 취득한 제리 포더와 제롤드 카츠, 예일대학에서 박사학위를 끝낸 폴 포스탈 등이 포함되어 있었다. 이들 모두는 결국

MIT의 교수로 임명되었다. 리스와 포스탈은 언어학 교수로, 포더와 카츠는 철학과 교수로 임명되었고, 특히 리스는 기계번역 프로젝트에 계속 참여하였다. 그리고 한번도 대학원에 다닌 적이 없었던 촘스키의 개인적인 친구인 존 비어텔이 있었다. 촘스키는 그에 대해 이렇게 말한다. 그는 "재미있는 사람이었고, 무엇보다도 브레히트의 친구였습니다(1995.3.31. 편지)." 저명한 수학자이자 생물학자로서, MIT를 종종 방문했던 M. P. 쉬첸버거도 참여했다. "우리는 친구이자 어느 정도는 동료로서, 그의 수학적 아이디어를 형식언어에 적용한 논문을 발표하곤 했습니다(1995.3.31. 편지)." 포더는 이 시기를 다음과 같이 회상한다.

이런 종류의 언어학에 관심을 가진 사람들이 모두 MIT에 있었다고 해도 과언이 아니었다. 물론 MIT 주변에는 또다른 학자들이 분산되어 있기는 했다. 그러나 얼마 동안은 우리가 거의 모두였다. 따라서 우리의 의견 교환은 매우 활발했고, 내 생각에 우리는 언어학적 방법론뿐 아니라 행동과학 연구의 방법론에 있어서도 전반적인 이해를 공유하고 있었다. 우리 모두는 어느 정도 생득주의자였고 유심론자였다. 우리는 필요 이상으로 많은 방법론적 대화를 나누었으며 누구라도 본질적인 이슈에 곧바로 접근할 수 있었다. 그런 면에서 본다면 이것은 대단히 흥미로운 상황이었다. (랜디 알렌 해리스, 『언어학 전쟁』 68)

촘스키는 서른셋의 나이에 MIT의 외국어와 언어학 분야의 정교수가 되었다. 그는 개인적 취미로 시작했던 연구로 두각을 나타내기 시작했고, 새로운 활기로 가득찬 그리고 전도유망한 언어학 연구 분야에 몸담게 되었다.

| 촘스키의 고전(古典)시기 |

매튜스는 1993년판 언어학사 저서에서, 1960년대 초부터 중반까지를 '촘스키의 고전기' 즉 왕성한 생산성의 시기라고 명명했다 (『문법 이론』). 1962년 촘스키는 '언어학 이론의 논리적 근거'라는 주제로 열린 제9차 세계 언어학대회에서 한 편의 논문을 발표했다. 그는 이 논문에서 변형생성문법으로 알려진 언어 연구방법의 윤곽을 제시했다. 이 언어학대회의 정식 발표자는, 어떤 의미에서 미국언어학을 대표한다고 볼 수 있는 젤리그 해리스였으나, 그는 초대를 받아들여야 할지 결정하지 못하다가 결국 언어학대회가 시작되기 직전에 초대를 거절했다. 이에 대회 조직위원들 가운데 MIT의 언어학자였던 모리스 할레, 로만 야콥슨, 윌리엄 로크 등 세 명은 해리스 대신 촘스키를 설득하여 언어학 대회에 보내기로 했다. "학술회의에 열심히 참석하지 않았던 촘스키였지만 결국 초청을 받아들였다. 그러나 발표 당일 케임브리지에 도착해서 오후 늦게 리셉션에 참가했다가 그날 저녁에 되돌아온다는 조건이었다(앤더슨 외, 「촘스키의 1962년 언어학 프로그램」 692)."

촘스키는 갑자기 "미국 언어학계의 실질적인 대변자의 자리"에 오르게 되었다(앤더슨 외, 692). 그는 사람들을 실망시키지 않았다. 그는 「언어학 이론의 현안들」의 주제를 전세계 청중들에게 소개하고 모든 유형의 구조주의 언어학으로부터 깨끗하게 결별을 고했다. 이 논문은, 당시에는 "전적으로 불가능하다고 보였던 발견절차, 즉 원리와 매개변항의 조합이론으로 발전할 연구 프로그램이자, 가장 중요한 이론적 진보에 이르는 연구 프로그램의 모태"가 되었다 (오테로, 「촘스키와 그의 도전들」 14). 그러나 그의 발표에 대해 부정적인 반격도 있었다. "종종 그렇듯이, 여러 종류의 유럽 교수들을 포함한 일부 참가자들은 어떤 지적 이슈보다는 자신들의 영역을 방어하는 데 더욱 관심이 있었다(「촘스키와 그의 도전들」 14)."

1964년 6월에 촘스키는 미국언어학회의 썸머스쿨에서 일련의 강의를 했고, 이 강의내용은 1966년『생성문법이론의 제문제』이란 제목으로 출간되었다. 그는 또한『통사이론의 제양상』(1965)과 『데카르트 언어학』(1966)을 출간했다. 그리고 1967년 1월 버클리대학에서 일반인을 위한 일련의 강의를 했고, 이것은 1968년『언어와 사상』으로 확대 출간되었으며, 후에 몇 개의 논문을 덧붙인 개정판이 1972년에 다시 출간되었다. 그는 1968년에 할레와 함께『영어의 음운 패턴』을 완성했다. 매튜스의 말을 빌리자면 "그렇게 다양한 주제들에 대해, 그렇게 짧은 기간 내에, 그렇게 가치있는 저서들을, 그렇게 많이 출간할 수 있는 학자는 거의 없"다(『문법이론』 205).

그러나 이 '고전기'는 또한 전세계적으로 긴장이 고조되던 시기였다. 쿠바의 미사일 위기가 분출되고 완화되는 과정에서 전세계가 핵전쟁의 위험을 겪었다. 바로 그 해에 미국은 베트남의 한 시골지역에 조직적인 폭격을 시작했다. 이러한 격변으로 인해 촘스키의 우려는 갈수록 커졌고, 평생 동안 계속된 적극적인 정치저항의 씨앗이 싹트기 시작했다. 촘스키는 당시에 그가 펼쳤던 활동을 스냅사진처럼 보여준다. "그 당시는 대단한 열광의 시기였습니다. 나는 많은 곳을 돌아다니며 하루에도 여러 번의 정치연설을 했고, 체포되었고, 데모집회에 참가했고, 강의를 했고, 내 아이들과 놀아주었습니다. 뿐만 아니라 어떻게든 짬을 내어 많은 나무들을 심었습니다. 돌이켜보면 이 모든 것이 어떻게 가능했는지 지금으로선 상상조차 할 수 없습니다(1996.2.13. 편지)."

| 데카르트 언어학 |

이 시기에 촘스키의 관심을 끌었던 주제들은 다양한 방식으로 상호 연결되어 있었다. 예를 들어, 촘스키는 『데카르트 언어학』에서 경험주의와 이성주의 방법 사이의 관계를 상세하게 보여주었다. 이 책은 하퍼 앤드 로우사가 출판한 언어연구시리즈의 일환으로 간행되었으며 촘스키와 할레가 편집을 맡았다. 발행 목적은 "언어의 본질뿐 아니라 언어의 사용과 습득의 기초를 이루는 심리과정과 구조를 깊이 있게 이해하기 위함" 이었다(『데카르트 언어학』 ix).

촘스키가 『데카르트 언어학』의 초고를 쓸 당시에 그는 미국학술원의 정회원이었고, 하버드대학의 국립보건소와 인지과학연구소 그리고 사회과학연구소로부터 저술을 위한 지원을 받고 있었다. 출판에 앞서 촘스키는 R. P. 블랙머의 초빙 그리고 음악과(科)의 에드워드 콘 및 철학과의 리차드 로티의 권유에 따라, 프린스톤대학에서 개최된 크리스찬 가우스 비평세미나에 참석하여 자신의 학문적 결실을 발표하였다. 그의 발표형식은 매주 여섯 번의 강의로서, 1964년 2월 25일부터 4월 7일까지 계속되었다. 여기에서 촘스키는 형식언어에 대한 그의 관심과 통사분석을 문학과 연계시켜 달라는 부탁을 받았으나, 그는 자신이 "문학과 관련하여 어떤 중요한 사실도 지적할 수 있는 입장이 아니"라고 생각했으므로, 대신에 언어의 구조와 이성의 철학을 다루는 것이 좋겠다고 제안했다. 특히 "19세기 이후는 어렵겠지만 17세기에서 19세기 초에 이르기까지 광범위하게 논의되었던 개념들을 전개시켜 보겠다"고 제안했다(오테로, 「촘스키와 그의 도전들」 15). 세미나 참석자들은 강의에 대해 유용한 논평을 제공했다. 촘스키의 친구이자 동료였던 윌리암 보티글리아, 로만 야콥슨, 루이스 캄프, 제롤드 카츠, 그리고 존 비어텔도 역시 마찬가지였다. 오테로에 따르면 "방청객 중엔 매우 수준 높은 사람도 있었고 …… 강연은 아주 성공적"이었다(「촘스키와 그의 도전들」 16)

　세미나가 끝나고 몇 주 후에 콘은 촘스키에게 보낸 서신에 이렇게 썼다. "한 사람이 여섯 번의 강의를 할 때까지 모든 청중을 사로잡았다는 사실은 지금까지 상상할 수도 없는 일이었습니다. 당신의 사상은 이곳의 철학과 강의실에 아직도 생생하게 울리고 있습니다. 부디 다시 한번 와주십시오(「촘스키와 그의 도전들」 15~16)." 강연을 정리한 글은 여러 주에 걸쳐 풍부하게 쓰여진 것으로서 매우 독창적인 연구 논문인 동시에 언어학의 테두리를 뛰어넘는 것이었다. 그것은 지성사의 분야, 때로는 사상사라고도 불리우는 영역에 크게 기여한 작품으로 남아 있을 뿐 아니라 그 이후처럼 당시에도 획기적인 반향을 불러일으켰다.

　『데카르트 언어학』이 출간된 다음 해에 언어학계의 지도적인 학자로 추앙받고 있던 한스 아슬레프가 자신의 역작을 출간했다. 그러나 촘스키는 이 책에 대해 "그는 전통적인 보편문법이 단지 데카르트에 근원을 두고 있는 것처럼 설명하면서, 내가 『데카르트 언어학』에서 강조한 르네상스와 그 이전의 분명한 언어학적 기원들을 완전히 무시"했다고 지적한다(1995.3.31. 편지). 사실 아슬레프는 자신의 책을 저술하는 동안 『데카르트 언어학』을 보지 못했다. 그러나 "그는 내가 『데카르트 언어학』을 집필하고 있다는 것과 프린스톤대학에서 이 주제로 강의했다는 사실을 알고 있었습니다. 내가 강의하는 동안 그는 그곳에 없었습니다." 후에 아슬레프는 촘스키의 책에 대해 "언어학의 지적 수준을 보여주는 저서"라는 식으로 반응을 보였다(1995.8.14. 편지). 연이은 사건들에 대해 촘스키는 이렇게 진술한다. "몇 년 후에 아슬레프는 「랭귀지」와 그밖의 다른 곳에서 『데카르트 언어학』에 대해 야만적인 비난을 퍼부으면서, 내가 이런 멍청한 실수를 저질렀다고 주장했습니다. 그러나 그가 말한 멍청한 실수는 『데카르트 언어학』이 출간된 지 일 년 후에 그 자신이 저지른 것이었고, 『데카르트 언어학』에서는 분명하고 확실하게 거부했던 것이었습니다(1995.3.31. 편지)." 촘스키의 말을 좀더 들어보자. "아슬레프는 『데카르트 언어학』이 데카르트 이전의 뽀르 르와얄 문법전통과 그 이후의 참고문헌들을 제대로 소화하지 못한 것은 엄연한 실수라고 주장했습니다. 그러나 이것은 내가 분명하고도 세심하게 언급했던 부분으로 그의 주장은 완전한 거짓말일 뿐 아니라 매우 뻔뻔스러운 일이라 할 수 있었습니다. 아슬레프는 내 책보다 일 년 후에 내놓은 책에서, 이전의 전통에 대해서는 일언반구도 없이 이 모든 것을 데카르트적이라고 언급하고 있기 때문입니다(1995.8.14. 편지)."

촘스키가 보기에 그러한 '거짓과 억지'는 충분히 예상할 수 있는 일이다. "게다가 아슬레프의 주장이 진리로 받아들여져 왔습니다. 나는 대꾸할 필요성조차 느끼지 못했지요. 학계에 대한 나의 혐오감이 이제는 극에 달해 그들과 논쟁을 벌이고 싶은 마음조차 없어졌습니다. 정치문제에서도 종종 그러하듯이, 진지한 인간적 관심사가 걸려 있는 일이 아니라면 누구와의 논쟁도 흥미가 없습니다(1995.3.31. 편지)." 그리고 일스 앤드루스와 헨리 브랙큰이 아슬레프의 '뻔뻔스러움'에 대해 문제를 제기했으나, 그들의 언급은 아무런 효과도 없었다.

『데카르트 언어학』의 기본 가설은 현대 언어학이 초창기 유럽 언어학 연구의 전통, 즉 촘스키가 카티지안이라고 부르는 전통과 단절되었다는 것이다. 여기서 '카티지안'이란 용어는 일반적으로 받아들여지는 개념과는 다르다. 촘스키는 이 개념을 확대한다. 그가 언급했듯이 이 개념은 "데카르트에 의해 제시되지 않았던 일련의 사상들과 데카르트의 제자들에 의해 거부되었고 반데카르트주의자들에 의해 처음으로 제시된 사상들까지" 망라하고 있다(1995.3.31. 편지). 촘스키가 카티지안 언어 자료로 분류한 저서들과 데카르트주의자들이 지지했던 연구의 전통은 오히려 현대 학자들의 연구보다 훨씬 더 중요하고, 틀림없이 언어학사 분야에서 이루어지고 있는 성과보다 더 유용하다는 것이 촘스키의 견해였다. 촘스키의 목표는 "데카르트 언어학의 주요 개념들을 분명히 하고 발전시키려는 현재의 작업이 데카르트 언어학과 어떤 관계가 있는지에 대해서는 명시적으로 분석하지 않고, 단지 그 주요 개념들을 예비적으로 그리고 단편적으로 스케치하는 것"이었다. 즉 그의 "기본 목표는 생성문법의 연구와 그것의 파급효과에 관계된 사람들에게 그들의 관심사와 문제에 관련이 있고, 그들의 특정한 결론을 예측해줄 수도 있는 무명의 저서를 소개하는 것"이었다(『데카르트 언어학』 2).

촘스키는 지식의 근원을 찾아 르네상스 시대까지 거슬러 올라갔다. 마침내 그는 17세기와 18세기에 이르러 르네 데카르트와 빌헬름 폰 훔볼트의 학문적 업적에 도달했다. 이때의 격동을 이해한다면, 모든 종류의 호칭을 싫어하지만 무정부주의를 올바르게 정의하는 조건에서 '무정부주의의 공헌자' 또는 '18세기 합리주의 전통의 공헌자'라는 호칭을 사용하는 데는 만족할 수 있다는 촘스키의 주장을 이해할 수 있을 것이다. 다른 말로 하면, 좌파 자유주의 가치관이 1940년대 이후 지금까지 촘스키의 정치학 저서를 관통하고 있는 것처럼, 합리주의 사상은 1950년대 후반부터 현재에 이르기까지 대부분의 언어학 저서에 스며들어 있다.

| 인 간 의 창 조 성 에 대 한 강 조 |

촘스키는 1960년대 초에, 자신이 인간의 창조성에 부여한 중요성이 어떤 면에서는 이전 세기의, 특히 훔볼트의 저작에서 유사하게 강조되었던 것을 단지 재생시킨 것에 불과하다는 사실을 깨닫게 되었다. 또한 그는 인간의 창조성이란 개념 자체가 "서구 언어학 이론의 출발점인 고대로 거슬러 올라가는", 그리 명료하지 않은 전제들에 근거하고 있음을 인식했다(라이온스, 『촘스키』 37). 촘스키는 훔볼트의 학문이 빛나는 정도는 아니지만 매우 설득력이 있다고 찬사를 보내면서 이렇게 언급하고 있다. "아마도 1960년 경에 처음으로 훔볼트의 저서를 읽었을 겁니다. 무엇인가를 깨우쳤다고 할 수는 없지만 놀랍고 기뻤습니다. 말하자면, 새로운 어떤 것을 배우지는 못했지만 지성사에 관해 무척이나 흥미로운 주제를 알게 되었습니다 (1994.12.13. 편지)."

또한 촘스키는 자신의 학문이 합리주의적 사고의 씨줄로 직조되어 있음을 인정한다. "60년대 초까지만 해도 나는 지성사에 관해 글을 쓰지 않았습니다. 물론 스키너에 관한 1957년도 서평에서 그런 언급을 찾아볼 수는 있으나, 본격적으로는 1962년 하버드대학의 인지과학연구소에 상근 연구원으로 있는 동안에 쓴 『언어학 이론의 현안들』부터였습니다(1994.12.13. 편지)." 지성사는 촘스키를 사로잡아 깊이 끌어들였고, 그의 학문에 지울 수 없는 영향을 미쳤다. 그는 이렇게 회상한다.

다른 사람에게 확신시킬 수는 없었지만, 당신의 용어를 빌리자면, 나에게는 중요한 '씨줄' 하나가 감지되고 있습니다. 이 씨줄은 데카르트의 합리주의에서 시작하여 낭만주의 시대(루소의 보다 자유주의적인 측면)와 여러 가지 형태의 계몽운동(칸트의 일면)을 지나고, 자본주의 이전의 고전적 자유주의(특히 훔볼트와 스미스)를 통과하여, 산업자본주의에 대항해 발생한 민중봉기의 반(半)자생적 전통으로 이어지며, 좌파 자유주의 운동으로 표현된 그 전통의 몇몇 형태들, 가령 마르크스주의적 전통의 반볼셰비즘에까지 연결됩니다. 나는 많은 것을 늘어놓는 것에 반대합니다. 그리고 모든 자료를 한꺼번에 꺼내놓으면 엄청난 내적 모순이 생기고 맙니다. 심지어 한 사람이 쓴 글에서도 그렇습니다. 훔볼트가 그렇고, 특히 루소가 악명높지요. 그들 대부분은 상당히 체계적이지 못합니다. 그러나 지금 나는 하나의 씨줄에 관해 이야기하고 있습니다. 이 씨줄은 식별이 가능하지만, 심지어 자기 자신의 과학연구에서 조차도 여러 번 돌이켜 생각해 봐야만 겨우 희미하게 감지될 뿐입니다.(1994.8.8. 편지)

여기에서 촘스키가 암시하고 있는 일련의 관련성을 추적해 보는 한 가지 방법은 『데카르트 언어학』에 인용되어 있는 자료들을 살펴보는 것이다.

후에는 역사논쟁으로 발전하지만, 아직은 스키너의 행동주의 관점, 특히 그것이 콰인의 경험주의 철학과 '철학의 자연과학화'에 적용되고 있는 방식에 대한 통렬한 논쟁의 연장선상이라고 볼 수 있는 지점에서, 촘스키는 이렇게 말한다. "데카르트는 기계적 설명의 한계를 연구하는 과정에서 기계적인 설명이 상당 범위까지는 인간의 신체적 기능과 행동을 설명할 수 있지만, 인간에게는 순전히 기계적인 근거만으로는 설명될 수 없는 고유한 능력이 있다는 결론에 도달했다(『데카르트 언어학』 3)." 데카르트의 견해로 볼 때, 인간과 동물의 차이점은 인간의 언어에서 가장 명백하게 나타난다. 특히 앞에서 인간의 창조성이라고 언급된 현상에서 그러하다.

　　이 점을 예증하기 위해 데카르트는 자극에 대한 반응으로써 언어를 사용하지 못하는 기계의 한계를 인용한다. 특정한 자극이 가해졌을 때 특정한 반응을 보이도록 조작된 기계를 상상할 수는 있지만, "어떤 기계도, 그 앞에서 행해지는 모든 대화에 적절하게 응답하기 위해 자신의 언어를 다양한 방법으로 배열하는 따위의 일은 하지 못한다. 물론 인간의 경우는 가장 수준이 낮은 사람이라도 이것을 할 수 있"다(『데카르트 언어학』4). 이것이 가능한 것은 기계와는 달리 인간은 강요에 의해서가 아니라 특정한 방식으로 행동하고자 하는 '동기'와 '성향'을 가지고 반응하기 때문이다. 바로 이런 점에서, 촘스키는 다음과 같이 언급한다. "행동의 예측이 어느 정도 가능하고 동기의 추측도 어느 범위에서는 가능할 수 있으나, 이런 노력들은 결국 핵심을 빗겨간다. 왜냐하면 개인은 물리적 가능성의 한도 내에서 다른 방식의 행동을, 심지어는 유해하거나 자멸적인 행동을 선택할 수도 있기 때문이다(「창조와 문화」)." 그러므로 인간의 행동과 동기를 예측하는 정교한 이론이 자칭 성공적이라 하더라도, "그것은 진지한 행동 이론으로 평가될 수 없다. 인간의 행동은 일관성 있고 적절하지만 뚜렷한 원인이 없기 때문이다 …… 이러한 점이 데카르트의 이원론적 형이상학의 핵심이고, 그것은 우리의 상식적 이해와 잘 일치"한다(「창조와 문화」).

　　비록 '우리의 상식적 이해'와 잘 일치한다 해도, 데카르트의 이원론적 형이상학은 의심스러운 가정들을 제시한다. 그러나 촘스키는 "이로 인해 데카르트의 물질이론은 붕괴됐지만, 정신에 관한 이론은 근본적인 비판을 받지 않았다"고 주장한다(「창조와 문화」).

　　촘스키가 주목하는 데카르트의 개념은, 우리가 지능이 높은 동물들을 훈련시켜 다양한 일과 재주를 수행하게 할 수는 있지만, 아무리 수준높은 능력을 소유한 동물이라도 언어 능력 면에서는 가장 무능한 인간의 수준에도 못미친다는 것이다. 데카르트는 이렇게 말했다. "대단히 놀라운 사실이다. 아무리 저급하고 어리석은 사람이라도, 심지어는 바보조차도, 자신의 생각을 표현하기 위한 수단으로 여러 개의 단어를 연결시켜 하나의 문장을 만들어낸다. 반면에 아무리 완벽하고 유리한 환경에 처해 있는 동물이라 하더라도 결코 이런 일을 할 수 없다(『데카르트 언어학』116~17)." 인간 이외의 영장류와 그밖의 모든 동물들이 언어를 창조적으로 사용하는 데 필요한 생리학적 특성과 일반적 지능을 가지지 못한 것은 아니다. 그럼에도 불구하고 동물들은 그들 두뇌의 특정한 조직방식 때문에 인간 고유의 언어 능력이 결여되어 있다. 블룸필드식 언어학은 데카르트의 이러한 관찰을 다루지 않았다.

| 촘 스 키 와   훔 볼 트 |

인간의 본성과 인간 언어에 대한 촘스키의 입장뿐 아니라 정치학에 대한 그의 입장을 이해하는 데에는 위에서 언급한 모든 것들이 결정적으로 중요한 역할을 한다. 그리고 그의 지적 발전을 이해하기 위해서도 초기 저서들과 데카르트에 관한 역사적 연구를 연관지어 살펴보는 것이 중요하다. 촘스키는 데카르트적 관점의 연원을 계몽운동과 낭만주의 시대로까지 소급해 올라가면서, 창조성에 관한 담론을 파악하는 수단으로서 그 가치를 강조한다.

촘스키는 궁극적으로 훔볼트의 학문에 도달한다. 훔볼트는 촘스키의 언어학 연구뿐 아니라 올바른 사회구성에 관한 가정들을 뒷받침해 주는 또 하나의 맥락으로 작용한다. 훔볼트는 인간 언어의 창조적 측면에 초점을 맞춘다. 그가 인간의 언어를 단지 기능적인 의사소통의 한 형태가 아니라 생각의 표명이자 자기 표현의 방식이라고 본다는 점에서, 우리는 이것을 데카르트적 관점이라고 해석할 수 있다.

훔볼트의 저서들을 자세히 살펴보면 그의 통찰력과 시야는 물론이고 훔볼트 학문과 촘스키 학문의 연관성을 이해할 수 있는 열쇠를 발견하게 된다. 예를 들면 훔볼트는 다음과 같이 말한다. "언어란 인간에게 직접 주어진 것으로 간주되어야 한다. 언어적 원형이 인간의 정신 속에 이미 존재하지 않는다면, 언어는 발명되거나 생겨날 수 없을 것이다. 가령 명령이나 채찍 소리를 단지 감각적 자극으로 이해하는 동물과는 달리, 인간이 하나의 개념을 지칭하는 발화된 소리로서 단 하나의 단어라도 제대로 이해하기 위해서는, 언어 전체가 전후관계를 완전하게 갖춘 채 이미 인간 내부에 준비되어 있어야 한다. 독립된 하나의 언어적 사실이란 존재하지 않는다. 언어의 각 구성요소는 전체의 일부이다(『휴머니스트』 239~240)."

이러한 철학적 사고를 당시에 언어학을 지배하던 행동주의적·구조주의적 접근방식과 비교해 보면 놀라움을 금할 수 없다. 언어 습득에 관해 훔볼트는 이렇게 말한다. "인간의 언어 습득, 특히 암기한 것보다 훨씬 더 많은 문장을 창조해 내는 아이들의 언어 습득은 어렴풋한 유추를 통해 이루어진다. 이런 유추를 통해 인간은 단지 수용적인 자세가 아니라 적극적인 태도로 언어의 세계 속에 들어갈 수 있다(『휴머니스트』 243)." 또 정신의 기능과 언어의 관계에 대해서는 이렇게 말한다. "말과 생각의 상호 의존관계는, 언어가 단지 이미 알고 있는 사실들을 표현하기 위한 수단이 아니라 반대로 이전에는 인식하지 못했던 사실들을 발견하기 위한 수단이라는 사실을 명백히 보여준다(『휴머니스트』 246)." 그리고 인간의 발달에 관한 일반적 견해에 대해서는 이렇게 지적한다. "언어의 생성은 인간의 내적 욕구로서, 단지 의사소통을 지속하기 위한 외부적 수단에 불과한 것이 아니다. 그것은 인간 본성의 필수불가결한 수단으로서, 정신적 에너지의 발달에 필요한 동시에 세계관의 성장에도 필수적이다. 세계관의 성장은 타인과의 접촉을 통해 자신의 생각을 분명하게 확인할 수 있을 때에만 가능하기 때문이다(『휴머니스트』 258)." 언어의 본질과 속성에 대해서는 다음과 같이 말한다. "모든 인간에게는 언어 전체가 내재해 있다. 이 말은 단지, 우리들 각자가 한정된 능력의 범위 안에서 그 능력이 자극하고 제한하는 작용에 따라 그리고 내적 혹은 외적 조건의 명령에 따라, 점차적으로 전체 언어를 생성하고 다른 사람들이 생산하는 언어를 이해하기 위해 노력하는 성향을 가지고 있다는 의미일 뿐이다(『휴머니스트』 290~291)." 그는 덧붙인다. "아이들이 모국어를 기계적으로 배우는 것이 아니라 언어 능력의 특정한 발달 단계를 거치면서 배운다는 사실의 보다 확실한 증거는, 상상할 수 있는 가장 특이한 환경 속에서도 모든 아이들은 매우 짧고 특정한 시기에 말을 배운다는 사실에서 찾아볼 수 있다. 이것은 아이들의 모든 주요 능력들이 그 발달에 맞는 특정한 성장 단계에서만 발전하는 것과 동일한 양상이다(『휴머니스트』 292)."

마지막으로 촘스키는 다음과 같이 평한다. "훔볼트는 생성론적 방법을 언어학에 도입하여, 정신사전은 주어진 상황에 대해 적절한 항목을 생산하는 일정한 조직 생성원리를 바탕으로 하고 있다고 주장한다. 또 훔볼트는 생성원리로서의 '언어 형식'이라는 불변의 개념을 발전시킴으로써, 일상적인 언어 사용에서 발견되는 개인들의 무한한 창조 행위에 대해 그 범위와 수단을 제공하고, 그럼으로써 언어 이론에 독창적이면서도 중요한 공헌을 했다. 다만 불행스럽게도 훔볼트의 공헌은 아주 최근까지 인정되지도 이용되지도 않았다(『데카르트 언어학』 20~22)."

촘스키는 『데카르트 언어학』에서 심층구조와 표층구조를 논하면서, 변형생성문법의 연구를 위해서는 보편적 혹은 철학적 이론이 가치있다는 사실을 지적한다. 그리고 1660년까지 거슬러 올라가서 프랑스 뽀르 르와얄의 『이성주의 일반문법』에 기술된 문법과 논리학에 주목한다.

그러한 이론은 바로 심층구조를 확인하고 그것을 표층구조와 연결시키는 규칙들에 관한 것이고, 또 심층구조와 표층구조 각각에 적용되는 의미해석 및 음운해석의 규칙들에 관한 것이다. 다른 말로 하면 이성주의 이론은 전체적으로, 명료하지 않은 개념들에 형식을 부여하여 정교하게 다듬은 것이라 할 수 있다. 여러 가지 측면에서 볼 때, 현재의 작업 속에서 전개되고 있는 변형생성문법 이론을, 본질적으로는 뽀르 르와얄 문법 이론을 현대적이고 보다 명료하게 해석하는 일로 보는 것이 매우 정확한 진단일 것이다.(『데카르트 언어학』 38~39)

뽀르 르와얄의 이성주의 일반문법은 프랑스 파리의 한 수도원인 뽀르 르와얄에 소속된 사람들에 의해 확립되었다. 다니엘 예르진은 이렇게 설명한다. "1660년에 데카르트의 영향을 받은 뽀르 르와얄 그룹이 '철학적 문법'을 확립했다. 이 문법은 심층구조와 표층구조의 차이를 제시하면서, 촘스키의 이론과 마찬가지로 유한한 방법을 이용하여 무한한 문장을 생성할 수 있게 해주는 심리적 규칙이 있다고 주장했다(『촘스키 혁명』 53)."

　　이성주의적 정신이론과 데카르트의 언어학적 방법은, 주로 MIT의 20번 건물에서 일했던 한 언어학 공동체의 언어 습득과 활용에 관한 연구에 가치있는 근거들을 제공했고, 촘스키는 여기서 얻은 방법들을 깊이 있게 연구했다. 그러한 연구, 즉 언어의 보편적 형식, 보편문법, 그리고 인간 언어의 형식을 규정하는 조건 등에 대한 연구는 데카르트주의 언어학자들의 연구에 기초하여 이루어졌고, 그 과정에서 "한 언어의 화자는 배운 적이 없는 많은 것을 알고 있다는 매우 명백한 사실"을 받아들였다(『언어와 책임』 60).

　　촘스키는 허버트 드 처베리와 데카르트의 저서들, 영국의 플라톤주의자들, 라이프니츠, 칸트, 그리고 낭만주의자들 가운데 슐레겔과 훔볼트 등을 참조하면서 새로운 시각을 갖게 되었다. 즉 그는 "언어 습득의 전제 조건, 그리고 내재화된 추상적 규칙체계를 지각하는 기능"을 새롭게 조망함으로써, 현재의 언어학 연구가 "지금은 대부분 잊혀져 버린 먼 과거의 연구 속에 이미 암시되어 있거나 어떤 것들은 명시적으로 공식화되어 있음"을 증명하고 있다(『언어와 책임』 73).

정치학과 데카르트주의자들

　　물론 촘스키가 언어 연구과정에서 찾아낸 데카르트주의자들의 연구는 그에게 매우 중요한 것이었다. 그러나 그들이 촘스키에게 미친 영향의 범위는 단지 현대의 언어학적 관심사, 심층구조와 표층구조의 언어 이론, 그리고 촘스키 자신도 『데카르트 언어학』에서 논하고 있는 언어의 습득과 사용에 대한 문제 등을 해명한 것에 국한된 것이 아니었다. 그것은 또한 정치적인 면에도 영향을 미쳤다. 당시에는 많은 정치적 쟁점들이 대중의 관심을 사로잡고 있었다. 미국은 1964년에 일어난 브라질의 군사쿠데타를 지원했고, 같은 해에 라오스에 대한 폭격을 시작했다. 다음 해 도미니카 공화국에서 군사독재를 타도한 헌정수호 쿠데타가 발발하자, 미국은 또다시 군대를 파병했다. 몇 달 후에는 친미 성향의 장성* 하나가 인도네시아에서 군사쿠데타를 일으켜서 50만 명 이상의 국민을 학살했다.

데카르트주의자들 특히 훔볼트의 학문이 보여주듯이, 사회적·정치적 이론을 다룰 때에는 인간의 창조적 기질을 구속에서 해방시킬 수 있는 최선의 길이 무엇인가를 결정하려는 가치있는 노력이 반드시 수반되어야 한다. 다시 말해, 우리가 언어에 대한 데카르트적 관점을 받아들인다면, 다음 단계에서는 인간의 자연권을 옹호하고 전체주의를 반대해야 하는 것이다. 바르셀로나 학술회의에서 촘스키는 다음과 같이 강조했다.

훔볼트나 아담 스미스 같은 사람들의 원칙은 인간이 자유로워야 한다는 것이다. 인간은 권위적 제도의 지배를 받아서는 안된다. 인간은 자신을 파괴하는 노동의 분화나 노예제의 한 형태인 임금노동에 종속되어서도 안된다. 인간은 무엇보다도 자유로워야 한다. 이제 18세기로 거슬러 올라가보면, 당시 사람들이 목격할 수 있었던 중앙집권적 권력형태는 봉건제도, 교회, 절대주의 국가 등등이었다. 아직 산업사회의 대기업들은 출현하지 않았다.(「창조와 문화」)

---

*인도네시아의 독재자인 수하르토를 의미한다. 그는 약 35년 간 폭압적 정치와 족벌주의 국가경영을 하다가 결국 민중 봉기에 의해 1997년 권좌에서 밀려났다.

촘스키는 데카르트적 이상과 무정부주의를 관련시키려는 극적인 시도로써 이렇게 주장한다.

> 만일 데카르트주의자들의 원칙을 받아들여 현대에 적용한다면, 그것은 아마도 1930년대에 바르셀로나를 뒤흔들었던 혁명의 원칙과 매우 유사할 것이다. 그리고 그것은 인간이 성취하고자 노력했던 어떤 원칙보다도 수준 높은 것이었고, 또 올바른 것이었다고 생각한다. 지나간 일은 다 올바른 것이었다고 말하려는 것은 아니다. 그러나 오웰이 목격하고 묘사했던 사회, 즉 모든 사회적·정치적 기관을 국민이 통제하는 그런 사회를 이루고자 하는 것은 올바른 생각이다. 물론 이것은 새로운 개념이 아니다. 그 뿌리는 고전적 자유주의만큼이나 오래된 것이다.(「창조와 문화」)

이러한 언급에 비추어볼 때, 소위 급진적 정치이론은 잘못 붙여진 이름이다. 급진적 이론이란 훔볼트나 촘스키의 의미에 따르면 자명한 진리이다. 즉 인간은 자유를 요구하고 자신의 인간성을 표현할 수 있는 풍요로운 환경을 요구한다는 진리일 뿐이다. 예를 들어 훔볼트는 예술가에 대해 이렇게 말한다. "외부적 통제가 없을 때 모든 농민과 장인들은 예술가가 될 수 있다. 다시 말해 그들은 자신의 제품을 그 자체로서 사랑하고, 스스로의 에너지와 독창성에 따라 그것을 다듬으며, 그 과정을 통해 스스로의 지적 에너지를 계발하고, 인격을 고양시키며, 즐거움을 만끽한다(『휴머니스트』 45)." 또 사상의 자유에 대해서는 이렇게 말한다. "대다수의 사람들에게는 먹고 살기 위한 활동이 너무나 고단한 것이어서, 그들에게는 사상의 자유가 무용지물이거나 오히려 방해가 될 것이라는 생각이 허용되어서는 안된다. 또한 그들이 높은 곳에서 유포된 원칙에 따라 움직이는 것이 가장 좋고, 사고와 탐구의 자유는 제한되는 것이 좋다는 생각도 용인되어서는 안된다(『휴머니스트』 33)."

홈볼트의 관점은 여러 가지 면에서 다른 계몽주의 사상가들과 일치하는 것으로서, 촘스키의 학문을 구성하는 또 하나의 중심사상이다. 예를 들어 그것은 언어와 자유에 관한 촘스키의 논평에서 모습을 드러낸다. 1970년 1월, 대학의 자유와 인문과학을 위한 심포지움에서 촘스키는 언어와 자유의 필연적 관계를 역사적 자료와 관련하여 분석하면서, 계몽주의 시기의 학문적 성과를 특별히 강조했다. 촘스키는 홈볼트는 물론이고 루소(특히 그의 『불평등에 대한 서설』〔1755〕), 칸트, 데카르트, 코르드모아, 링게 등을 인용하면서, 계몽주의 사상가들이 인간의 잠재성을 질식시키지 않고 반대로 촉진시키기 위해 어떤 이상적 사회를 설정했는지를 밝히고 있다. 이 점에서는 누구보다도 홈볼트가 중요하다. 그는 인간의 고유한 특성들과 적합한 사회환경, 그리고 인간을 동물과 구분시켜 주는 언어 사이의 연결고리를 제공하고 있기 때문이다. 그는 또 "국가나 그밖의 권위적 제도의 강압없이 자발적으로 참여하는 사회, 자유로운 인간들이 최대한의 능력을 창조하고 탐구하고 성취할 수 있는 사회를 고대"한다. 그리고 홈볼트는 "시대를 훨씬 앞서서, 산업사회의 다음 단계에서나 가능할지 모르는 무정부주의적 전망을 제시"하고 있다(『촘스키 읽기』 152). 촘스키는 실제로 이렇게 포부를 밝히고 있다.

언젠가는 이 다양한 지류들이 현재로서는 거의 존재하지 않는 사회 형태, 즉 자유주의적 사회주의라는 틀 안에서 합류하는 날이 올 것이다. 그러나 그 기본요소들은 곳곳에서 감지되고 있다. 서구 민주주의에서는 최고의 형태로 발전해 온, 그러나 여전히 비극적인 결점을 가진 개인적 권리의 보장이라는 모습으로, 이스라엘에서는 키부츠의 모습으로, 유고슬로비아에서는 노동자 평의회의 실험이라는 모습으로, 필연적으로 붕괴될 수밖에 없는 독재체제와 불안하게 공존하고 있는 제3세계 혁명의 과정에서는 민중의 의식을 일깨우고 그들의 사회참여를 창출함으로써 혁명의 기본조건을 이루려는 노력 속에서, 그 요소들은 감지되고 있다. (『촘스키 읽기』 152)

바로 여기에서 상식은 지성과 만나고, 무정부주의는 창조적 결과와 만나며, 교육현실은 현대의 언어학 이론과 만나고, 키부츠 운동은 계몽주의 사상과 만난다. 홈볼트와 여타 계몽주의 사상가들은 촘스키를 둘러싼, 그리고 그에게 영향을 준 지적 환경에 참여한 것이 아니었다. 그들은 처음부터 그곳에 존재했고 다시 조망받기를 기다리고 있었다.

│ 데 카 르 트 의 상 식 │

합리성과 상식에 대한 호소는 촘스키의 저서에 빈번하게 등장한다. 그는 1992년 바르셀로나 강연에서 합리성과 상식을 "우리가 경험하는 것, 우리가 행하는 것에 약간의 주의를 기울인다면 너무나 자명한 것"이라고 규정한 바 있다. 이것의 근원은 데카르트적 사유에 있다. 촘스키는 데카르트적 상식을 설명하면서 그 개념을 현대적인 맥락에서 다음과 같이 확대한다.

미국이 남부 베트남을 침략하고 있다는 사실을 인식하기 위해 광범위하고 전문적인 지식이 필요한 것은 아닙니다. 당대의 현실을 이해하지 못하도록 방해하는 환각과 기만의 체계를 파악하는 것 또한 특별한 기술이나 이해력을 요구하지 않습니다. 그것은 정상적인 의심의 눈과 누구나 가지고 있고 발휘할 수 있는 평범한 분석기술을 적용해 보려는 의지를 요구할 뿐입니다. 그러나 사람들은 이러한 능력을 자신의 삶과 인류의 삶에 정말로 중요한 문제들을 분석하는 데 사용하는 대신 뉴잉글랜드의 패트리어트 축구팀이 다음 주 일요일에는 어떤 경기를 펼칠까 하는 문제를 분석하는 데 사용합니다. (『촘스키 읽기』 35)

촘스키는 두 가지의 중요한 이슈, 즉 비합리성의 만연과 지식인의 사회적 역할을 탐구하는 데 이러한 이성의 호소를 채택하고 있다. 그가 말하는 비합리성의 범주에는 "근본주의 종교, 존 F. 케네디의 암살 예찬, 국제 관계에서의 현실주의 노선(Morgenthau 등)과 스탈린의 천재성 그리고 '자유시장' 혹은 '윌슨식 이상주의'에 대한 미신 숭배, 대부분의 마르크시즘 연구에서 볼 수 있는 것과 같은 체제 옹호적 연구 형태들"이 포함된다(1995.3.31. 편지). 이러한 '형태들'은 촘스키에게, 그리고 그의 환경을 형성하고 있는 대부분의 사람들에게 하등의 관심거리가 되지 않을 뿐 아니라, 때로는 반동적인 운동들과 연계되기도 한다. 왜냐하면 그러한 운동들은 기본적으로 마르크시즘의 이해가 운동의 출발점이라는 믿음을 유포시키기 때문이다.

물론 합리적 사고가 반드시 우리를 독재정치로부터 보호해 주는 것은 아니다. 그러나 촘스키가 지적하다시피, "비합리성은 모든 것에 대해 무방비로 열려 있으며, 특히 최악의 독재형태까지도 허락"한다(1994.12.13. 편지). 그리고 자신과는 다른 견해가 비이성적이든 반동적이든, 또는 도덕적으로 받아들일 수 없는 것이든 간에 자신의 견해와는 다르다는 바로 그 이유 때문에 억제되어서는 안된다. 촘스키는 오히려 우리에게 우익 이데올로기 이론가들의 주장에 관심을 기울이라고 제안한다. "그들의 논리가 면밀한 검토 결과 옳은 것으로 판단된다면, 그것은 존중되어야 합니다. 이것은 논쟁의 여지조차 없는 분명한 진실이라고 생각합니다. 나는 늘 그렇게 해왔고, '우익'의 주장이 '좌익'의 주장보다 훨씬 더 인상적인 경우를 종종 보아왔습니다. 이것이 과연 놀라운 일입니까?(1992.12.15. 편지)" 그럼에도 불구하고 우리는 어떤 특정한 종류의 지식을 과소평가하거나 특정 분야의 연구를 제한해야 하는가? 촘스키는 이 점에 대해 회의적이다.

특정한 종류의 지식이 "부정적인 의미를 내포한다는 이유로 과소평가되어야 한다"는 생각은 다소 두려움을 자아냅니다. '진실에 대한 과소평가 결정을 누가 내리는가? 누가 부정적 의미를 판정하는가? 그런 권한이 과연 어디에 있으며, 그러한 판단의 원천이나 정당성은 무엇인가?' 바로 여기에 파시즘과 스탈린주의로 가는 지름길이 있습니다. 그리고 이것들은 지식인 계층뿐 아니라 스스로 반스탈린주의자, 반파시스트, 자유주의자 등으로 자처하는 사람들에게까지도 대단히 매력적으로 보이는 생각들입니다. 나는 이것을 증명하고자 노력해 왔습니다.(1992.12.15. 편지)

이성적 호소를 요구하는 두번째 이슈, 즉 지식인의 사회적 역할은 촘스키의 강의와 강연 그리고 연구습관 등에 그대로 반영되어 있다. 그의 연구방법과 삶의 방식 그 자체는 명예와 명예의 획득 또는 권력과 권력의 축적에서가 아니라, 인식과 인식의 발전을 강조하는 이성주의적 관점에서 비롯된 것이다. 동급생이었던 이스라엘 쉔커는 1971년에 다음과 같은 글을 쓴 적이 있다.

메사추세츠 공과대학에서 촘스키는 현대 언어와 언어학의 권위있는 교수인 동시에, 나이 많은 학생으로 통하기도 한다. 그의 연구실은 따분하고 엉망이다. 찢어진 녹색 블라인드, 먼지 낀 책들, 해체되기 직전의 의자 등등이 그의 연구실 풍경이다. 그러나 그 연구실의 주인은 외적인 것들에 대해서는 유쾌한 무관심의 눈길만을 던지고, 본질적이라고 간주하는 것들에 대해서는 깊이 몰두한다.(「노암 촘스키」 105)

물론 이것은 그가 외모에 신경쓰지 않고, 자신에게 부여된 스타의 지위에도 관심이 없으며, 오직 자신이 대면한 여러 전선에서 가장 중요한 문제가 무엇인지를 확인하고 그에 집중하려는 날카로운 결단력의 소유자임을 증명하는 대표적인 사례이다.

제2부 촘스키가 창조한 지적 환경

나는 대개 여러 가지 다양한 문제들을 동시에 다루어 나간다. 유년기가 지난 후로는 줄곧, 현재 작업하고 있는 분야와 무관한 책들을 읽으며 상당한 시간을 보냈다. 내 자신의 과학연구에 몰두하는 기간이 단속적일지라도 그것을 집중적으로 수행하는 데에는 큰 문제를 느끼지 못했다. 합리적으로 규정된 대부분의 문제들은 이전 시대에 성취했거나 실패한 어떤 것으로부터 나왔다.

— **노암 촘스키**, 「**창조적 경험**」 **71**

지식인, 대학, 국가

4 | The Intellectual, the University, and the State

내가 전념해보고 싶은 중간 분야가 있다. 사람들은 누구나 이 분야에 전념할 수 있는 방법을 찾아야 한다고 생각한다. 그것은 우리 자신과 중요하게 관련되어 있는 동시에, 중대한 학문 외부의 문제들을 해결하는 데 유용하고도 진지한 도움을 주는 지적 가치기준과 지적 과학적 문제들을 다루는 분야이기 때문이다. 우리는 중대한 학문 외부의 문제들 앞에서 진정한 사명감을 잃지 않도록 노력해야 한다. 미국 사회에서 인종주의, 억압, 제국주의 등과 같은 문제들을 해결하기 위한 노력은 절대적으로 필요하다. 우리는 과연 어떤 방법으로 현재와 같은 정신분열병적인 삶을 지속시킬 수 있을지, 나는 도저히 알 수 없다. 정말로 어려운 문제이다. 그것은 너무 많은 시간을 소모하는 문제일 뿐 아니라, 자신의 에너지가 매번 어느 방향으로 분출되어야 하는가에 대한 끊임없는 개인적인 갈등을 야기하는 문제이다. 사람들이 어떻게 해서든 그 문제를 해결하지 못한다면 미래는 상당히 암울할 것이다. 반대로 사람들이 그 문제를 해결한다면 상황은 다소 희망적일 것이다. (노암 촘스키, 『언어와 정치학』 98~99)

| 투 사 , 학 자 , 기 수 로 서 의   삶 |

　지금까지는 촘스키의 사회적·언어학적 견해와 접근방법에
다양한 방식으로 영향을 미친 개인과 단체들에 초점을 맞추어 논의
했다. 이제 우리는 촘스키의 영향으로 형성된 개인과 단체들을 살펴
보고자 한다. 그의 생애와 경력이 아직 초기 단계인 이 시점에서 이
는 다소 기이하게 보일 수 있다.

　그러나 이 시기에 이러한 논의가 가능한 주된 이유는, 촘스
키의 학문을 채우고 있는 기본 철학과 근본 경향의 대부분이 그가 서
른세 살에 불과하던 1961년 무렵에 이미 확립되었기 때문이다. 두번
째 이유는 바로 이때를 전기로, 촘스키가 저명한 지식인의 지위를 얻
고 MIT의 종신교수가 되었기 때문이다. 학자의 역할 그리고 학문과
사회적 상황과의 관계에 대한 문제들이 이 시기부터 그에게 한층 더
중요해지기 시작했다. 세번째로, 촘스키는 이 시기에 미국의 외교정
책과 관련된 공개 토론에 뛰어들기 시작했고, 이를 통해 정치 감시자
이자 '머크레이커'*로서의 역할을 담당하게 되었다. 그가 국내 및
대외 정책에 대한 비판에 참여하기 시작하자, 그의 언어학 연구와 정
치평론 사이의 관계에 대한 세간의 관심이 촉발되었다. 촘스키 자신
은 그들 사이에 어떤 연관이 있다는 생각을 곧바로 지워버렸지만 이
로 인해 많은 흥미있는 논의가 이루어졌고, 이 논의는 자연과학과 사
회과학의 상호관계에 대한 검토로까지 확대되었다. 뿐만 아니라 이

---

*Muckraker 부정의 폭로자란 의미로, 존 번연의 『천로역정』에 나오는 단어를 테오도르 루
스벨트 대통령이 인용하면서 회자되기 시작했다. 머크레이크 운동은 1900년대 초에 미국 사
회를 뒤흔들어 놓았다가 1910년 경 역사로부터 사라졌다.

러한 논의 속에서, 촘스키가 공과대학에 속해 있던 상황과 계몽주의 사상으로 경도된 원인 등에 대한 깊이 있는 고찰이 이루어졌고, 궁극적으로 이 논의는 연구할 가치가 있는 '인식가능한 것'과, 논평할 가치가 있는 '분명한 것'에 관한 촘스키의 구분법에까지 그 범위가 확대되었다. 간단히 말해 촘스키는 언어학 분야의 과학적 발전을 위해 그리고 그가 속한 공동체의 사회적 진보를 위해 지금까지 축적해 온 지식을 발휘할 준비가 되어 있었다.

| 지 명 도 를 더 하 며 |

언어학과 철학 분야의 혁명적인 연구로 학계에서 유명해짐에 따라, 촘스키는 여러 곳에서 연설과 강연을 해달라는 요청을 받게 되었다. 따라서 그는 이 시기에 빈번한 여행을 계속했으며 1966년에는 캘리포니아의 여러 대학을 방문했다. 처음에는 캘리포니아대학에서 주관하는 로스엔젤레스에서의 미국언어학회 학술대회에 특별 연사로 갔고, 다음에는 캘리포니아대학이 주최하는 버클리에서의 벡크만 강연 시리즈에 특별 연사로 참여했다. 또한 그는 각종 상과 명예학위를 받았다. 특히 1967년에는 런던대학으로부터 명예 문학박사 학위를 받았고, 같은 해에 시카고대학으로부터 명예 히브리 문학박사 학위를 받았다. 그러므로 촘스키가 대학의 사회적 역할에 관한 논쟁에 점점 더 빠져들게 된 것은 결코 놀라운 일이 아니었다.

촘스키 정도의 학자라면 학계의 수퍼스타가 누릴 수 있는 거만함에 쉽게 유혹될 수도 있었을 것이다. 그러나 그는 그렇지 않았다. 그는 결코 학문적 거만함이 청년기 이후 그가 몰두해 왔고 언제나 존재의 중심을 차지했던 정치·사회적 관심사들과 양립한다고 생각하지 않았기 때문이다. 촘스키는 인권 유린, 베트남 침공, 지배 엘리트들의 억압적 행위 등에 맞서 발언하기 시작했으며, 모든 종류의 토론장에서, 교실과 강연장에서, 또 편지와 사적 대화 등에서도 용기있는 발언을 아끼지 않았다. 그러나 그는 언어학 강의와 정치적 담론을 뒤섞지는 않았다. 언제나 "교실에서 정치적 관심사를 배제하기 위해 세심한 주의를 기울였"다. 대신 이 시기에 그는 루이스 캄프와 공동으로 인문학 프로그램의 학부 과목들을 가르치기 시작했다. "나에게 그 경험은, 나의 강의 책임과 역할 이상을 요구하는 다양한 정치·사회적 이슈들에 관한 특별 수업이었습니다." 그러나 이 강좌들은 정치학 주류에 속하지도 않았고 MIT 정치학과의 찬조를 받는 것도 아니었다. "사실 MIT의 정치학과에서는 내가 썼던 글에서 실수를 찾아내는 데 말그대로 완전히 몰두했던 강좌를 한동안 개설했습니다. 대학원생들과 젊은 교수들이 이러한 사실을 나에게 알려주더군요." 촘스키가 가르치던 강좌들 가운데 '지식인과 사회 변혁' 이라는 것이 있다. 촘스키는 이 강좌에 대해 이렇게 설명한다. "반은 역사이자 '지식인의 사회학' 에 관한 것이었고, 나머지 반은 학문 분야가 아닌 다른 분야에 종사하던 다양한 유형의 매력적인 사람들에 관한 것이었습니다. 또다른 강좌는 정치와 이데올로기에 관한 것으로서, 강의 내용은 『미국의 권력과 새로운 권력자들』을 비롯한 몇 권의 책에 잘 나타나 있습니다(1996.2.13. 편지)."

　　학생 저항운동이 미국에서 폭발하고 있었고, 촘스키는 그 안에서 동조자와 청중을 발견했다. 그렇다고 대학이 정치적 토론의 중심지였다는 의미는 아니다. 촘스키의 말을 들어보자. "전쟁에 관한 나의 첫번째 강연은 교회에서였을 겁니다. 청중은 네 사람이었는데, 모임 주최자와 술취한 상태에서 우연히 걸어들어 온 사람, 목사, 그리고 나를 죽이고 싶어했던 또 한 사람이 있었습니다. 아니면 누군가의 거실에서였는지도 모릅니다. 그런 경우는 대개 이웃 사람 몇 명이 모여 있었지요. 대학에서도 강연이 있었는데 당시에는 대개 강의실을 이용했고, 우리는 누구라도 참석하기를 바라는 마음으로 십여 가지 주제를 늘어놓곤 했습니다. 그 시절에는 베트남에 관한 토론만큼이나 베네수엘라에 관한 토론에도 많은 수의 학생들이 모였습니다 (1996.2.13. 편지)." 촘스키 강연에 대한 학생들의 관심은 이후에야 생겨났다.

최초의 대규모 공개 집회는 1965년 10월, 영국의 하이드 파크와 비슷한 보스톤 중앙공원에서 열렸습니다. 나는 강연을 하기로 되어 있었지만, 집회는 성난 군중들에 의해 공격당했습니다. 군중의 다수가 각 대학에서 행진해 온 학생들이었습니다. 나는 수백 명의 경찰이 그곳에 있다는 것에 정말로 감사했습니다. 물론 충분히 예상할 수 있는 일이겠지만, 그들은 그리 호의적이지 않았습니다. 하지만 보스톤 시당국은 공원에서 사람들이 살해당하는 것을 원치 않았죠. 가장 진보적인 언론들까지도 극도로 적대적이었고, 라디오방송은 신경질적이었습니다. 몇 년 후에는 많은 사람들, 때로는 수천 명이 강연장에 모이기도 했지만, 그 당시에는 대부분의 강연이 야외 집회나 교회 등에서 열렸습니다. (1996.2.13. 편지)

촘스키는 학생들의 '대학에 대한 도전'에 찬사를 보냈다. 그러나 그는 학생들의 저항이 전반적으로 잘못된 방향으로 가고 있다고 생각했고, 그래서 "특히 1966년 버클리대학과 1968년 콜럼비아대학에서 있었던 학생들의 행진을 비판했으며 나중에 MIT에서도 같은 일"이 있었다(1995.6.27. 편지). 그는 단지 지배 계급에 대항해서 목소리를 높이는 것으로는 충분하지 않다고 주장한다. 또 이전의 혁명적 활동에 대한 지식을 근거로, 현재 진행중인 항거의 행위와 효과를 저울질했다. "다소 복잡한 상황이었습니다. 학생들은 나를 당연한 동맹자로 간주했지만, 나는 학생들이 항거에 초점을 맞추는 방식에 회의적이었고 그들이 하는 일을 비판했으므로, 그들이 놀라는 것은 당연했습니다. 그 정신은 공감했지만 상당히 비판적이었지요. 이로 인해 실제로 심각한 갈등이 빚어지기도 했습니다(1995.6. 27. 편지)."

| 지 식 인 의 책 무 |

대학의 역할 그리고 대학이 강요하는 복종에 대한 입장을 견지하는 데 있어서 촘스키가 보여준 집요함은 매우 특이한 것이다. 많은 좌파주의자들 심지어 급진주의자들도 결국에는 자신의 입장을 수정하고 말았다. 가령 우리는 60년대의 히피족들이 증권 중개인으로 변신한 예를 목격한다. 그러나 촘스키는 학계의 인정이나 물질적 보상 앞에 소신을 굽히지 않았고, 지식인 세계와 국가간의 명백한 공모적 야합에 대항해 더욱 더 강력하게 맞서 나갔다.

그는 벡크만 강연 시리즈를 정리하는 일에 착수했으며 이것은 1968년 『언어와 사상』이란 이름으로 출간되었다. 그 내용은 합리주의 철학과의 연관 속에서 언어와 정신 연구의 발전사를 추적한 것이었다. 같은 시기에 그는 일련의 정치적 논문도 썼다. 이 가운데 첫 번째 논문인 「지식인의 책무」는 「뉴욕 서평」에 실리면서 상당한 반향을 불러일으켰다. 이 글은 1년 전 힐렐 어소시에션사가 발행했던 하버드대 학생신문인 「모자이크」에 실렸던 것으로, 촘스키의 친구인 프레드 크루즈를 통해 「뉴욕 서평」의 편집장에게 전해지고, 곧 그의 관심을 끌게 되었다. 「뉴욕 서평」에 기고한 글들을 통해서 촘스키는 공인으로서의 입지와 정치적 반항아로서의 능력을 더욱 확고히 했다. 특히 다수의 정치적 논문들을 싣고 있는 그의 저서 『미국의 권력과 새로운 권력자들』이 1969년 출간된 이후, 그는 미국 신좌파의 주요 인물들과 쉽게 교류할 수 있게 되었다.

사실 그의 모든 글이 그러하지만, 그 논문들의 한 가지 특징은 산문으로서의 명료함이다. 그의 글에는 애매한 구절이 거의 없고, 다루고 있는 철학적 문제가 아무리 복잡하고 독자들의 배경지식을 아무리 많이 요구할지라도, 그는 쉽게 이해할 수 있는 예증을 곁들여 누구라도 읽을 수 있는 분석을 제공한다. 어릴 때부터 그는 애매함이야말로 대개 자기만족이거나 고의적으로 사람을 현혹시키는 것이라 믿어 왔다. 이런 의미에서 그의 글이 명료하다는 사실은 그 자체가 일관성 있는 정치적 입장이기도 하다.

정치분석에서 내가 철학적 텍스트에 의존하지 않는 것은 사실입니다. 별로 시사하는 바가 없기 때문이지요. 철학적 텍스트들이 암시적인 경우도 있지만, 불필요한 수사와 복잡성을 제거하고 나면 남는 것은 아주 분명하다고 할 수 있습니다. 내 자신이 오랫동안 글을 쓰고 연구를 해온 철학 분야, 즉 정신에 관한 철학과 언어철학에서도 같은 것을 느낍니다.
(1994.8.8. 편지)

복잡한 철학적 논쟁을 거부하는 이러한 고집 때문에, 그것만 아니라면 그에게 공감할 수도 있는 사람들까지도 '개인의 자유에 관한 문제 제기가 얼마나 직설적일 수 있는가' 라는 문제에 대해 의문을 제기한다. 물론 기업간의 협정, 군사독재 정권, 개인적 이해로 운영되는 기관들은 직설적으로 분석되고 이해될 수 있다. 그러나 사람들이 가능한 대안이 있음에도 불구하고 강도 높은 개인적 제약이나 박해를 기꺼이 용인한다는 사실은 상당히 복잡한 현상임에 틀림없다. 프랑크푸르트학파나 버밍햄학파 같은 일부 이론가들은 시각예술, 연극, 문학, 혹은 음악과 같은 예술 매체들이 대안적인 표현의 형식들을 깊이 숙고하고, 그것을 실현해 볼 수 있는 공간을 민중들에게 제공해야 한다고 제안한다. 그러한 문제들은 과학 대 비과학의 차이, 그리고 유용한 사회적 참여의 진정한 의미와 관계가 있다.

| 더 욱 더 민 중 속 으 로 |

이때부터 촘스키는 급진주의 운동에 대한 지지를 자주 부탁받게 되었고, 같은 목적으로 자신이 다른 사람들의 지지를 구하기도 했다. 그런 과정에서 그는 한 개인이 국내 정치에 관해 반정부의 목소리를 높임으로써 치러야 하는 대가를 몸소 체험하게 된다. 사실 그는 반정부주의자들에게 어떤 불행이 닥쳤는지를 잘 알고 있었다. 로자 룩셈부르크는 살해당했고, 안토니오 그람시와 버트란트 러셀은 수감되었으며, 카알 콜쉬는 추방당했고, 사코와 반제티는 처형당했다. 간단히 말해 60년대 초, 촘스키는 극적인 결과를 앞두고 딜레마에 직면해 있었다. 그는 자신이 걸어가야 할 삶의 모습에 대해 의식적인 결정을 내리지 않을 수 없었다. 그는 가족을 생각해야 했고, 사생활과 자신이 떠맡은 책임들을 생각해야 했다. 그는 이제 막 명성을 얻고 있는 대학교수일 뿐만 아니라 상징적이고 물질적인 보상으로 가득 채워진 미래가 보장되어 있었다. 그리고 그에게 주어진 근무시간은 다른 사람과 똑같았으므로 다방면에서 계속되는 지적 토론과 논쟁을 수행하기에는 시간이 너무나 부족했다. 그러나 촘스키는 결코 자신의 생각을 포기하지 않고 힘차게 나아갔으며, 이는 지금도 마찬가지이다. '좋은 사회'라는 이상을 포기하지 않고 그는 놀라운 열정을 발휘했다. 결코 되돌아서는 일은 없었다. 그는 중요한 사회 문제들을 야기시킨 정부 정책의 문제점들을 파헤치기 시작했다. 쿠바에 대한 계속적인 봉쇄정책과 쿠바인들에 대한 케네디 행정부의 수많은 테러 행위들, 인도차이나 반도에서의 전쟁, 군비경쟁, 미소 관계, 소련의 체코슬로바키아 점령, 미중 관계, 미국의 중동 개입, 그리고 이 모든 문제들에 대한 지식인의 역할 등을 파헤쳤다. 그 폭약고와 같은 시대를 되돌아 보면서 촘스키는 이렇게 말한다.

> 당시에 벌어지고 있던 투쟁에서 소극적인 역할로 만족하기에는 나 자신이 너무나 혈기왕성했다. 청원서에 서명을 하고, 기금을 보내고, 가끔씩 모임에 참석하는 것만으로는 충분치 못하다는 것을 알게 되었다. 좀더 적극적인 역할이 반드시 필요하다고 생각했고, 그것이 어떤 결과를 의미하는지도 물론 잘 알고 있었다. 그것은 웅덩이에 한쪽 발을 담갔다가 약간 젖은 채로 돌아서는 그런 문제가 아니다. 더욱 더 깊이 개입해야 한다. 그리고 그 길을 따라가다 보면 조만간 특권과 권위에 맞서야 한다는 것도 잘 알고 있었다.(『노암 촘스키』 66)

그러므로 그 문제는 그의 학문적 지위를 무너뜨리거나 그의 자유시간을 빼앗아가는 정도로 끝나는 것이 아니었다. 자신들의 이익을 확고하게 뿌리박고 완벽하게 지켜내는 막강한 지배 계급에 반기를 들어야 하는 문제였다.

역사적으로 볼 때, 자유주의 사상을 가진 사람들이 그로 인해 고통을 당한다는 것은 자명한 진리이다. 촘스키 역시 예외는 아니었다. 그는 구치소에서 기나긴 밤들을 보내야 했고 장기 징역형을 선고받을 처지가 되기도 했다. 그의 이름은 결국 리차드 닉슨의 정적 리스트에까지 기록되었다. 사태가 악화되자 캐롤은 노암이 더 이상 가족을 부양할 수 없는 상황에 대비하여 가족의 부양을 준비할 목적으로 대학에 돌아와 언어학을 공부했다. 어떻게 이런 일이 가능했을까? 여기는 표현의 자유가 허용되는 나라, 미국이 아니던가? 모든 시민은 각자의 견해를 표현할 권리를 가지고 있지 않은가? 그리고 노암 촘스키는 명문 대학인 MIT의 천재학자로서, 학문적 지위 때문에라도 보호받아야 하지 않았던가? 유사한 상황에 처했던 다른 사람들의 경험으로 판단하자면 대답은 간단히 "아니다"이다. 촘스키의 말을 들어보자.

우리는 내가 몇 년 간 수감되리라는 사실을 자신있게 예견했습니다. 실제로 그것은 예상치 못했던 두 사건을 제외하고는 언제나 있었던 일입니다. 두 번의 사건은 이렇습니다. 첫번째는 완전한, 그리고 다소 전형적인 정보국의 무능력 때문이었습니다. 정보국은 너무나 분명했던 저항의 실제 주동자들을 찾아내지 못하고, 우리가 북한이나 쿠바, 혹은 어느 나라로부터 지령을 받았을 것으로 추정하고 그 비밀 커넥션을 찾아내느라 혈안이 되어 있었지요. 더구나 공개 데모에 참가한 단순가담자를 '지도자'나 '주동자'로 오해하기도 했습니다. 두번째는 테트 오펜시브 사건*이었는데, 미국의 사업계가 구태여 돈까지 들여가며 탄압해야 할 가치가

---

*the Tet Offensive 베트남 전쟁 당시 월맹군의 구정 대공세를 의미한다. 미국은 이를 핑계로 월맹에 대한 대량 폭격은 물론 이후 격렬한 도덕적 논란을 불러일으킨 민간인 마을에 대한 무차별 폭격을 감행했다.

1960년대 야외 정치연설을 하고 있는 촘스키

촘스키를 비롯한 수많은 지식인들이 닉슨의 '정적' 리스트에 올라 있었다.

없는 것으로 확신했던 관계로 다행이 기소되지 않았던 사건이었습니다.
(1995.3.31. 편지)

박사학위를 취득한 뒤 교수직을 얻기 위해 공부를 계속하기로 한 케롤의 결심은 정치활동에 적극적인 참여자로 남고자 했던 노암의 결심만큼이나 쉽지 않았다. 이들 부부는 부모가 양쪽 다 직업을 가졌을 경우 아이들이 받게 될 영향을 심각하게 우려했다. 그러나 노암의 부모 역시 그의 유년기 내내 교직생활을 했다. 학교로 돌아온 캐롤은 몇 년 전에 매료되었던 분야인 언어 습득에 관한 연구를 재개했다. 이제 세 아이를 가진 엄마로서 그녀의 학문 연구는 개인적 경험으로 더욱 풍부해졌다. 그녀는 마침내 하버드대학의 교육대학원에서 교수직을 확보했고, 지금까지도 성공적인 커리어를 이어나가고 있다. 1969년 그녀는 『6세에서 10세 아동의 언어발달』을 출간했다. 대부분의 문법은 5세 이전에 습득되지만, 이 책은 5세 이후로 지연되는 문법 습득의 여러 가지 양상을 다루고 있다. 그녀는 또한 MIT 전자공학 연구소의 감각적 의사소통 연구팀과 함께 농아자들의 언어 능력을 연구했고, 읽기를 배우기 전에 쓰기를 시작한 아이들이 창안해 내는 철자법에 관해 연구하기도 했다. 지난 15년 동안 캐롤이 핵심적으로 연구한 분야는 교육방법론이었다. 그녀는 작년까지 하버드대학의 교육대학원에서 이 분야를 가르쳤고, 또한 지금까지도 독자적인 연구를 수행하고 있다.

| 밤 의 군 대 와 행 진 하 다 |

공동의 이익을 위한 투쟁에는 보상이 뒤따른다. 착취에 항거하는 투쟁 그리고 좋은 사회를 만들기 위한 투쟁에 꾸준히 헌신했다는 데에서 우러나오는 개인적 만족감이 그 보상의 적지 않은 부분을 차지한다. 경험 많은 운동가들이라도 대개 운동에 처음 뛰어든 것은 1960년대 후반, 특히 1968년 봄으로 거슬러 올라간다. 그러나 촘스키를 비롯한 소수의 운동가들은 그보다 훨씬 이전에 저항운동에 참여했다.

친구인 촘스키의 오랜 운동 경험을 익히 알고 있던 폴 로이터는, 당시 유명한 조각가인 해롤드 토비쉬와 함께 전국적인 납세 거부 운동을 조직하고자 했던 촘스키에게 징집 거부 운동에 협력해 줄 것을 부탁했다. 1966년의 일이었다. 이것이 레지스트 결성의 한 요인이 되었고, 촘스키의 기억으로 레지스트는 "매우 급속하게 불법적인 국가권위에 저항하는 다양한 형태의 활동에 참여하기 시작"했다(1995.3.31. 편지). 레지스트가 개입한 활동 가운데 하나는 미국 국방성에서의 행진이었다. 이 데모행진은 저명한 소설가 노만 메일러가 쓴 『밤의 군대:소설 같은 역사, 역사 같은 소설』에 자세히 묘사되어 있다. 메일러에 따르면, 이 행진의 준비는 1967년 9월부터 시작되었다. 그는, 시인이자 동료 운동가인 데니스 레버토프와 방금 결혼한 소설가 미첼 굿맨으로부터 전화를 받았다. 과거에 반전데모를 주도한 적이 있었던 굿맨이 그날 메일러에게 전화한 것은 레지스트에 참여하도록 촉구하기 위해서였다. 굿맨은 "금요일에 우리는 징집영장을 반납하러 가는 학생들을 격려하기 위해 국방성에서 데모를 하려고 합니다(메일러, 9)"라고 말했다. 일주일 후 메일러는 학생들을 지지하는 연판장을 작성해서 서명했고, 다시 일주일이 지나서 그는 한 모임에 강연자로 초청되었다. 다른 연사들은 로버트 로웰(시인)과 드와잇 맥도널드, 에드 드 그라지아 그리고 폴 굿맨 등이었다.

그 모임은 징집 거부자들을 지지하기 위한 데모보다 하루 전, 또 국방성 업무의 일부를 마비시키기 위해 계획된 데모보다 이틀 전이었던 목요일에 있었다.

　　　물론 촘스키는 이러한 활동에 대한 지원을 부탁할 만한 적임자였다. 데모가 예정된 그 주에 촘스키를 비롯한 몇몇 인사들은 '불법적 국가 권위에 저항하는 서명운동'을 전개했고, 이것은 1967년 10월 12일자 「뉴욕 서평」에 실렸다. 이 서명운동에는 국방성 데모행진에 관심이 있는 수천 명이 참가했다. 이런 식으로 10월 20일 국방성 데모행진의 준비는 완료되었다. 사전 계획을 주도한 사람들은 데이비드 델린저와 제리 루빈 같은, "진지한 자세로 세부 계획에 헌신을 다하는 사람들"이었다(메일러, 53). 데모행진을 촉구하는 전단의 내용은 다음과 같았다.

우리는 10월 20일 금요일 워싱턴에서, 전쟁과 징집에 반대하는 직접적이고도 독창적인 저항운동을 계획하고 있습니다.

장소는 법무부 건물. 집결지는 워싱턴 북서부, 10-G가에 있는 그리스도 제일연합교회로, 시간은 오후 1시입니다. 전국의 24개 거부운동 단체를 대표하여 워싱턴에 온 3,40여명의 대표자들과 함께 법무부로 행진할 예정입니다. 여기서 우리는 이들이 10월 16일 각 지부로부터 수집한 징집 영장을 검찰총장에게 제출할 것입니다. 분명하고 간단한 의식을 통해, 전쟁과 모든 전쟁 무기에 반대하는 이들 젊은이들에 대한 우리의 지지 의사를 분명히 밝힐 것입니다.

서명자 : 미첼 굿맨, 헨리 브라운, 데니스 레버토프, 노암 촘스키, 윌리암 슬로안 코핀, 드와잇 맥도널드.

주목 : 이 행동에는 이미 수백 명이 참여하고 있으며, 이 가운데는 로버트 로웰, 노만 메일러, 애쉴리 몬태규, 아더 와스코우, 그리고 동부 해안의

주요 종합대학과 단과대학에 재직하는 많은 교수님들이 있습니다.

레지스트의 대표자들이 징집 영장을 반납하면 그 뒤를 이어 미첼 굿맨, 윌리암 슬로안 코핀 목사, 벤자민 스폭 박사 그리고 일곱 명의 다른 사람들이 연설을 하기로 되어 있었다. 그 다음 데모대는 법무부 건물에 있는 검찰총장 사무실에 가서, 검찰총장에게 그들이 징집 거부자들을 지지한다고 통보할 예정이었다. 이 모든 것이 계획대로 이루어졌고 994명의 징집 영장이 검찰총장에게 전달되었다.

　　　다음 날 데모대는 펜타곤에서의 행진을 위해 모여들었다. 목적지에 도착한 그들은 전투경찰과 맞서게 되었고, 경찰은 건물에 들어가려는 사람들의 눈을 향해 최루가스를 쏘아댔다. 메일러는 펜타곤 안으로 들어가거나 아니면 체포될 각오로 행진했다. 그는 결국 체포되었다. 촘스키는 드와잇 맥도널드, 로버트 로웰, 데이브 델린저, 다마르 윌슨, 벤자민 스폭 박사 부부, 시드니 렌즈, 바바라 데밍 등과 함께 전투경찰에 의해 밀려났다. 그들은 할 수 없이 토론 집회와 같은 여러 가지 상징적인 불복종 행동을 감행했다. 마침내 델린저, 윌슨, 촘스키는 체포되어 한 경찰서에 유치되었다. 그 장면을 촘스키는 이렇게 회상한다. "기동경찰이 펜타곤을 둘러싸고 있었습니다. 마침내 데모대가 접근했고, 그런 다음 온갖 종류의 일들이 발생했습니다. 총구에 장미를 꽂는 젊은 여성들, 기도하는 사람, 현장 토론 등등 갖가지 모습이었지요. 당시의 상황은 너무나 무질서했고, 단지 경찰이 유도하는 길을 따라 강을 건너 간 것을 제외하고는 어떤 방향성도 없었습니다. 대규모 집회가 몇 차례 열렸지만, 연사의 목소리는 들리지도 않았습니다(1996.2.13. 편지)." 경찰 저지선 반대편에서 보면 이 장면이 어떻게 보였을까? 촘스키는 계속해서 이렇게 말한다. "댄 엘스버그가 나중에 말해 주더군요. 자기는 맥나마라와 펜타곤 건물 안 어딘가에서 이 장면을 구경하고 있었는데, 그 자리에 있던 사람들 가운데 두 명이 데모대의 전술을 비웃으면서 어떻게 하면 더 효과적이었을까에 대해 이야기하고 있었다구요. 더 효과적인 방법이라니, 생각하기도 싫습니다(1996.2.13. 편지)."

| 체 포 , 심 문 , 구 속 |

메일러와 함께 경찰서에 수감되었던 대부분의 사람들은 석방되었다. 그러나 메일러는 독방에서 몇 시간을 기다린 후에, 적어도 하룻밤을 구치소에 머물러야 한다는 통고를 받았다. 그는 운명에 체념하고 침대에 누웠다. 메일러는 이 사건들을 다음과 같이 3인칭으로 서술하고 있지만, 물론 그 자신의 경험에 근거한 것이다.

그의 옆자리에는 노암 촘스키가 있었다. 야위고 날카로운 얼굴에 수도사 같은 인상을 지녔고, 부드러운 분위기를 풍겼지만 완벽한 도덕성이 느껴지는 사람이었다. 친구들은 …… 그에게 지난 여름의 한 파티에서 촘스키를 만나볼 것을 권했다. 그가 들은 바로, 촘스키는 서른의 약관이었지만 언어학에 대한 새로운 공헌으로 MIT에서는 천재로 통한다고 했다. 그러나 메일러는 그 파티에 너무 늦게 도착했다. 이제 촘스키의 바로 옆자리에 눕게 된 메일러는 어떻게든 언어학에 관한 토론을 시작해 볼 방법을 궁리하고 있었다. 그는 언어학에 대해 아마추어 수준의 관심, 아니 그보다는 광적인 발명가의 관심을 가지고 있었다. 언어학 서적들의 내용을 이해할 수 없었기 때문에 한번도 펼쳐볼 기회는 없었지만, 그래도 그의 호주머니에는 몇 가지 엉뚱한 이론이 들어 있었다. …… 메일러는 드디어 헛기침을 한두 번 한 다음, 누운 채로 몸을 돌려 예비 질문거리를 떠올려 보았다. 그러나 그와 촘스키가 몇 달이고 같은 감방을 사용하게 될지 모른다는 생각이 불현듯 들었다. 그렇다면 첫인사로 학문적인 질문을 던져서 촘스키의 생각을 톱니바퀴 같은 개념의 굴레 속에 끌어들일 것이 아니라, 가능한 한 호의적이고 예의바른 감방 동기가 되는 것이 중요했다. 그들은 그날의 일들과 체포된 사람들, 특히 촘스키와 함께 체포된 델린저에 대해, 그리고 언제 나갈 수 있을까에 대해 가볍게 이야기를 나누었다. 촘스키는 어느 면으로 보나 타고난 교육자였다. 월요일 수업을 하지 못한다는 생각에 불안해 보였다.(180쪽)

한 달 후 스폭 박사를 비롯하여 코핀, 마르쿠스 라스킨, 마이클 퍼버, 미첼 굿맨은 병역법 위반을 교사한 혐의로 대배심에 기소되었다. 최고 5년의 실형이 선고될 수 있는 중범죄였다. 촘스키는 『근본적 우선순위』에서 이 사건의 불합리성을 간과하지 않고 그대로 서술하고 있다. "최근 정부가 작성한 공모가담자 명단에는 나도 포함되어 있다. 이 사람들이 모여서 한 일은 오직 한 가지뿐이라는 것이 그 명단을 보면 명확해진다. 우리는 10월 2일 기자회견에 참석하여 반전 견해와 레지스트 운동의 지원 견해를 각자 발표했고, 그 자리에서 헤어진 후 결코 다시 만나지 않았다(193쪽)." 당시의 사건들을 볼 때, 대중들에게 권력에 대한 저항을 보여주고 전쟁의 실상을 알리려는 의도로 이루어진 이 평화적인 집회가 이른바 공모로 간주된 것은 역설적이다. 더욱 역설적인 것은 공모에 가담했다는 이유로 선별된 사람들이 바로 이들 특정 개인들이었다는 점이다. 그는 이렇게 말한다. "바로 이것이 '공모'를 바라보는 정부의 생각이다. 과연 그런 일이 가능한지는 알 수 없으나, 수많은 사람이 공모 가담이란 죄로 몇 년의 형기를 눈 앞에 두고 있는데, 모든 공모자를 연결시킬 수 있는 핵심 사건이자 유일한 사건이란 것이 바로 이 평화집회였다(『근본적 우선순위』 193~194)." 촘스키가 기소당한 이유는 노만 메일러를 포함한 560여 명의 사람들과 함께 연판장에 서명한 죄와 "합법을 가장하여 징집 거부자들을 교사하고 협조한 죄" 때문이었다(『근본적 우선순위』 286).

　　　그들의 재판은 전국적인 언론의 관심을 끌었고, 촘스키에 따르면 뉴스보도의 초점은 의도적으로 왜곡되었다. "스폭과 코핀이 레지스트를 조직하는 데 관여했다는 것은 미연방수사국이 꾸며낸 사실이었고, 이로 인해 스폭과 코핀의 재판은 코믹한 성격을 띠게 되었지요. 실제로 벤 스폭과 빌 코핀은 아주 훌륭하고 정직한 사람들로, 다만 우리의 기자회견과 데모집회에 모습을 드러냄으로써 언론과 일반 대중의 관심을 끌어내는 데 도움을 주고자 했을 뿐입니다. 물론 이것 외에는 레지스트와 하등의 관계도 없었지요(1995.3.31. 편지)." 미연방수사국은 스폭과 코핀의 역할을 과대평가함으로써 두 사람을 재판정에 세웠다. 이 재판에 대해 촘스키는 이렇게 말한다. "그들은 재판을 시작하면서 나는 제외되었다고 공식적으로 발표했습니다. 만약 연방수사국이 실제 일어난 일에 대해 하나의 단서라도 확보했더라면, 그 재판에서 나는 공모 가담자가 아니라 피고가 되었을 것이고, 스폭과 코핀은 신문에 실린 재판에 관한 기사를 읽고 있었겠지요. 그러나 어떤 일이 있을 것이라는 추측만 있었을 뿐 아무도 사실을 파악하지 못했습니다(1996.2.13. 편지)."

| 촘 스 키 와 　6 8 년 의 　인 물 들 |

　　　1967년 10월의 그 특정한 일주일에 관한 설명에서 우리는 촘스키의 운동가로서의 타고난 자질을 엿볼 수 있다. 일반적으로 신성시되고 있는 1968년의 사건들은 촘스키 같은 사람에게는 별로 획기적인 중요성을 띠지 못한다. 그를 비롯한 많은 사람들이 이미 일 년 전에 유사한 사건들의 중심에 서 있었을 뿐 아니라, 그는 아주 어려서부터 정치적 문제에 매료되어 있었고, 1950년대 후반부터 60년대 초까지 적극적으로 정치활동을 해왔기 때문이다. 실제로 그는 1968년에 있었던 학생 봉기의 궁극적인 모습에 대해 매우 유보적이었다.

촘스키는 좌파 인사들, 특히 테오도르 아도르노와 마찬가지로 학생운동가들의 목표에 회의적이었다. 심지어 그는 1968년의 공개 포럼에서 콜롬비아대학의 파업을 공식적으로 비판했다.

그곳에서, 그리고 이후에 있었던 몇 차례 모임에서 나는 그것 때문에 학생 지도자들과 일반 지지자들로부터 격렬한 비난을 받았습니다. 그리고 내 글을 보면 금방 알 수 있듯이, 사실상 나는 파리에서 발생하고 있는 사태에 전혀 관심을 기울이지 않았습니다. 민주사회를 위한 학생 위원회 (SDS)는 이미 '자멸' 한 상태였습니다. 그 지도자들은 여기저기 뛰어다니며, 전쟁은 '진보적 이슈' 이고 그들은 혁명을 진척시켜야 한다고 말했습니다. 나는 진지한 운동가나 조직들과 계속 관계를 유지했고, 이 조직들은 급속히 팽창하고 있었지만, 대부분의 역사가와 회고록을 집필하는 사람들의 시야에는 포착되지 않았습니다. 마이크 알버트, 델린저, 그리고 드물게 거론되는 몇몇 사람들을 제외하고는요.(1995.3.31.편지)

그러나 1960년대 후반의 사건들은 향수에 젖은 좌익인사들에게 호의적으로 기억되고 있으며, 주류 역사 기록에도 이 시기를 환기시키는 내용들이 풍부하다. 분명 이 당시에 성취된 진보 가운데 일부는 대단히 중요한 것이었고, 비록 잠깐이었지만 이제 형성되기 시작한 노학연대가 급진적인 사회변혁 운동을 발전시킬 수 있을 것처럼 보였다. 공동의 대의를 발견한 학생과 노동자들은 1968년 봄, 파리의 거리로 몰려나왔다. 대학에 환멸을 느낀 유럽과 미국 전역의 대학생들은 대학이 개인을 질식시키고 있다는 주장을 소리 높여 외쳤다. 이에 20세기 초부터 지속적으로 노동 조건에 대한 통제권을 쟁취하기 위해 투쟁하고 있던 노동자들과 갑자기 정치 의식에 눈을 뜬 다양한 집단들간의 연대와 상호지원이 가능한 것처럼 보였다. 켄 코우츠는 봉기의 와중에 파리에 나붙었던 포스터 하나를 인용한다.

나도 함께 하고 / 너도 함께 하고 / 그도 함께 하고 /
우리도 함께 하고 / 너희도 함께 하면 /
모두에게 유익할 것이다.(『퀄리티』 5)

또한 1968년, 버트란트 러셀은 영국의 노팅검대학에서 개최된 노동자 자결권에 관한 제6차 전국대회에서 동시대의 사건들과 그 이전의 사회적 이상과의 관계에 대해 다음과 같이 연설했다.

나는 노동자들의 자결권 운동이 점점 더 중요해지고 있음을 환영합니다. 자결권이야말로 내가 진정한 사회주의라고 이해하는 것의 핵심이기 때문입니다. 영국의 수상과 그의 동료들은 사회주의를 아주 새롭게 정의합니다. 그들의 사회주의는 극빈자들을 처벌하고, 금융 자산가에게 굴복하며, 공공 서비스를 침해하고, 유색인을 가로막으며, 제국주의를 찬양합니다. 정부의 모든 행위가 기회주의적인 모습을 띠고 있을 때, 모든 사회주의자들의 의무는 '정지'라는 외침과 함께 사회주의 원칙에 기초한

새로운 대안을 만드는 것입니다. (코우츠, 『버트란트 러셀과 산업 민주주의』 9~10)

노동운동, 평화운동, 민권운동, 흑인운동, 여성해방운동 등이 모두 중요한 결실을 갈망하고 있었다. 영국에서는 켄 코우츠가 노동자들의 자결권에 관해 선동적인 팜플렛을 찍어냈고, 레이몬드 윌리암스는 사회사에 또다른 이정표를 세웠다. 독일에서는 프랑크푸르트학파의 동료들과 연구원들 그리고 회원과 관련자들이 여전히 심리학, 사회학, 법학, 미학의 이슈들에 대해 마르크스주의적 성격을 강하게 띠는 글들을 발표하고 있었다. 특히 아도르노, 프롬, 호르크하이머, 로웬탈, 마르쿠제 등이 주축이 되었고, 이들 모두 제2차 세계대전과 그 이후의 시기를 미국에서 보냈다. 프랑스에서는 시몬느 드 보봐르가 여성들의 사회적 지위가 보다 강해져야 한다고 주장했다. 미국에서는 말콤 엑스, 애비 호프만, 마틴 루터 킹이 권리를 박탈당한 특정한 계층 내에서, 그리고 전체 사회 내에서 변혁이 필수적일 뿐 아니라 가능할 수도 있다는 증거를 보여주는 것 같았다. 물론 말콤 엑스와 킹은 급진적 변혁보다는 진보적 개혁의 방향으로 기울어져 있었다. 운동가들은 이제 공동의 장애물이 있다는 사실을 깨달았다. 코우츠는 1973년에 쓴 팜플렛 「삶의 질과 노동자들의 자결권」에서 이렇게 역설한다.

말콤 엑스와 그의 친구들이 "흑인은 아름답다"고 가르치기 시작했을 때, 그리고 흑인인권운동이 최초로 굴러가기 시작했을 때, 흑인 민중들이 전진하는 데 가장 우선적인 요소는 새로운 자각이었다. 흑인들은 스스로의 가치를 인식해야 했을 뿐 아니라, 그들이 자각한 것을 사랑하는 방법을 배워야 했다. 마찬가지로 여성해방운동도 그들을 종속시키는 작용을 하는 그들 자신의 다중적 태도를 타파하는 것부터 시작해야 한다. 노동자들에 있어서도 사정은 근본적으로 같다. 노동자들은 자신들의 참정권을 당연한 것으로 받아들이지만, 성장과정에서 물들어 버린 태도로 인해 경영 참정권을 당연하고 정당한 권리로 받아들이지 못하고 있다.(10~11쪽)

노암 촘스키는 많은 사람 중에서도 특히 분명한 목소리를 내는 사람이었고, 갈수록 커지는 합창 속에서도 개성있는 음조를 유지했다. 캐롤 촘스키 역시 정치적으로 적극적이었으며, 이것은 전적으로 독자적인 것이었다. 노암은 이렇게 적고 있다. "60년대에 캐롤은 스스로의 선택에 의해 자신의 독자적인 방법으로 반전운동에 참여했습니다. 나의 활동과는 전혀 무관하게 말입니다. 1966년 경일 겁니다. 캐롤은 여성과 아이들이 대거 참가한 콩코드의 한 집회에 아이들을 데려갔습니다. 거기서 캐롤과 아이들은 깡통에 맞고 욕설을 듣기도 했지요. 그것은 내 권유에 의한 것이 아니라 그녀 스스로 결정한 일이었습니다. 다른 일들도 대개 비슷합니다. 우리 부부는 항상, 아무개 씨의 부인은 당연히 아무개 씨가 하는 일에 관심을 갖고 참여한다는 일반적인 생각에 강하게 반대했습니다(1995.8.14. 편지)."

촘스키는, 올바른 길을 택하고 긴급 현안을 실행하기 위한 전략을 세우는 데 있어서 그의 충고를 높이 평가하는 운동가와 학생들에 의해 추앙받고 있었다. 그러나 그는 자치정부를 수립하기 위해 말을 타고 무기를 든 채 자신의 무리를 지도하는 미국판 체 게바라는 물론 아니었다. 또 그는 충성스런 추종자들에게 노동자의 천국에 이르는 길을 보여주겠다고 약속하고, 불충스런 자들에게서 배신의 대가를 받아내는 또 하나의 마오쩌뚱이나 레닌도 아니었다. 그는 합리적 사상으로 자신의 분야에서 명성을 얻은 과학자였고, 보다 큰 사회적 목표, 즉 사람들이 스스로 사고하고 스스로를 믿을 수 있도록 용기를 심어주기 위해서는 합리적 정신이 필요하다는 사실을 깨우친, 용기와 신념을 굽히지 않은 사회적 양심이었다.

대 중 적 지 식 인 들 과 래 디 컬 리 즘

촘스키는 기본적으로 과학적 환경에 몰입해 있었고, 이 사실은 지식인의 역할, 미국 사회에서의 대학의 기능, 과학의 사회적 가치 등에 대한 그의 인식에 근본적인 영향을 미쳤다. 그는 극도의 탁월한 진보적 정치감각과 1960년대 말이라는 시대적 한계를 훨씬 뛰어넘는 급진적 인식을 소유한 사람이었고, 이러한 감각과 인식을 원천으로 '과연 당대의 많은 저명 운동가들이 지속적인 가치를 지니는 일에 기여할 수 있는가'라는 날카로운 의문을 던질 수 있었다. 이런 이유로 촘스키는 그 당시 이름을 날리던 좌파 지도자들과 함께 하기보다는 운동권 전체와 함께 대중투쟁에 참여했다. 그의 말을 직접 들어보자. "나는 마르쿠제를 알고 있었고 그를 좋아했습니다. 그는 신좌파의 지도자였고 미국내 프랑크푸르트학파의 인사들 가운데 정치적으로 가장 왕성한 활동가였습니다. 그러나 그의 업적에 대해서는 별로 할 말이 없습니다. 나는 에리히 프롬의 태도 역시 좋아했지만, 그의 글은 매우 피상적입니다. 애비 호프만에 관해서는 별로 아는 게 없습니다. 사실 그에게 약간의 돈을 빌려준 적이 있습니다. 내 생각에는 그가 보석 기간 중 행방을 감추기 위해 그 돈을 사용할 것 같았는데, 그것은 사실이었습니다. 마틴 루터 킹은 아주 중요한 인물이었습니다. 그 이유는 비폭력 학생운동 연맹(SNCC)의 활동가들과 다른 운동가들이 그를 위해 만들어준 강령 때문입니다. 게바라에 대해서는 전혀 흥미를 느끼지 못했습니다. 내 눈에 그의 활동은 지각없는 낭만주의로 보였습니다(1995.3.31. 편지)."

촘스키가 여기서 언급하는 사람들은 모두 현대사의 중요한 인물들로서, 한 가지 흥미로운 점은 이들이 1960년대의 사회적 불안을 해결하기 위해 취한 방법이 대단히 상이했다는 사실이다. 촘스키가 열거한 목록이 허버트 마르쿠제와 에리히 프롬으로 시작한다는 사실도 흥미롭다. 이 두 사람은 권위있는 대학교수로서 매우 존경받는 지식인들이었고, 촘스키와 마찬가지로 정치활동가이기도 했다. 프롬의 글은 젤리그 해리스에게 영감을 주기도 했다. 그들은 촘스키와는 달리 혁명과 역사(마르쿠제), 폭력과 심리(프롬)에 대해 복잡하지만 영향력 있는 분석을 이끌어내기 위해 노력했다. 그러나 촘스키는 이러한 노력이 현실적 가치가 거의 없는 것으로 간주했다.

여기서 우리는 다시 한번 특이한 형태의 반미혹(反迷惑), 좀 더 나은 용어로 반지성주의의 경향을 볼 수 있다. 촘스키는 자신의 눈에 비과학적으로 비친 방법으로 인간 행동을 사유하는 사람들에 대해서는 반지성주의를 전개한다. 이러한 특성은 촘스키의 언어학과 정치학에 익숙한 많은 사람들을 잠시 당혹케 한다. 철학자이자 언어학자, 인지과학자로서 가장 복잡한 종류의 지적 개념들을 만들어내는 촘스키와, 한편으로 혁명, 대중의 사회심리, 폭력적 행동의 원인 등을 비과학적인 관점으로 추측하는 사람들의 활동을 비방하는 운동가로서의 촘스키 사이에 가로놓인 거대한 괴리감을 쉽게 이해할 수 없기 때문이다. 만일 촘스키가 보다 온건한 정치적 입장을 취하여 운동 예언가로서의 역할을 했더라면 그는 성공적으로 자신의 몫을 해냈을 것이고, 미국인들에게 친숙하면서도 자애로운 민중 선동가로서 헌신했을 것이다. 그러나 그는 다른 길을 선택했고, 그로 인해 현상유지를 선택한 좌파 인사들은 곤란한 입장에 빠졌다. 촘스키가 구체적으로 보여주고 있는 이 이분법의 논리적 근거를 확인하기는 쉽지 않다. 그러나 과학 대 비과학, 자기만족 대 진지한 연구, 인식가능한 것 대 인식불가능한 것에 관한 계속적인 논쟁 어딘가에서 아마도 그 해답의 일부가 발견될 것이다.

│ 촘 스 키 와 어 빙 하 우 │

촘스키와 어빙 하우의 견해를 대조해 보면, 대중적 지식인이라는 개념을 좀더 잘 이해할 수 있다. 촘스키와 하우는 몇 년 동안 바로 옆집에 살았기 때문에 개인적으로 친분이 있었다. 하우는 저널 「이단자」의 설립자였고, 수십 년 동안 '좌익 성향'의 여러 그룹에서 일종의 조타수 같은 역할을 했다. 그러나 막판에 타협적인 좌파의 아류로 변함으로써, 진정한 좌익운동에 이익보다는 오히려 해를 끼친 편이었다. 예를 들어, 그는 베트남 전쟁을 비판했지만 그 방법이 너무 편협해서 결국에는 베트남전 선동가들과 그밖의 잔혹한 정책 지지자들에게 오히려 도움이 되었다고도 볼 수 있었다. 촘스키는 어떤 대가를 치루더라도 그러한 탈선을 피하기 위해 마르크스주의 이론가나 좌파 지식인들, 해방을 외치는 상아탑의 이론가들보다는 운동권 인사와 더 가까운 관계를 유지하기로 결심했다. 그로 인해 촘스키는 일관성 있는 시각을 유지할 수 있었고 조심스럽게 싸움을 선택할 수 있었다.

좌파 지식인으로서의 하우의 역할은 1930년대에 시작되어 70년대까지 계속되었다. 촘스키가 볼 때, 1950년대에 첫 호가 발행된 저널 「이단자」를 위해 하우가 맡은 역할은 그리 중요한 것이 아니었다. 그보다 훨씬 이전에 하우는 거의 알려지지 않았던 저널 「코멘터리」를 위해 일했고 또한 촘스키가 아주 어렸을 때 읽은, 그러나 지금은 완전히 잊혀진 「노동행동」이란 이름의 저널에 노력을 기울였다. 촘스키는 이 두 가지로부터 감명을 받았다. 촘스키의 말을 들어보자. "특히 하우와 할 드레이퍼는 1940년대에 「노동행동」이라는 저널에 매우 흥미로운 시사논평을 게재했습니다. 물론 나는 그들이 받아들인 레닌주의 노선을 수용할 수 없었습니다. 나는 「이단자」를 구독하고 때로는 모임에도 참석했으나, 결코 그 그룹에 속하지는 않았습니다(1995.8.14. 편지)." 「이단자」, 「네이션」, 「뉴레프트 리뷰」 등의 저널과 「마을의 소리」, 「맨체스터 가디언」, 「리베라시옹」 같은 신문들은 좌파에게는 유용한 역할을 했지만, 기존의 틀에 너무 경도되어 있었으므로 근본적 변혁을 위한 기관지는 될 수 없었다. 촘스키는 이렇게 언급한다.

저널 「이단자」가 그때나 지금이나 나에게 전혀 흥미가 없다고 말하는 것은 너무 지나칠 수 있습니다. 나는 늘 그것을 읽었고, 때로는 흥미로운 것들도 발견할 수 있었습니다. 특히 1950년대에 그러했지요. 그 후 「이단자」는 학생운동과 신좌파 운동이 자신에게 충분한 관심을 기울이지 않는다며 매우 분개했습니다. 그래서 이 저널은 1967년 이후 신좌파에 대한 공격의 일환으로 시오니즘 운동쪽으로 경솔한 선회를 시도했습니다. 저널의 성격이 완전히 바뀌었음은 물론이지요. 이 점은 저널을 한 부만 읽어봐도 금방 알 수 있습니다. 가령 1967년 이전의 기사 가운데 시오니즘이나 이스라엘에 관한 것이 하나라도 있는지 찾아보십시오.

(1995.8.14. 편지)

| 페기 더프에 관하여 |

이 시기에 촘스키가 속해 있던 운동권 세계는 거대하고 느슨하게 연결되어 있었다. 그래서 많은 사람들이 이 세계를 정확히 그려내고자 시도해 왔다. 예를 들면 데이비드 델린저와 하워드 진이 이에 관해 각각 글을 썼다. 그러나 여기에서 필자는, 촘스키가 중요하게 생각하는 활동을 보다 효과적으로 보여주기 위해 빠뜨릴 수 없는 인물 하나에 초점을 맞추어보고자 한다. 그는 바로 페기 더프이다. 우리는 종종 촘스키가 작성한 주요 운동권 인사 목록에서 특정한 소규모 집단에게만 알려져 있을 뿐 일반적으로 거의 언급되지 않는 인물들을 발견할 수 있다. 더프는 수십 년 간 운동권 내에서 왕성하게 활동했음에도 불구하고 미국에서는 상대적으로 무명의 인물이다.

더프는 1940년대 이래로 영국 평화운동의 가장 영향력 있는 인물 가운데 하나였다. 또 1958년부터 67년까지 핵무기 감축운동(CND)의 총서기로 활동했던 더프는 이스라엘·팔레스타인 문제에도 깊이 참여하고 있었다. 촘스키의 말에 따르면, 그녀는 "진지하고도 유용한 단서에 근거해서 베트남 전쟁에 대한 국제적인 반대운동을 펼쳤고, 이를 위해 주요 단체를 결성하는 데 일조"했다(1996. 2. 13. 편지). 또한 그녀는 유럽, 북미, 아시아, 호주 등지의 독자적인 운동연합 단체인 '군축과 평화를 위한 국제연맹'의 총서기였고, CND의 지도적 인물이었다. 이밖에도 저널 「베트남 인터내셔널」과 「평화언론」의 편집장이자 「평화언론」과 「트리뷴」지의 필진이었으며, 또 촘스키도 글을 기고했던 「중동의 전쟁과 평화」의 편집장이었고 「좌로, 좌로, 좌로」의 저자이기도 했다. 간단히 말해 더프는 촘스키도 동의하다시피 '현대사에 진정한 변혁을 가져온 한 사람' 이었다.

더프는 여성이자 운동가이고 진정한 지식인이며, 해박하고 통찰력 있는 작가였습니다. 그러나 세계문제를 해결하는 데 실제로 참여한 사람들 외에는 그녀를 잘 알지 못했습니다. 그녀는 역사에서 사라졌습니다. 그녀는 대중적 지식인이 아니었고, 현대사에 대중적 지식인으로 머물기에는 너무나 중요한 인물이었습니다. 그녀는 다른 지식인들 앞에서 잘난 체하거나 문헌 연구에만 몰두하는 골방 지식인 문화의 장막 속에 안주할 시간이 없었습니다. 미국에서 민권운동을 벌였던 비폭력 학생운동 연맹(SNCC)의 활동가들, 80년대에 폴란드에서 불타오른 자유노조 연대운동의 핵심이었던 헌신적인 기독교 운동가들, 또는 노동운동의 불씨를 일으킨 무명인사들, 역사의 일익을 담당했던 무수한 사람들, 그러나 바로 그런 이유로 역사에 알려지지 않고 잊혀져간 사람들과 그녀는 같은 범주에 속합니다. 세간의 존경을 받는 사람들, 즉 지적으로나 도덕적으로 타락한 집단들은 그녀를 알고 있을지도 모르지요. 더프는 역사에 변화를 가져온 전형적인 사람이었습니다. 탁월한 국제적 감각을 제외한다면, 그녀는 어린 시절부터 나의 실제적인 성장환경이 되어준 사람의 전형이었습니다.(1995.3.31. 편지)

페기 더프 같은 진정한 지식인은 지배 엘리트들에게는 매력이 없다. 그들은 권력자들이 감추고 싶어하는 치부를 파헤치기 때문이다. 가령 더프는 어빙 하우와는 달리 시사문제에 대해 대중매체로부터 논평을 부탁받지 못했다. 또 주류 역사서들은 그녀에 관해 언급하지 않고 그녀의 업적을 경시하거나 무시해 왔다. 거의 어느 시대에 관한 것이나 마찬가지로, 1960년대 후반에 관한 주류 역사 기록에도 정말로 중요한 운동권 업적에 대해서는 거의 언급되어 있지 않다. 이런 종류의 의도적 무시가 역사에 만연하고 있다는 견해는 촘스키의 또 다른 중심사상으로 자리잡는다.

하워드 진을 비롯한 소수의 사람들이 없었다면, 실제 참가자들 외에는 민권운동사의 주도적인 단체였던 비폭력 학생운동 연맹에 대해 아는 사람이 거의 없을 것입니다. 마찬가지로, 검은 표범단*에 대한 진실은 지금까지 제대로 알려지지 않았고, 앞으로도 그러하리라 생각합니다. 레지스트는 아주 초기부터 검은 표범단의 요원들을 지원했으며, 프레드 햄톤과 같은 진정한 조직가들을 기타 탈법자, 부랑자들과 주도 면밀하게 구분했습니다.(1995.3.31. 편지)

물론 저항에는 대가가 따르기 마련이다. 많은 사람들과 함께, 메일러, 스폭, 코펀이 이 시기에 그러한 대가를 체험했으며 검은 표범단원이었던 프레드 햄톤 같은 사람은 결국 생명을 바쳐야 했다. 촘스키는 이렇게 쓰고 있다. "나는 1969년 시카고에서 거행된 프레드 햄톤의 장례식에 참석한 몇 안되는 백인 가운데 한 명이었습니다. 그는 시카고경찰과 연방수사국에 의해 살해되었습니다(1995.3.31. 편지)." 촘스키는 이러한 숭고한 희생조차도 제한된 공동체의 울타리 밖으로는 거의 알려지지 않는다는 사실에 전율한다. "단지 실제 참가자들만이 이런 일을 알고 이해할 수 있습니다. 그리고 그들은 회고록 같은 것은 쓰지 않습니다. 진지하게 구전되는 역사가 없다면, 진실은 영원히 알려지지 않을 것입니다."(1995.3.31. 편지). 역사에 관한 정확한 기록을 찾아볼 수 있는 방법 가운데 하나는 현존하는 운동권 출판을 살펴보는 것이다. 앞에서 언급한대로, 촘스키의 정치 서적들이 빛을 볼 수 있었던 것은 판테온, 블랙 로즈, 커몬 커리지,

---

*Black Panthers 1960년대 미국에서는 흑인 인권운동이 격렬하게 전개되고 있었다. 이때 결성된 과격 흑인 학생단체가 바로 검은 표범단이다. 이 단체는 마틴 루터 킹의 비폭력 저항 운동을 반대한 대신, 무력에 의해 흑인의 인권을 지켜야 한다는 카마이클의 주장을 추종했다.

마이클 알버트와 린디아 사전트는 사우스 엔드 프레스 출판사를 설립했다.

사우스 엔드 프레스, 콜롬비아대학 출판부, 베르소 등과 같은 여러
출판사들을 통해서였다. 그리고 그의 논문들은 수많은 저널에 게재
되었는데, 이 중 「Z 매거진」이 대표적이다. 특히 사우스 엔드 프레스
와 「Z 매거진」은 운동권의 활동을 집중적으로 다룬 곳이었기 때문에
운동가 그룹을 논하는 과정에서 특별히 주목할 가치가 있다. 사우스
엔드 프레스는 어느 출판사보다 촘스키의 저서를 많이 출간했고, 「Z
매거진」은 다른 모든 매체를 합한 것보다 더 많은 정치 논문을 출판
했다. 여기에서 우리는 MIT 졸업생들에 의해 시작된 공동체들에 적
극적으로 참여하려는 촘스키의 결심을 읽을 수 있다.

이 특별한 공동체들은 MIT의 로자룩셈부르크 학생그룹에서
발전한 것이었고, 마치 로젠버그와 해리스가 아부카의 지도교수였듯
이 이 학생그룹의 지도교수는 촘스키와 루이스 캄프였다. 앞에서 잠
시 언급했듯이 캄프와 촘스키는 MIT에서 사회과학 강좌들을 가르쳤
고, 이 과목을 수강하던 학생들 중 몇 명은 케임브리지 안팎에서 지

식인 운동과 정치 운동의 지도자가 되었다. 이 학생들 가운데 가장 활동적인 사람은 마이크 알버트였다. 그는 학생회장을 역임했고, 사우스 엔드 프레스와 「Z 매거진」을 설립하는 데에도 참여했다. 스티브 샬롬과 피터 보머를 비롯한 다수의 학생들도 이 공동체에 참여했다. 촘스키는 이렇게 말한다. "사실 이 공동체는 아부카나 그 후신들보다도 더 단결력이 강했고 정치적으로 왕성하게 활동했습니다. 아부카는 흥미롭고 중요한 단체였지만, 주로 유태인·팔레스타인 문제에 관심을 가진 소규모 지식인 집단이었습니다. 반면에 이 공동체는 지금까지 30여 년 동안 정치 현실에 훨씬 더 강력한 영향력을 발휘하고 있습니다(1995.3.31. 편지)."

| 우 연 성 과 자 기 정 당 화 |

촘스키의 참여활동이 '좋은 사회'를 위해 기여하고자 하는 의식적 결심의 산물이었다면, 그의 학문적 업적은 우연의 산물이었다. 되돌아 보면 마치 촘스키가 하나의 학문적 성공에서 또다른 성공으로 자연스럽게 이동한 것 같지만, 그가 학계의 인정을 한몸에 받는 지위에 오른 것은 종종 우연의 작용에 의해서였다. 우선 그가 언어학에 뛰어든 것부터 '다소 우연적'이었다. 그리고 하버드대학의 특별연구원이 된 것과 MIT의 전자공학연구소에서 연구원 자리를 얻게 된 것은 주변 사람들 덕분이었다. 또한 모리스 할레의 소개로 그는 한 출판사의 편집장을 만나 이른바 '취미'의 산물인『통사구조론』을 출간할 수 있었다. 그리고 그의『통사구조론』은 자세하고 긴 서평으로 찬사를 받았고, 이 서평이 언어학계의 주요 인사들로부터 주목을 받았다. 만약 우리가 사회제도 특히 고등교육 기관에 대한 그의 접근

방법과 학계 일반에 대한 비판적인 태도, 그리고 그가 관심을 기울였던 논리·수학·철학·언어학·언어·문학 등과 같은 엄청난 분야를 고려한다면 촘스카에게 그러한 성공이 돌아갔다는 것은 놀라운 일이 아닐 수 없다.

촘스키가 걸어온 학문적 궤도에서 가장 자주 논의되는 측면은 그가 MIT를 선택했다는 것, 혹은 MIT가 그를 선택했다는 것이다. MIT야말로 촘스키가 처음 도착했을 때 철학과나 심리학과와 마찬가지로 언어학과는 존재하지도 않았고, 더욱이 MIT는 미군부를 위한 연구의 중핵이었기 때문이다. 어떤 사람들은 촘스키가 제도권에 소속됨으로써 그에게 과학적 인습을 지켜야 할 의무가 강요되었고, 또 군부와의 직접적인 협력이 강요되었기 때문에 그의 연구가 더 발전하지 못했다고 말하기도 한다.

1969년 펜타곤과 나사는 MIT의 두 연구소에 재정적 지원을 하고 있었다. 드레이퍼 연구소의 전신인 한 곳에서는 관성 유도 체계를 연구했고, 링컨 연구소라 불리우는 나머지 하나는 촘스키의 어렴풋한 기억으로 "폭동진압과 관련된 모종의 일"을 하고 있었다 (1996.2.13. 편지). 촘스키는 당시에 MIT와 그곳의 연구원들이 군산복합체와의 관계를 단절하고 자신의 기능을 수행하는 것은 불가능한 일이었다고 주장한다. 그는 그때 제시했던 주장들을 오늘날까지도 고수하고 있다. 그 주장은, 세균전에 사용될 생화학 무기를 연구하는 대학들은 죽음의 학과를 신설해서 공개적으로 연구를 하라는 것이었다. 촘스키의 의도는 일반대중에게 실상을 제대로 알려서, 개인들이 자신의 행동에 대해 현명하고 올바른 판단을 내리도록 하는 것이었다. 파운즈 위원회에 대한 그의 반응은 이와 같은 생각에서 비롯되었다. 파운즈 위원회는 MIT 행정당국과, 군부와의 관계를 완강하게 반대하는 학생집단 사이에 번지고 있던 긴장을 해소시키기 위해 구성되었다. "학생들과 나는 다수 의견에 반대하는 보고서를 제출했습니다. 당시 상황은 이러했습니다. 우익 교수들은 연구소들을 그대로 유지하고자 했고, 진보적 교수들은 최소한 공식적 차원에서라도 군부와의 관계를 끊고자 했으며, 급진적인 학생들과 나는 연구소를 캠퍼스에 두고, 대신에 앞으로 일어날 일들을 공명정대하게 공개한다는 원칙을 지켜 사람들이 모든 상황을 알고 그에 따라 행동할 수 있도록 하자는 것이었습니다(1995.3.31. 편지)." 물론 다수파는 그 보고서에 반대했다. "진보적인 교수들도 함께 반대했습니다. 그들은 보고서가 무엇을 의미하는지 충분히 이해하고 있었지만, 결국 형식적인 행정적 변화만을 원했습니다. 그렇게 되면 연구소는 기술적으로 MIT 소속에서 제외되고 군부와의 관계도 외적으로는 드러나지 않지만, 실질적인 관계는 거의 변화가 없는 셈이었지요(1995.3.31. 편지)." 간단히 말해 이 문제에 관한 촘스키의 입장은, 어떠한 공식적인 제약도 학문 연구에 가해져서는 안된다는 것이었다. 당시에 촘스키는 그의 표현대로 "상당히 극단적인 입장"을 취했는데, 이는 "누가 비판한다 하더라도 변호하기 어려울 정도의 극단적인 입장"이었다. 촘스키는 이에 대해 다음과 같이 말하고 있다.

가르치고 연구하는 것을 가로막는 행위는 절대로 용인될 수 없습니다. 더구나 그런 행위가 바로 그 순간에 대량 학살과 파괴를 위해 이용되고 있다면 더 말할 나위가 없습니다. 그것은 학문이 아니었습니다. 당시에 MIT 정치학과가 바로 그런 일을 하고 있었습니다. 케네디 – 존슨 행정부에 참여했던 '참여운동가들'이 닉슨의 당선 이후 각 대학으로 돌아오기 시작했으므로 그 문제는 대단히 활성화되고 있었습니다. 나는 로자룩셈부르크 그룹의 대변인으로서 1969년 MIT 총장을 면담했습니다. 나는 그에게 당시에 우리가 전범으로 간주했던 월트 로스토우가 말도 안되는 주장과 완전히 거짓으로 드러난 정치적 이유로 MIT에 임용되지 않고 있다는 소문이 사실로 밝혀진다면 우리가 공식적으로 항의할 것임을 알렸습니다.(1996.2.13. 편지)

말하자면 촘스키의 주장은, 그 어떤 대학도 각 구성원들이 해도 괜찮은 일과 해서는 안되는 일을 법으로 규정할 수 없다는 것이었다. "대신 사람들은 자신의 행동이 가져올 예측가능한 결과에 대해 책임을 져야 합니다. 그리고 그들이 수행하는 연구와 그들의 연구가 현재의 상황에서 어떤 결과를 낳을 것인지에 대해 심사숙고해야만 합니다(1996.2.13. 편지)."

　　　살인과 파괴의 사업에 그토록 밀접하게 연루된 대학에서 봉급을 받는다는 비난이 일었을 때, 촘스키는 대학으로부터 돈을 받는다는 것은 단지 그 대학의 성격이 독재적인가에 대해 공개적으로 발언할 수 있는 당사자의 용기만을 제한할 뿐이라고 지적했다. 흥미롭게도 대부분의 비판은 좌파로부터 제기되었기 때문에 촘스키는 이렇게 질문을 던졌다. "당신은 마르크스가 대영 제국주의의 상징인 대영박물관에서 연구를 하지 말았어야 한다는 말을 들어본 적이 있습니까?(1995.3.31. 편지)"

　　　또한 촘스키는 자연과학과 사회과학에 관한 논쟁의 맥락에서 MIT에 소속된 자신의 입장을 변호했다. 이 논쟁의 매개변수들을 규정하면서 촘스키는 이렇게 말한다.

과학과 수학을 한편으로 하고, 인문학과 사회과학을 또다른 한편으로 했을 때 양자 사이에는 주목할만한 일반적 차이가 있습니다. 그것은 첫 눈에는 비슷해 보이지만 진정한 차이점입니다. 전자에서는 성실의 요소들이 이데올로기 요소들보다 우월한 경향이 있습니다. 물론 이 말은 과학자들이 더 정직한 사람이라는 뜻은 아닙니다. 단지 자연이 엄격한 감독관이라는 뜻입니다. 어떤 사회학자는 프랑스 혁명에 관한 이야기를 원하는 대로 왜곡하거나 거짓말을 할 수 있습니다. 그리고 그 거짓으로 인해 어떤 일이 생기거나 하지도 않습니다. 그러나 어떤 화학이론이 거짓이라면 사람들은 당장 반박하고 말 겁니다. 과학 실험에서의 조작은 신문에 실리는 내용과는 반대로 아주 구석진 곳에서 일어나는 현상이고, 매우 간단한 이유로 금방 밝혀집니다. 그 과정이 반복된다는 것, 그리고 실험 결과와 그 결과를 이끌어낸 개념을 검토하는 것이 전문가들의 일이기 때문입니다.(1992.7.22 편지)

자연과학 또는 '하드' 사이언스를 추진하는 것은 "과학의 내적 고려 사항들, 연구할 차례가 된 것, 이해의 접경에 이른 것" 등이다(1993. 6.14. 편지). 과학의 발전은 누진적 방식으로 전개된다. 그리고 일부 사람들에게 도덕적으로 비난받을 만한 특정한 목표가 설정되는 경우에도, 그 목표를 성취하는 과정에서 얻어진 우연한 발견들이 다수의 사람들에게 막대한 이익을 가져오기도 한다. 예를 들어보자. 정부기관이 한 과학자에게 체포된 스파이로부터 정보를 알아낼 수 있는 진실 혈청을 만들어내도록 막대한 자금을 제공한다고 가정해 보자. 과학자는 그 혈청을 만들어내는 과정에서 필연적으로, 특정 약물이 인간의 사고 과정에 어떻게 영향을 미치는지를 분석할 것이고, 그럼으로써 일반대중에게 다양하고 유용한 정보를 제공할 것이다.

이러한 점들을 고려하면서 촘스키는 하버드대학과 MIT를 비교한다. 그는 두 대학을 전세계에서 가장 영향력 있는 곳이라고 말한다. "하버드대학은 인문학에 기반을 두었습니다. 하버드대학은 학생들이 세상을 지배할 수 있도록 훈련받는 곳이지요. 반면에 MIT는 과학에 기반을 두고 있습니다. MIT는 학생들이 세상을 잘 굴러가게 만들도록 훈련받는 곳입니다(1993.2.18. 편지)." 촘스키의 언어학 연구는 명백히 하드 사이언스 영역에 속하지만, 보다 무른 부분이 그 가장자리에 형성될 수 있다. 촘스키의 정의에 따르면, 그것은 여전히 수학이나 물리학의 깊이를 가지지 못하기 때문이다. 그의 공감대가 어디에 있는지 명백하다.

정치적 반대자들에게는 MIT가 훨씬 더 친근한 곳입니다. 예를 들어 케임브리지에서 평화운동에 참여하는 교수들은, 간혹 하버드에서 이적한 사람도 있지만 거의 모두가 MIT 출신입니다. 나의 경험이 전형적입니다. 내가 하버드의 교수클럽에 들어서면, 말그대로 서리가 내립니다. 어느 정도 진보적인 케네디 행정대학원에서도 내가 연설을 한다는 것은 상상할 수 없는 일입니다. 혹시 집회가 학교 당국에서 통제할 수 없는 그룹에 의해 조직된다면 모르겠습니다. 물론 그런 경우에라도 학교 당국은 이를 갈면서 참고 보겠지요. 반면에 MIT에서는 내가 무엇을 하든 아주 친근하고 후원자적인 환경을 제공하고 있습니다.(1993.2.18.편지)

이 말은 이론의 여지가 있다. 모든 규칙에는 예외가 있듯이, 촘스키가 설명하고자 하는 일반적 경향에도 몇 가지 예외가 있기 때문이다. 그러한 예외 가운데 하나가 엘레인 버나드이다. 그녀는 하버드대학에서 교수직을 제공받은 것은 아니지만 하버드로부터 비교적 후한 대접을 받고 있다. 버나드는 1989년 캐나다에서 미국으로 이주했다.

그녀는 다년 간 운동가로 활동했고, 캐나다 브리티시 콜럼비아주의 신민주당 당수이기도 했다. 그녀는 현재 하버드대학의 노동조합 프로그램의 소장이자 저널 「뉴 폴리틱스」의 편집위원이다. 또다른 경우는 데이비드 노블로서, 그는 MIT에서 9년 동안 역사를 가르쳤다. 그는 축적된 지식과 기술의 산물로서, 그리고 사회권력과 갈등의 산물로서 과학과 테크놀로지가 어떻게 발전하는가에 대한 연구를 수행하기도 했다. 촘스키처럼 노블 역시, 몇 개의 산업 분야에서 뉴 테크놀로지와 힘겨운 싸움을 벌이면서 일반 조합원들을 후원하는 운동가이자 사회비평가이다. 그는 랄프 네이더와 함께 '공익을 위한 전국대학연합'을 창설했다. 그런 그가 1984년 "그러한 사상을 지지하는 그의 행동과 사고 때문에" MIT에서 해고되었다. 곧이어 그는 "MIT를 상대로 정치적 해고에 관련된 모든 서류를 공개하고 돌려달라는 소송을 제기했고, 이 서류를 근거로 미국 역사학회는 해고를 강행한 MIT를 비난하게 되었다(노블, 『진보』 165)." 이에 대해 촘스키는 다음과 같이 평한다. "데이비드 노블에 대해 말하자면, 그러한 문제에 대해 판단하기가 늘 어렵습니다만, 그가 종신교수직을 박탈당한 것은 기본적으로 그의 대단히 돌출된 반국가적 학문 때문이 아니었다고 생각합니다. 그가 속했던 역사학과는 진보적 좌파 성향을 인정하는 학과였으니까요(1995.6.27. 편지)."

　　MIT에서의 촘스키 명성은 그의 학문에 근거하고 있다. 촘스키가 대학에서 인정받는 것은 그가 종사하는 학문 분야의 공헌 때문이고, 정치 분야에서의 활동과 저술로 인한 것은 아니다. 이로 인해 그는 인문학에 기반을 둔 대학에 속했다면 누릴 수 없었을 이념적 통제로부터의 자유와 어느 정도의 권한을 누릴 수 있었다.

| 촘 스 키 는   진 정 한   ' 머 크 레 이 커 ' 인 가 |

　　1970년대 초 40대 초반에 이른 촘스키는 강연을 계속했고, 명예상을 수상했으며, 언어학 연구를 계속 진행해 나갔다. 그는 1972년 『생성문법의 의미론 연구』를 출간했고, 1970년 시카고대학과 스와스모어 칼리지, 71년 바드 칼리지, 72년 델리대학교, 73년 메사추세츠 주립대학으로부터 각각 히브리어 명예박사학위를 받았다. 1971년에는 네덜란드 텔레비전에 출현하여 미셸 푸코와 토론했고, 저널 「인지」를 통해 리차드 헤른슈타인의 『벨 커브』 초판을 비판했다. 정치적인 면에서 그는 더욱 적극적인 활동을 보였다. 1971년에는 케임브리지대학에서 버트란트 러셀 추모강연을 가졌고, 그 강연의 내용은 같은 해에 『지식과 자유의 제문제』란 책으로 출간되었다. 또 『아시아와의 전쟁』이 1970년에 출간되었고, 73년에는 『국가의 이유』가 출간되었다. 이 책은 영국에서 『국가의 이유』와 『밀실의 남자들』이란 두 권의 책으로 출간되었다.

　　이 시기에 그의 정치 저서의 주요 초점은, 지식인과 국가의 관계 외에도 베트남 전쟁에 모아졌다. 적어도 초기에는 지식인 사회와 소위 비둘기파들이 베트남전을 찬성하던 상황이어서, 이 두 가지 문제는 상호 밀접하게 관련되어 있었다. 촘스키는 전쟁으로부터 발생하는 방대한 문제를 파헤칠 때 언제나 한 가지 가정으로부터 출발한다. 즉 자본주의적 제국주의 정부의 특정한 행위들은 더 큰 문제, 다시 말하면 노동 계급과 소외된 계층이 갈수록 축소되고 있는 소수에 의해 억압받고 있다는 문제의 표피적 증상에 지나지 않으므로, 민중이 "스스로를 해방시킬 수 있는 그들 자신의 의식과 주도권을 획득하도록" 도와주는 사회운동이 시작되어야 한다는 것이다(아브라모비치, 1995.4.3. 편지).

이 시기 이후의 몇몇 정치 논문에서 촘스키는 정부의 특정한 개입에 관해 논할 경우, 머크레이크의 형식을 취했다. 물론 모든 정치적 글들이 이 범주에 속하지는 않는다. 지식인의 사회적 역할에 대한 분석이나 좌파의 역사와 이데올로기 연구, 그리고 데카르트 사상과 관련된 글과 스페인 내전, 태평양에서의 제2차 세계대전, 아랍-유태인 관계 등을 포함한 역사 저술은 모두 예외에 속한다. 머크레이킹은 분뇨를 뿌림으로써 그것의 존재를 더 분명히 하려는 시도이다. 실제로 이러한 행위는 하나의 역사를 가진 일종의 사회운동이 되었다. 링컨 스티븐스는 자서전에서, 역사학 교수로부터 직접 들은 이야기를 다음과 같이 회고한다. "당신이 바로 최초의 머크레이커였습니다. 당신이 어떻게 머크레이킹을 시작하게 되었는지를 말해 준다면, 그것은 미국 역사의 새로운 장에 대한 우리의 지식을

1971년 네덜란드 텔레비전에 출연한 촘스키와 미셸 푸코. 사회자는 폰스 엘더스이다.

확장시켜 줄 뿐 아니라 사회운동의 시작과 흐름에 대한 시야 또한 넓혀줄 것입니다(357쪽)." 반면에 스티븐스는 자신에게 '머크레이킹의 시조'라는 호칭이 붙여진 것을 반박하며 이렇게 주장한다. "구약의 예언자들이 나보다 먼저였다. 그리고 긴 시간을 뛰어넘어, 머크레이킹 이전의 시대에 '있는 그대로의 현실'을 비판하던 1890년대의 작가, 편집자, 기자들 역시 그러했다(357쪽)." 게다가 스티븐스는 역사에 대한 자신의 기여가 '한 천진한 사람의 고백'에 불과하다고 주장한다. "나는 머크레이커가 될 생각은 없었다. 사실 루스벨트 대통령이 존 번연의 소설 『천로역정』에서 머크레이커란 이름을 따와서 그것을 우리에게 부여하기 전까지는 나 자신이 머크레이커였는지 전혀 몰랐다. 당시만 하더라도, 그는 나를 머크레이커로 지칭한 것이 아니었다고 말했다(357쪽)." 촘스키 역시 그가 거부하는 거의 모든 호칭과 마찬가지로 머크레이커란 호칭을 거부한다. 머크레이커란 호칭은 현재의 권력에 대항해 발언하는 사람들을 깎아내리는 데 사용되기 때문이다. "우리는 소련에 대한 비판적 토론을 '머크레이킹'이라 부르지 않습니다. 내 견해로는, 험담과 경박성의 의미를 함축하고 있는 이 용어는 서구의 권력이 자신의 치부를 감추기 위해 종종 사용하는 많은 장치들 가운데 하나에 불과합니다(1994.5.30. 편지)." 자신의 위치를 보다 분명히 하면서 촘스키는 이렇게 말한다. "정치분석, 외교사, 사회사, 지성사 등의 분야에서 이따금 발견할 수 있는 이단적 행태가 있습니다. 그것이 특정 이념에서 출발하거나 간단한 논리를 난해하고 심오하게 꾸미기 위해 전문가들이 이용하는 문체에 의존한다면, 그것이 머크레이킹이라 할 수 있겠지요. 그러나 이것은 내가 좋아하는 용어가 아닙니다.…… 그리고 실제로 나는 그런 종류의 일을 하지도 않습니다(1994.8.8. 편지)." 그리고 에드워드 허먼은, 촘스키의 글들이 조심스럽긴 하지만 머크레이킹의 요소를 포함하고 있다는 주장에 대해 다음과 같이 말한다.

나는 노암 촘스키를 머크레이커로 보는 데 대해서 그의 정치 저술에서 볼 수 있는 학문적 가치, 지적 능력 그리고 독창성에 오히려 무게를 두어야 한다고 주장합니다. 그는 냉전, 아이티 사태, 중미의 평화정착, 동티모르*, 심지어는 서구의 식민주의(『501년도』, 1장) 등의 문제를 독창적이고 설득력 있는 구성으로 매우 철저하게 다루어 왔습니다. 그의 『마나구아 강연』을 보면 알 수 있듯이, 중미에서의 미국의 정책에 관한 1954년 및 65년도 서류들을 그가 샅샅이 파헤친 사실은 이 점을 명확히 입증하는 예입니다. 그의 저서 『필요한 환상』 가운데 「총의의 파괴」와 「핵심적 밸런스」는 가히 압권이라 할 수 있습니다. 정직한 논쟁으로는 그를 다룰 수 없으므로 그를 무시하는 방법이 동원될 수밖에 없겠지요.

(1994.8.2. 편지)

그러나 촘스키가 무엇보다도 걱정하는 것은 주어진 상황에서 진정으로 중요한 것이 무엇인가를 포착하지 못하는 위험성이다. 예를 들어 어떤 사람이 행정부의 개별정책들을 비판한다고 가정해 보자. 그러한 비판은 기존의 사회구조 안에서 다른 어떤 정책결정이 더 좋을 수 있다는 것을 의미한다. 이것은 곧 그 정책들을 암묵적으로 지지하는

---

*East Timor 인도네시아를 구성하는 섬들 가운데 하나로 인도네시아로부터의 독립운동을 끊임없이 전개해 오는 과정에서 말할 수 없는 고통을 겪은 수난의 섬이다. 1997년, 인도네시아군의 만행이 전파를 타고 전세계에 알려졌고, 한국언론에서도 보도된 끔찍한 만행 사진은 전세계인의 분노를 불러일으켰다. 동티모르의 인권운동을 지도해 온 호세 라모스 오르테가가 96년 노벨 평화상을 수상한 것을 계기로 동티모르 문제에 대한 전세계의 관심이 집중되었다. 오르테가는 1998년 8월 22일 한국을 방문하여 동티모르 독립에 대한 밝은 앞날을 전망했다.

것이기도 하다. 그러나 비판의 목적은 사회구조의 이념적 건전성을 시험하는 것이어야 하고, 그 한계와 제약으로부터 자신을 해방시키는 것이어야 한다. 이 문제는 자연과학 대 사회과학 논쟁의 연장선상에 놓여 있다. 정치분석은 분명한 것들의 영역에 위치한다. 따라서 텔레비전 시청, 스포츠 경기에 대한 관심, 주식투자 등을 중단하고, 자신이 살고 있는 사회에 관심을 집중한다면 어느 누구라도 올바른 정치적 비판을 행할 수 있다는 것이 촘스키의 견해이다. 그는 말한다. "지식인들은 상황을 어려워 보이게 하려고 애를 씁니다. 포스트모더니즘이 거의 극단적인 사례라고 생각되는군요. 그러나 자연과학과 수학을 제외한다면, 특별한 교육을 받은 사람들의 이해력을 넘어서는 것은 사실 많지 않습니다(1994.8.8. 편지)."

이러한 종류의 미혹을 야기하고, 대중의 관심을 본질적인 것으로부터 멀어지게 하는 사람들에 대해 촘스키는 종종 구체적으로 경멸한다.

당신의 질문에 대답하자면, 이란 – 콘트라 사건에 대한 테오도르 드레이퍼의 저서 『매우 가는 선: 이란 – 콘트라 사건』(1991)은 머크레이킹의 좋은 예가 될 것입니다. 이 책은 상당히 높은 평가를 받고 있지만, 중요한 것은 남김없이 의도적으로 무시하고 있습니다. 예를 들어 사우디아라비아의 자금 지원으로 미국의 무기가 이스라엘을 경유해 이란에 판매되기 시작한 것은 1980년대 초이고, 그때는 어떤 인질도 없었으며, 이스라엘의 고위 관리들이 분명하고도 명료하게 설명한 그 이유들은 민간정부를 쓰러뜨리기 위한 정형화된 공작과정과 정확히 일치한다는 사실, 그리고 이란 – 콘트라 반군들에 대한 불법적인 자금 지원 역시 널리 알려진 사실이었으나 하센푸스 비행기 격추로 인해 정보 통제가 불가능해지기까지는 언론에 보도되지 않았다는 사실 등을 모두 생략하고 있습니다. 이런 방법이 타락한 지식인 문화에서는 일반적인 것, 완전히 이해될 수 있는 것으로 통합니다.(1995.3.31.편지)

정치 비판의 한계를 극복하고 머크레이킹을 넘어서기 위해서는, 좌파 자유주의 사회를 향한 우리의 이해나 행동을 제한하는 경제적 · 심리적 · 법적 · 사회학적 메커니즘을 먼저 이해해야 한다. 급진적 비판에 집착하는 사람의 견지에서 보면, 이러한 메커니즘은 극히 복잡하며 특정한 사건의 세부적 사실들에 주목하기보다는, 특정한 종류의 행위를 조장하는 정치사회학적 조건들에 대한 전반적인 분석을 필요로 한다. 그러나 촘스키는 그렇게 심오한 분석이 현재의 수준에서 가능하다는 것은 허위라고 생각한다. 그는 충분히 이해되지 않거나, 대중매체에 의해 왜곡되고 있다고 생각되는 사건들을 밝히는 데 전념하고 있다. 아브라모비치의 말을 들어보자.

나는 머크레이커들이 쓴 글을 즐겨 읽습니다. 최근에 읽은 것 가운데 가장 좋은 예는 I. F. 스톤의 글입니다. 베트남전에 대해 그가 발견한 사실들은 정말 섬뜩할 정도입니다. 정부가 이런 일들을 벌일 수 있다는 사실이 놀랍다는 뜻만은 아닙니다. 그런 일들에 관한 글을 읽거나 그런 사실들을 널리 알리는 것은 언제나 재미있습니다. 그것이 바로 촘스키가 미국 사회에 대하여 매우 훌륭하게 수행하고 있는 일이기도 합니다. 그러나 그것은 한 단면에 불과합니다. 또다른 측면은 사회가 어떻게 움직이는가를 가능한 한 완전하게 이해하려고 노력한다는 것입니다. 좀더 구체적으로 말하면, 사회는 어떤 종류의 위기를 겪을 것인가? 사회는 완전한 구조적 붕괴를 우회할 수 있는가? 지금까지 사회적 구조들은 살아남을 수 있었습니다. 많은 급진론자들은 오랫동안 종말이 다가왔다고, 내일 아침에는 새로운 사회가 열릴 것이라고 예언해 왔습니다. 그러나 그런 일은 일어나지 않을 것 같습니다. 이 말은 사회가 자체의 문제를 일시적으로 해결하는 방법을 가지고 있고, 따라서 사회가 자신의 관성과 존재와 구조를 유지할 수 있다는 것을 의미합니다. 이것이 영원히 계속되는 과정인지 아닌지를 밝혀보는 것도 흥미로울 것입니다.(1991.2.12. 인터뷰)

촘스키의 견해로, 그러한 문제를 상세히 다룰 수 있는 이론은 없다. "나는 정치분석을 행할 때, 가령 독재체제의 본성이나 내부적 여과 장치 등등의 문제에 대한 진실을 꿰뚫어볼 수 있는 통찰력을 제공하는 이론이란, 진정한 의미에서 존재하지 않는다고 생각합니다." 물론 이 말은 에리히 프롬이나 허버트 마르쿠제 같은 이론가들과 그를 구분시켜 준다. 이 점만 아니라면 촘스키는 그들의 관심사에 대해 충분히 공감할 수도 있었을 것이다. "사실 이런 종류의 작업은 매우 분명하다고 여겨집니다. 그리고 솔직히 말해, 지식인들이 문제를 실제 이상으로 포장하는 데 나는 짜증이 납니다. 게다가 우리는 그런 행위에 대해 다음과 같은 분석을 내릴 수 있을 것입니다. 즉 '당신은 그런 방법을 이용해서 존경받는 대중적 지식인이 되고, 같은 유형의 사람들 앞에서 우쭐대는군' 하고 말입니다. 그러나 고등학생에게 한 마디로 설명할 수 없는 무엇인가가 있을까요? 나는 아직 그런 것을 들어본 적이 없습니다(1995.5.18. 편지)."

이 모든 것으로부터 해결이 불가능할 수도 있는 촘스키만의 문제가 발생한다. 우선 1960년대 후반에 시작되어 70년대 초까지 계속된 촘스키의 정치적 노력은, 일반대중이 거의 이해할 수 없는 중대한 사건들에 대해 그들의 경각심을 불러일으키기 위한 것이라고 주장할 수 있다. 이러한 주장의 전제로, 고도로 조직화된 정치적 선전과 의식·무의식적으로 행해지는 수많은 전술들이 지금까지 일반인들의 관심을 중요한 문제에서 다른 곳으로 유도하는 데 성공했다는 점을 들 수 있다. 아니면 또 하나의 대안으로서 베트남, 캄보디아, 중동 등에 관한 촘스키의 정치적 활동이, 개별적 쟁점들과 관련하여 설명될 수 있는 구체적인 교훈에 기반을 두고 있다는 주장이 가능하다. 그러나 그 경우에도 충분한 대답이 불가능한, 다음과 같은 문제들이 남는다. 즉 우리는 왜 정치사회적으로 이 특정한 시점에 도달했는가? 그러한 강력한 장애물이 존재하는 상황에서 어떻게 변화가 가능한가? 명백히 억압적인 사회구조로부터 우리 자신을 해방시키기 위해 우리는 어떠한 조치를 취할 수 있는가?

우리가 어떻게 행동해야 하는지 촘스키는 말하지 않을 것이다. 우리는 특정한 역사적 정세 속에서 어떠한 것이 적절한 행동인지를 판단하는 문제와, 모든 인간에게 내재한 창조적 가능성을 발현시키기 위해 어떤 작업을 수행해야 하는지를 결정하는 문제에 직면해 있다. 이 문제들은 같은 해결책을 가진 것일지도 모른다. 켄 코우츠는 「사회주의자와 노동당」이란 제목의 1973년도 팜플렛에서 이렇게 주장한다. "노동자들이 그들의 삶을 지배하기 위해 해야 할 일은 복잡한 정치철학과 쉽고 직설적인 산문 양쪽 모두에 관심을 갖는 것이다." 여기에서 그는, 몇 가지 의심스러운 예들과 함께 중국과 러시아 혁명을 예로 든다. 노동자들이 특정한 운동으로부터 교훈을 얻을 수 있다는 주장과 그들에게는 국제적인 지도력과 전망이 필요하다는 주장으로 시작한 코우츠는 계속해서, 노동자들에게는 그들 자신의 이익과 관련된 논쟁에 참여할 수 있는 철학적인 그리고 현실적인 계기가 필요하다고 주장한다.

이 모든 것이 분명히 의미하는 바는 우리가 마르크스, 레닌, 룩셈부르크, 루카치, 트로츠키, 그람시, 마오쩌뚱, 그리고 사회주의 사상사에 빛나는 많은 위대한 인물들을 연구할 필요가 있다는 사실이다. 그러나 이와 동일하게, 우리가 스스로 사고할 필요가 있다는 것을 의미하며, 만약 우리가 노동 계급운동이 직면한 모든 주요한 문제들로부터 인위적인 거리를 두게 된다면 그들의 투쟁에 도움을 줄 수 있는 방향으로 이 연구를 수행하기는 대단히 어렵다는 것을 의미한다. 현재의 노동운동은 바로 그러한 문제들을 해결하려는 시도로 발전해 온 다양한 조직들 속에서 이루어지고 있기 때문이다.(7쪽)

어떤 점이 강조되어야 하는지, 그리고 '사회주의 사상'과 '노동자들이 스스로의 힘으로 사고하도록 돕기 위한 노력' 사이에는 어떤 관계가 존재하는지는 분명하지 않다. 그러나 코우츠는 가령 체 게바라와 테오도르 아도르노 사이에 존재하는 엄청난 거리를 좁히기 위한 맥락을 제공하고 있다.

| 언 어 학 전 쟁 |

언어학 분야에서, 특히 MIT 언어학과에서의 1960년대 후반은 교수와 학생 사이의 논쟁과 불화로 점철된 시기였다. 1972년 9월 「뉴욕 타임즈」에 실린 기사, '촘스키의 옛 제자들이 스승에게 거친 언사를 쏟아붓다'를 보자. 이 기사는 촘스키의 동료인 존 로스의 말을 인용하여, 촘스키는 자신이 창안한 이론 틀에 너무나 집착한 나머지 "어디가 잘못되었는지를 볼 수 없는 지경"에 이르렀다고 전한다(70쪽). 로스를 비롯한 '분파주의자들'은 "의미론 연구를 병행하지 않고서는 통사론을 할 수 없다"고 주장했는데, 이 주장은 촘스키와 같은 '변형생성문법가들'이 받아들일 수 없는 전제였다. 그 기사는 또다른 MIT 동료인 조지 레이코프를 인용하고 있다. "촘스키의 통사론은 화용론적 맥락을 인정하지 않고 또 인정할 수 없기 때문에, 심지어 'please'라는 단어조차도 설명할 수 없다.…… 뿐만 아니라 'oh'나 'ehhh' 같은 간투사도 다룰 수 없다. 그런데 더 큰 문제는 촘스키에게 이런 것들을 전혀 지적해 줄 수 없다는 것이다. 그는 천재라서 그런지, 논쟁할 때는 아주 지저분하게 싸운다. 그는 온갖 기술을 이용하여 글을 쓴다. 그는 내가 지금껏 만난 사람 가운데 논쟁에 가장 뛰어난 사람이다." 언어학 전쟁의 파괴력은 이렇게 학계의 울타리를 벗어나 일반대중에게까지 알려질 정도였다. 이 전쟁은 주류 언론에 의해 수없이 보도되었고, 심지어 「뉴욕 타임즈」는 실제 사건이 발생하고 약 6년이 흐른 뒤에 다시 다루기도 했다. 이 작은 논쟁들로 인해 언어학계 내부에서 만들어진 간극은 상당히 집요한 오해를 수없이 불러일으켰다. 바로 이러한 이유로 언어학에 대한 일반대중의 인식은 시대적으로 동결되었고 부정확한 기초를 갖게 되었을 것이다. 가령 언어학계 외부의 지식인들은 심층구조니 생성문법이니 하는 말은 들어본 적이 있을지라도, 촘스키와 그의 동료들이 지금까지 이룩한 학문적 발전에 대해서는 모르고 있다.

우선 1960년대 후반, 촘스키와 함께 블룸필드식 언어학을 전복시키는 작업에 참여했던 사람들이 그의 주변으로 모여들었다. 촘스키는 당시까지 일반적으로 이해되고 있던 언어학 분야 전체에 의문을 제기했다. 폴 포스탈은 이렇게 회고한다.

당시는 심정적으로 대단히 고통스러운 상황이었다. 왜냐하면 '블룸필드

언어학' 그 자체도, 자신이 언어 연구의 과학적 방법이고 기존의 전통 언어학은 비과학적이라고 주장함으로써 주도권을 확보했던 혁명적 언어학이었기 때문이다. '블룸필드의 추종자들은' 다소 강압적으로 사람들을 짓밟았고, 많은 적을 만들어냈으며, 여러 가지 불쾌한 사건들을 일으켰다. 그러나 이제 자리를 잡은 지 얼마 지나지 않아서, 그들 자신이 갑자기 공격을 받게 된 것이다. 그리고 그 공격은 자신들이 이해할 수 없는 방식으로 이루어지고 있었다. 이제 그들은 자신들이 비과학적이라는 비판을 받고 있었다. 그들에게는 분명 악몽이었을 것이다.(랜디 알렌 해리스, 『언어학 전쟁』 73)

시간이 지나면서 촘스키 사람들 가운데 일부는 그의 접근법이 근본적으로 수술할 필요가 있다는 결론에 도달했고, 일부 학자들에게 좀더 만족스러운 대안으로 간주되는 이론을 제시했다. 로빈 레이코프는 이 점을 다소 극적으로 묘사하고 있다.

1965년에 이르러 그리고 그 후에도 MIT 언어학과의 고향인 20번 건물의 내부에는 순교자적 열정과 공통의 목적으로 무장한 헌신적인 공모자집단이 존재하고 있었다. 한두 해 후에 그들은 본모습을 드러냈고, 60년대 말이 되자 분위기는 전면전에 돌입했다. 언어학계는 항상 외부세계와단절된 상태였다. 어떠한 사탄도 에덴동산의 외부에서 기어들어와 그들을 유혹하거나 타락시킬 수 없었다. 모든 불화는 바로 집안에서 커가고있었다.(랜디 알렌 해리스, 『언어학 전쟁』 102)

이 알력은 많은 주목을 받아왔다. 최근의 한 책은 해석론자*(촘스키)와 생성의미론자**(조지 레이코프, 맥콜리, 포스탈, 로스) 사이의 단층이 그리 깊지 않다고 주장한다. "사실 이 두 프로그램은 매우 보완적이었고 둘 사이의 긴장은 서로를 묶어주었을 뿐 아니라, 그들이 독립적으로 발전했을 때 가능했을 경로보다 더 생산적인 길을 가도록 이끌어주었다(헉과 골드스미스, 『이데올로기와 언어학 이론』 3)." 그러나 촘스키는 분쟁에서의 자신의 역할과 그 분쟁 자체를 중시하지 않는다. 그리고 특히 랜디 알렌 해리스의 견해 즉, "모든 것이 권력다툼이었고, 종교였으며 …… 현실 세계는 이러한 환상들과 완전히 동떨어져 있고, 이 사실은 출판된 문헌들을 한번 훑어보면 쉽게 알 수 있다"는 견해를 반박한다. 촘스키는 계속해서 이렇게 덧붙인다.

잭켄도프와, 레이코프나 포스탈처럼 나의 학생이 아니었던 다른 많은 사람들 사이에 빚어졌던 '알력'은 1966년 무렵에 시작되었습니다. 나는 그 불화와 하등의 관계도 없었습니다. …… 그들의 논쟁에 참여했던 것은 딱 한 번, 1969년 텍사스의 한 학술회의에서였습니다. 나는 내 학생이었던 스탠리 피터스의 간곡한 부탁으로 비행기를 타고 회의장에 참석했다가 곧바로 돌아왔습니다. 피터스는 꽤 신경질적인 어조로 문제를 제기하던 생성의미론자들에 대해 내가 어떤 식으로든 공식적인 반응을 보

---

*Interpretive semanticists 촘스키의 표준 이론과 그 이후의 언어 이론에서는 통사구조를 기반으로 하여 문장의 의미를 얻는다고 되어 있으나, 구체적으로 의미 도출과정에 대해서는 언급이 없다. 촘스키의 통사구조를 바탕으로 문장의 의미가 어떻게 얻어지는지를 밝히는 이론을 해석의미론이라 하고, 이들 이론가들을 해석의미론자라 한다.

**Generative semanticists 촘스키의 표준이론에 제시된 구조는 의미를 포착하기에 충분하지 못하므로 의미적 정보를 더 정확히 전달하기 위해서는 심층구조가 풍부해져야 한다는 생성의미론을 주장하는 이들을 가리킨다. 이들은 심층구조가 모든 의미를 표현하고 통사구조는 문장의 의미 결정에 영향을 미치지 못한다고 주장한다. 생성의미론의 큰 특징은 의미의 초상화라 할 수 있다. 예를 들어 kill은 cause+become dead로 이루어져 있는데, 이와 같이 모든 의미는 더 작은 추상적 단위들의 결합이라 가정한다.

여주기를 원했습니다만, 내가 보기에 그것은 굉장히 유치했습니다. 그리고 1969년에 나는 다른 문제들에 골몰하고 있었지요.(1995.4.3. 편지)

어떤 종류의 문제였을까? 언어학 전쟁이 MIT에서 맹렬해지고 있는 동안 그의 반전활동은 '정점'에 도달했다. 그는 이 활동에 전념하는 동시에 언어학 연구를 수행하고 그 결과를 출판하는 것만으로도 너무 분주했기 때문에, "비록 관심이 있었다 해도 권력다툼을 할 시간이 거의 없었"다(1995.8.14. 편지). 또 한 가지 주목할 점이 있다. "그 당시에 내가 속해 있던 학과의 모든 보직은 포스탈, 로스, 펄무터, 그리고 키파스키 등의 생성의미론자들이 맡은 상태였고, 나와 함께 연구하던 라스닉, 잭켄도프, 에몬즈, 케인 등은 한 명도 임명되지

촘스키 언어학 연구의 심장부로 영원히 기록될 MIT의 20번 건물

않았습니다. 사실 생성의미론자라는 이름도 그들이 이 주제를 연구하는 한에서만 적합할 뿐이었습니다. 랜디 알렌 해리스 같은 이 시기의 '포스트모던 역사가들'은 이 사실을 매우 잘 알고 있으면서도 항상 생략하고 있습니다(1995.8.14. 편지)."

　　이러한 갈등에 의해 생겨난 또다른 쟁점은 촘스키의 과학 연구에 대한 좌파의 시각과 관계가 있다. 그의 이론이 타고난 유전적 능력 그리고 불변의 범주라는, 좌익사상에서 증오하는 원리들에 기초를 두고 있기 때문에 많은 사람들이 그의 이론을 경직된 것으로 간주한다. 촘스키는 이러한 견해를 '완전히 비합리적인' 것으로 본다. 그 이유는 다음과 같다.

우선 타고난 유전적 능력을 부인한다는 것은 한 마디로 어불성설입니다. 상투적인 논리에서 벗어나 이 세계를 관찰할 때, 모든 생물의 세계에서처럼 우리는 타고난 유전적 능력의 결과가 엄청나다는 사실을 발견할 수 있습니다. 그렇다면 '텅빈 유기체'를 주장하는 다양한 이론을 비롯하여, 많은 부정확한 개념들이 도대체 무슨 이유로 그렇게 널리 받아들여지고 성공을 거두고 있는가라는 의문이 생깁니다. 이와 같은 의문이 생기는 이유는 먼저 이러한 이론들이 잘못된 것이며, 거의 터무니없는 것이라는 사실이 밝혀졌기 때문입니다. 그리고 나는 이미 그 대답을 제시했습니다. 즉 텅빈 유기체 이론들은 조작과 통제에 종사하는 사람들에게 매우 유용하다는 것입니다. 왜냐하면 그 이론들은 조작과 통제에 장애가 되는 모든 도덕적 장벽들을, 물론 그 행위의 표적인 만인의 이익을 위하여(!) 제거해 주기 때문입니다. 그런 이유로 이 터무니없는 개념들이 소위 '좌파들'에게 …… 그리고 여론조작과 교묘한 사회관리 운영의 지지자들에게 매력적으로 보이는 것입니다. …… 세번째로 모든 분야와 마찬가지로 정신의 영역에는 대단히 중요한 유전적 요인들이 분명히 존재합니다. 우리는 이 사실을 발견한 것에 기뻐해야 합니다. 그러한 초기 제약이 없다면, 어떤 중요한 발달도 창조적인 행동도 불가능하기 때문입니다.

(1996.2.13. 편지)

이와 유사한 반향을 불러일으킨 또 한번의 소동이 1972년에 일어났다. 1971년 12월, 촘스키는 다시 한번 「뉴욕 서평」에 스키너의 저서에 대한 평론을 기고했다. 스키너의 저서인 『자유와 존엄을 넘어서』는 그 당시 굉장한 인기였다. 여기서 스키너는 보다 온순한 문명의 창조를 목표로 하는 사회라면 반사회적 성향을 잠재우는 데 행동주의 과학의 기술을 적용해야 한다고 주장했다. 이로 인해 스키너는 수많은 자유론자와 휴머니스트들에게 권위주의자라는 비난을 받았다. 그러나 추정으로만 논의되고 있던 이 책의 실제 내용을 오랫동안 분석하여 심도있는 논평을 제시한 사람은 바로 촘스키였다. 그는 스키너가 꿈꾸는 사회는 "저 멀리 가스 화로에서 분출되는 연기 아래에서 수용자들이 서로를 감시하는, 교묘하게 운영되는 집단 수용소"와 흡사하다고 묘사했다. 1972년 2월 「런던 타임즈」에 실린, '미국의 위대한 지식인 프로경기'라는 기사에는 스키너의 반응이 실려 있다. "나는 그 정도의 지적 능력을 가진 사람이 어떻게 그런 일을 할 수 있는지 의아할 뿐이다. 우리는 논쟁의 반대편에 서있고, 나는 그것으로 만족한다. 나는 그를 진지한 비평가로 여기지 않는다. 그는 유심론자이고, 행동에 관한 과학이 존재한다는 것을 인정하지 않고 있다. 그는 행동조절이라는 분야에서 어떤 연구가 진행되고 있는지 모르고 있으며, 이로 인해 자신의 언어학에서도 어려움을 겪을 것이다."

이 무렵 촘스키는 꽤 유명했지만, 주류 언론에서는 소외받는
정책 비판가였다. 늘 그랬듯이 그는 주류 언론매체에 정당한 사실 보
도의 방식을 따르도록 강하게 요구했으나, 그 성공은 미비했다. 예를
들어 그가 편집자에게 보낸 편지들은 거의 지면에 실리지 않았다. 예
외가 있다면 그가 공동 서명하고 다른 사람이 저자로 된 글들이었다.
그 예로, 촘스키는 「뉴욕 타임즈」의 편집자에게 보낸 1972년 2월 16
일자 편지에서 마크 사하로프, 로버트 제이 리프톤, 프레드 브랜만과
함께 다음과 같은 견해를 피력했다. "의심할 여지도 없이 미국의 인
도차이나 파괴는 이미 오래 전에 잔혹함의 단계를 넘어섰다. 그럼에
도 불구하고 다시 한번 집중적이고 매우 야만적인 파괴행위가 단 몇
주만에 그것도 전세계가 지켜보는 가운데 파렴치하게 이루어짐으로
써, 남아시아에서의 치욕스러운 기록에 새로운 차원의 혐오스런 행
위가 추가될 것이다."

촘스키는 잘 확립된 목표들을 달성하기 위해 끊임없이 글을
쓰고 항의데모를 했으며, 일련의 단체 및 개인들과 협력했다. 예를
들어 1973년에는 촘스키, 델린저, 헨토프, 스폭, 보일, 긴즈버그, 맥
도널드, 데이 등이 모여 반전주의자 연맹 50주년 기념식을 위한 위
원회를 결성했다.

이 기간 동안 촘스키가 저술한 베트남, 캄보디아, 라오스 등
에 관한 수백 편의 논문과 반박문을 보면, 우리는 그에게서 일종의
현대판 예언자 같은 인상을 받게 된다. 촘스키는 당대의 수많은 좌
파 인사들과는 달랐다. 후에 전체주의적, 억압적, 배타적, 반혁명적,
혹은 엘리트주의적으로 변해버린 운동이나 단체들에 결코 부화뇌동

하지 않았다. 레닌주의, 스탈린주의, 트로츠키주의 그리고 마오쩌뚱
주의는 촘스키와 동시대를 살고 있는 선각자들에게 극도로 배타적인
미국식 자본주의에 대한 대안을 제공해 주었다. 그러나 구소련과 중
국의 실제 상황에 대한 보도가 조금씩 흘러나오면서 많은 좌파 사람
들이 배신감을 느꼈다. 현재 우리는 좌익의 신용이 어떻게 추락했는
지, 유토피아적 사상이 얼마나 무기력한지, 운동가로서의 투쟁이 얼
마나 헛된 것인지 등에 대해 많은 이야기를 듣고 있다. 그러나 촘스
키와 그의 동료들이 일관성 있게 제시해 온 진보적 대안들에 대해서
는 불신의 소리를 거의 들을 수 없다.

　　우리 시대의 지식인 사회에는 패배감이 스며들었지만, 촘스
키는 이에 물들지 않았다. 그에게는 후회의 여지가 없다. 사실 그의
저서에는 가장 정확한 20세기 분석이 담겨 있다. 그러나 미국 정책
에 관한 그의 비판은 과거나 현재나 주류 언론에서 거의 언급되고 있
지 않으며, 역사나 정치를 가르치는 교사와 교수들에 의해서도 거의
다루어지지 않고 있다. 또 정치학과에서는 베트남 · 냉전 · 중미 · 이
스라엘 문제에 대한 그의 자료들을 거의 이용하지 않는다. 이러한
현상과 관련해서, 특히 베트남 문제와 관련해서 촘스키는 이렇게 말
한다. "주류 언론에 속한 사람들 중에서 베트남전에 관한 나의 비판
가운데 어느 한 부분이라도 인정하는 것은 고사하고, 잘 알고 있는
사람을 찾아내기란 쉽지 않을 것입니다. 이 점은 좌파에서도 마찬가
지입니다. 가령 좌파에서 누가, 베트남전쟁을 미국과 남베트남의 전
쟁이라고, 1970년대 초까지는 미국이 거의 승리했던 전쟁이라고 설
명하고 있거나 설명했던 적이 있습니까?(1995.3.31. 편지)" 베트남
폭격과 파괴에 관해 당시에 만연했던 비판적 시각을 촘스키는 이렇
게 요약한다. "주류 언론의 스펙트럼 내에서 가장 비판적인 시각으

로 볼 때, '베트남전은 선행을 베풀기 위한 어설픈 노력'으로 시작되었으나 비용을 감당하지 못해 결국 '재난'으로 끝난 전쟁이었습니다. 미국의 1964년 공격을 '방어행위'라고 지칭하며 지지했던 「이단자」는, 전쟁 후에도 자신의 입장이 끝내 옳았다고 결론을 내렸습니다. 좌파 내에서의 일반적인 견해는, 베트남인들이 전쟁에서 승리했고 미국이 패했다는 것입니다." 촘스키는 다시 한번 자신이 배제되었음을 강조한다. "나의 견해는 에드워드 허먼과 같습니다. 그러나 우리의 주장은 베트남에 관한 논쟁에서 거의 찾아볼 수 없습니다. 전쟁 발발로부터 1973년 평화조약에 이르는 그 중요한 시기에 발생한 사건들에 대해 우리가 공동으로 혹은 개별적으로 발표한 자세한 자료들은 빛을 보지 못하고 있습니다(1995.3.31. 편지)."

물론 촘스키와 그의 견해에 공감하던 많은 사람들은 미국의 베트남 정책을 반대하던 초기에 훨씬 더 심하게 소외되었다. 촘스키는 미국 정부가 자국의 이익을 위해 추진한 인도차이나식 침략방식을 하나의 기준으로 삼을 것임을 예견했다. 엘 살바도르, 니카라구아, 트리폴리, 이라크 등을 생각해 보면 이 예견이 결코 틀린 것이 아님을 알 수 있다. 그러나 베트남전에 관한 대부분의 재평가는 미국 정부가 저지른 실책, 대개는 전술적 실책들과 관련되어 있다. 지금까지도 이러한 평가들은 종종 철저한 평가로 간주될 뿐 아니라, 정책 입안자들에 의해 이 평가가 수용되는 것 자체가 미국 정치체제의 건강성을 보여주는 것으로 간주되기도 한다. 다시 말해 미국의 정치체제가 스스로의 실수를 인정할 능력이 있다는 것이다. 그러나 이것은 촘스키의 견해와는 거리가 멀다.

나는 미국의 정책 입안자들이 베트남에서 실수를 범했다고 비판한 적이 없습니다. 그들이 실수한 것은 사실이지만, 내 비판의 화살은 언제나 그들이 의도했던 것, 그리고 대개 성취했던 것을 겨누고 있었습니다. 러시아도 분명 아프가니스탄에서 실수를 범했지만, 나의 비난은 그들의 침략과 만행에 대한 것이었지 그들의 실수에 대해서가 아니었습니다. 그것은 문제의 본질과 무관하기 때문입니다. 물론 러시아 공산당의 인민위원들에게는 중요했겠지요. 우리의 이데올로기 체제 안에서 누군가가 '실수' 이상의 어떤 것을 비판한다는 것은 생각조차 할 수 없는 일입니다. 이 점에 있어서는 독재국가인 러시아가 좀더 개방적이지 않았나 생각합니다.(1995.3.31.편지)

촘스키의 입장에 반대하는 사람들이 미국의 베트남 개입을 문제삼고 나왔을 때에도, 그들은 촘스키의 글에 깔려 있는 핵심을 간과하고 지엽적인 문제만을 취하곤 했다. 그나마 그들이 제기한 문제는 미국이 품고 있던 근본적으로 반도덕적인 목표들과는 거리가 멀었다. 예를 들어, 1973년 12월 21일자 「타임즈 문학판」에 『국가의 이유』와 『밀실의 남자들』의 서평을 발표한 저자는 전체적으로 긍정적인 평가에도 불구하고 사소한 문제를 거론했다. 즉 이 책은 출판과 거의 같은 시기에 공개된 자료들, 특히 펜타곤 서류 사건의 관련 자료에 근거하고 있음에도 불구하고, 그는 이 책이 출간되기 오래 전에 쓰여졌으며, 출판사의 결정에 의한 것임에도 다른 제목의 두 권으로 발행되었다고 비난했을 뿐 아니라 촘스키가 원고를 완벽하게 수정하지도 않았다는 등의 주장을 폈다. 『밀실의 남자들』에 대한 나이젤 영의 서평은 1974년 4월 5일자 「타임즈 고등교육 부록」에 실렸다. 나이젤 영도 촘스키의 문체를 물고 늘어졌다. 그는 촘스키의 책이 학문적 모습을 취하고는 있지만, 논쟁적이라고 폄하했다. 그리고 한참 후에 『촘스키 읽기』에 대한 서평이 「타임즈 문학판」에 게재되었다. 서평의 저자인 찰스 타운젠드는 촘스키의 스타일에 대해 장광설을 늘어놓았다. 그는 이 책의 열정적인 전개 속도, 참고문헌과 세부적 설명들의 과도함을 비판했고, 그 방식은 클라이막스에 도달하기도 전에 첫머리에서 독자들을 지치게 만든다고 비난했다.

　　문체나 장르에 대한 이러한 집착은 촘스키 글의 핵심적 주장을 회피하는 수단으로 작용하고, 그럼으로써 인텔리겐차는 공식적인 학설에 순응할 수밖에 없다는 촘스키의 주장을 증명하는 셈이다. 1973년 12월 21일자 「타임즈 문학판」에 실린 서평의 저자는 글의 말미에서, 촘스키가 인도차이나에 대한 미국의 진정한 이해관계를 들춰냈고 미국의 행정부가 아시아에서 신과 같은 역할을 행하게 된 경위를 폭로하고 있다고 회고한다. 이 평론가는 아시아의 농촌지역에 대한 미국 행정부의 공격이 의도적이고 잔악하다는 사실을 파헤친 촘스키의 용기를 너그럽게 인정하고 있다. 그러나 이 서평은 글의 주제를 정확하게 반영하지는 못했다. 왜냐하면 이 서평은 사람들을 학살하는 데 덜 오만하고 보다 자비로운 방법이 있을 것임을 시사하고 있기 때문이다. 뿐만 아니라 미국이 인도차이나에서 치른 대가는 성취한 목표에 비하면 아무것도 아니라는 촘스키와 허먼의 견해를 무시하고 있다. 오랜 기간 지속되었던 냉전에서도 그랬다. 비록 냉전의 유지는 무의미해 보였지만 궁극적으로 미국은 자신의 이해관계에 따라 세계를 분할했고 자국의 군수공장들을 부양할 수 있었다.

　　촘스키의 저서가 비슷한 내용을 말하는 머크레이커들의 글과 구분되는 점은 베트남전을 몰고 온 사고방식이 이미 제도적으로 깊이 뿌리내린 상태임을 매우 일관성 있게 설명하고 있다는 것이다. 어떤 정부관리도 미래의 정권이 저지를 잔혹 행위를 막을 수 있는 진정한 교훈을 배우지 못한 것 같다. 그리고 제국주의간의 권력투쟁에서 인간적인 해결방법과 교훈은 대부분 차단되어 제 역할을 발휘하지 못하고 있다. 정부관리들이 배울 수 있다고 입증된 것은 고작해야 어떻게 하면 전술적 실수를 줄일 수 있고, 그럼으로써 어떻게 하면 좀더 살인적이 될 수 있는가 하는 문제뿐이다. 촘스키를 논한 대부분의 평론가들은 거의 일률적으로 이 점을 언급하지 않았다. 1973년 「타임즈 문학판」의 논평자도 예외는 아니어서, 그 역시 제국주의의 종말이 다가왔다는 상투적인 암시로 글을 끝맺었다.

| 스 포 트 라 이 트 속 의 생 활 |

1970년대 중반과 후반에 촘스키의 『언어에 대한 소고』와 『형식과 해석에 관한 에세이들』이 출간되었고, 곧이어 1955~56년에 쓰여진 『언어학 이론의 논리구조』가 출간되었다. 이로써 몇 년에 걸친 연구의 결실이 마침내 일반대중에게 선을 보이게 된 것이다. 이 시기의 촘스키는 광범위한 지역에서 많은 강연을 했다. 캐나다의 온타리오주 해밀톤에 있는 맥매스터대학에서의 위든 강연, 네덜란드의 라이덴대학에서의 후이징가 기념 강연, 콜롬비아대학에서의 우드브리지 강연, 스탠포드대학에서의 칸트 강연이 이어졌다. 그는 1974년 영국학술원의 객원 회원에 임명되었다. 그러나 언어학계 내부에서 가장 많은 논란을 불러일으킨 책은 무엇보다도 『언어에 대한 소고』였고, 1976년 9월 10일 「타임즈 문학판」에 실린 존 서얼의 서평 논문인 「언어게임의 규칙들」이 논란에 한 요인을 제공했다. 서얼이 보기에 『언어에 대한 소고』는 촘스키가 그의 이전의 입장에서 후퇴하고 있으며, 특히 문장의 의미가 통사적 심층구조에 의해 결정된다는 생각을 포기하고 있음을 확인해 주는 것 같았다. 서얼은 촘스키가 이제 표층구조라는 수정된 개념을 통해 의미를 결정하려 한다고 주장했다. 이에 대해 촘스키는 다만 서얼의 서평이, 『통사이론의 제양상』이 출간된 이후에 서얼 자신이 언어학에 대한 흥미를 잃어버렸음을 보여주는 것이라고 언급했다.

　　맥매스터대학에서 행한 위든 강연의 내용 일부를 담고 있는 『언어에 대한 소고』는 촘스키가 지금까지 수많은 맥락 속에서 탐구해 온 세 가지 문제 가운데 첫번째 것을 다루고 있다. 촘스키는 이 문제를 '플라톤의 문제' 라 부른다. 버트란트 러셀은 그의 후기 저작에서 이 문제를 다음과 같이 정의한다. "세계와의 접촉 기간이 짧을 뿐 아니라 지극히 개인적이고 제한되어 있는 인간이 어떻게 그렇게 많은 것을 알고 있는가?(『심리적 배경에서의 언어』 3~4)" 두번째 문제는 언어학적 논의에서보다는 정치적 논의과정에서 자주 다뤄진 것으로서, 촘스키가 그의 『언어의 지식』에서 '오웰의 문제' 라고 불렀던 것이다. 즉 "인간은 그들이 접근할 수 있는 그렇게 많은 양의 정보에도 불구하고 어떻게 그렇게 아는 것이 없는가" 하는 문제이다. 세번째 문제는 이 책의 3장에서 살펴본 것으로서 촘스키가 '데카르트의 문제' 라 명명했던 것이다. 즉 "수많은 인간의 신비를 어떻게 설명할 수 있으며, 인식론의 경계 밖에 무엇이 놓여 있는지를 어떻게 결정할 수 있는가"의 문제이다.

　　『언어에 대한 소고』에서 촘스키는 보편문법에 도달하기 위한 통찰력 획득의 한 방법으로 첫번째 문제를 다루었다. 서얼은 그 문제 자체에 대해서 촘스키와 견해를 달리 한 것이 아니라, 문제에 접근하는 촘스키의 방법, 특히 서얼이 '자립적 통사이론' 이라고 부른 촘스키의 방법론에 대해 견해를 달리했다. 촘스키의 말을 들어보자.

"서얼이든 누구든 나의 '자립적 통사이론'에 대해 견해를 달리 한다는 것은 논리적으로 불가능한 일입니다. 나는 그런 이론을 주장한 적이 없기 때문입니다. 그것에 대해 많은 논쟁이 있었고, 많은 사람들이 무엇인지는 말하지 않은 채 이 이론을 계속 공격하는데, 아무도 그것을 변호하지 않습니다. 나 역시 할 수 없습니다. 그것이 무엇인지 전혀 모르기 때문입니다(1995.3.31. 편지)." 서얼에 따르면, 자립적 통사이론을 뒷받침하는 촘스키의 논리는 다음과 같다. "자연언어의 통사규칙들, 즉 문장구성의 규칙들은 단지 통사적 개념들만을 이용해도 기술될 수 있다. 즉 그 규칙들은 의미라든가 기능 또는 그 어떤 비통사적 개념과 전혀 무관하다. 곧 모든 자연언어의 모든 통사규칙들은 이런 의미에서 형식적이다." 서얼은 자신이 촘스키의 논리라고 지칭한 이 주장에 대해 다음과 같이 반박하고 있다. "만약 언어가 선사시대에 의사소통의 필요성을 위해 진화했다면, 아마도 언어의 의사소통적 기능과 통사 요소의 의미를 다루는 규칙이 반드시 있을 것이고, 동시에 언어의 많은 순수 통사규칙들은 통사형식들이 수행하는 기능을 통해 더 심도있게 설명될 수 있을 것이다." 이 서평은 촘스키의 글을 근본적으로 잘못 이해한 결과로 점철되어 있었고 이에 불필요한 공론을 야기했다. 공론의 주제는, 촘스키가 보기에 "혹시 '기능의 역할에 대한' 제안이 공식화될 수 있다면 확인될지도 모를 가상의 내용"이었다(1995.3.31. 편지). 그 서평의 파편은 편지의 형태로 「타임즈 문학판」의 편집자에게까지 날아갔다. 이후 꽤 오랫동안 '언어의 본질에 관한 명백한 전제들'에 관한 문제, 그리고 의미와 기능은 문장의 통사적 자질의 분포를 결정하는 규칙과 어떻게 관련되어 있는가의 문제는 언어학자들과 언어 이론가들의 논쟁의 불씨가 되었다.

1970년대 중반 촘스키는 오십의 나이에 다가서고 있었다. 그의 자녀들은 십대였고, 캐롤은 하버드대학의 교육대학원에서 반일제로 학생들을 가르치고 있었다. 자녀들은 모두 뛰어난 학생이었고, 의심할 바 없이 풍부한 대화와 깊이 있는 문화적 환경의 혜택을 누리면서 성장했다. 그러나 그들은 또한 촘스키라는 이름의 그림자에 묻혀 살았다. 노암에게 비치는 조명이 종종 그의 부인과 아이들에게까지도 비추었기 때문에 사생활 보호가 다소 어려웠다. 캐롤과 노암은 아이들에게 스스로의 생활방식을 선택할 수 있는 자유를 주었고, 노암의 정치 참여활동을 둘러싼 논쟁으로부터 아이들을 보호한다는 결심에 충실했다. 그래서 촘스키 가족에 대한 정보는 수년 동안 거의 밖으로 흘러나오지 않았고, 촘스키 가족의 생활은 그들 부부의 동료들 사이에서도 늘 얼마간의 거리가 유지되었다.

어쩌면 촘스키는, 한 개인으로서 직면했던 위험이나 더욱 집중된 조명으로 자신의 가족이 겪어야 했던 어려움 때문에 두려움과 당혹감을 느꼈을지도 모른다. 그러나 그는 이러한 문제로 결코 자신의 신념을 포기하거나 입장을 완화하지는 않았다. 1970년대 중반에서 후반까지의 참여활동에서도, 그는 50년대 후반 이후 계속 다루어왔던 문제들에 초점을 유지했다. 그것은 중동문제, 스페인 내전, 제2차 세계대전의 배경, 미국의 세계 정책의 틀, 세계 질서, 인도차이나 문제 등이었다. 동시에 그는 오웰의 문제에 더욱 더 심취했다. 즉 새로운 기술의 결과, 미국 각 가정의 텔레비전에서 심층적으로 보도된 베트남에서와 같은 파괴와 침략이 거의 한 세기 동안 계속되었을 뿐 아니라, 미국의 제도에 대한 미국인들의 신뢰를 틀림없이 뒤흔들어 놓았을 1960년대의 사회불안, 전쟁, 석유파동 등과 같은 수많은 사건들을 겪었는데도 왜 사람들은 항거하지 않는가의 문제에 특별한 관심을 기울였다. 그럼에도 불구하고 그는 이렇게 말한다. "1960년대의 운동은 70년대에 팽창했고, 80년대에는 더욱 광범위해졌습니다. 운동은 또한 주류 사회에도 깊이 뿌리내리게 되었습니다(1996. 2.13. 편지)."

1970년대 초의 이 시점에서 촘스키는 에드워드 허먼과 협력을 시작했다. 그는 촘스키와 공동의 관심사를 가진 인물로서, 1966년과 71년에는 베트남전에 관한 저서들을 출간하기도 했다. 이것이 계기가 되어 촘스키의 연구는 새로운 국면을 맞이 하게 되었다. 이제 그는 여론을 조작해내는 사회제도를 더욱 면밀히 검토함으로써 이전의 정치분석을 보충할 수 있게 되었다.

│ 촘 스 키 와 에 드 워 드 S . 허 먼 │

허먼은 당시에 언론분석을 연구하고 있었다. 그는 친구인 데이비드 피터슨에게 다음과 같은 편지를 보냈다.

촘스키와의 협력은 우리 공통의 이익과 견해에서 비롯되었습니다. 우리 둘이 함께 연구함으로써 각자의 개념과 표현방식을 융합할 수 있고, 상호편집으로 이익을 얻을 수 있으며, 공동 작업을 통해 일을 더 신속하고 효율적으로 처리할 수 있을 것이라는 상승 작용에 대한 기대에서 비롯된 것이지요. 처음에는 거의 만날 수 없었지만, 논문을 교환하고 서로의 눈에 비친 현실과 각자의 생각에 대해 논평하면서, 활발하게 서신을 교환했습니다.(1992.8.12. 편지)

촘스키와 함께 일하는 이점들을 정리한 이 편지글에서 허먼은 공동 작업의 가치에 대한 촘스키의 신념을 인정하고 있다. "공동 저술에서 심리적인 이익도 얻을 수 있습니다. 자신의 생각이 인정받고 있다는 것, 공동 연구 때문에 혼자만의 생각으로 끝나지 않게 되었다는 것을 깨닫게 되지요." 촘스키는 1992년의 강연 '창조와 문화'에서 반어적이고도 유머스러운 그만의 전형적인 방법으로 비슷한 점을 지적하고 있다. "사람들은 함께 모이면 너무 위험해집니다. 그럴 때 그들은 생각과 사상을 갖게 되고, 그것을 공개적인 무대에 올려놓지요. 이제 그들은 자기가 속하지 않는 영역에 발을 들여놓습니다. 다시 말해 공적인 문제에 영향을 미치기 시작하는 것이지요." 촘스키는 이어서 사상 통제의 다양한 측면을 논한다. 허먼 역시 이 주제에 매력을 느끼고 있었다. "사람들을 분리하고 고립시키는 것이 통제의 한 기술입니다. …… 텔레비전은 본질적으로 사람을 고립시키는 장치입니다. 사람들은 혼자서 브라운관을 쳐다봅니다. 따라서 사람들을 통제하는 데 아주 유리하지요. 사람들을 계속해서 고립시킬 수만 있다면 …… 각자가 개별적으로 생각하고 아무도 내가 어떤 미친 생각을 하고 있는지 끝내 모를 수만 있다면, 무엇이 문제겠습니까 ……."

촘스키 – 허먼의 협력은 궁극적으로 몇 편의 논문과 저서를 낳았다. 『반혁명 폭동:사실상의 대학살과 흑색선전』(1973), 『인권의 정치경제학』(1979), 『여론 조작:매스미디어의 정치경제학』 등이 그것이다.

| 검 열 |

『반혁명 폭동』은 미국이 베트남에서 자행한 대량 학살을 자세히 묘사하고 있다. 촘스키는 일부 엘리트 집단들이 현실타파 움직임을 억누르기 위해 상호협력하고 있다는 사실을 오랫동안 의심해 왔다. 그러나 그는 이 권력 집단들이 반대자를 짓누르기 위해 저지르는 행위를 자신이 과소평가하고 있었음을 깨닫기 시작했다.

『반혁명 폭동』은 워너 모듈러 출판사의 모회사이자 거대 기업인 워너 커뮤니케이션스사에 의해 판매금지되었다. 미국의 거대 기업이 스스로 출판한 책 한 권을 폐기하기로 결정했다는 것은 그 자체가 믿을 수 없는 것처럼 보인다. 게다가 워너 커뮤니케이션스사가 책을 폐기처분하라는 명령을 내린 후에도 워너 모듈러사가 책의 배포중지를 거부하자, 워너 커뮤니케이션스사는 자회사인 그 출판사를 폐업해 버렸다. 사태는 더욱 악화되었다. 『반혁명 폭동』은 다음 해인 1974년에 프랑스에서 『피바다』란 이름으로 출간되었다. 그러나 촘스키의 주장에 따르면, 이 책은 "당시의 프랑스 좌파의 이데올로기적 요구를 충족시키기 위해 오역"되었다(1995.3.31. 편지).

한 기업이 이데올로기의 이름으로 기꺼이 이윤을 포기할 수도 있다는 사실, 또는 한 권의 책이 특정한 이데올로기적 요구에 부합하지 않는다는 이유로 번역과정에서 조작될 수도 있다는 사실에, 자유시장의 신성함과 표현의 자유와 같은 개념들을 신봉하는 사람들은 눈살을 찌푸리게 된다. 이 사실은 또한 성가신 의문을 불러일으킨다. 워너 그룹은 어떤 이유로, 더구나 미국의 명문대학에 고용되어 있는 탁월한 두 지식인이 저술한 한 권의 책을 폐기 처분하기 위해 자회사를 불구로 만들 필요성까지 느끼게 되었을까? 1983년 비콘 프레스에 의해 출간된 벤 바그디키안의 저서 『매체의 독점』은 이 사건에 대한 촘스키의 설명이 옳다는 것을 증명한다. 그리고 이 책은 후에 촘스키가 언론매체와 권력 엘리트들의 공모를 비판할 때 매우 중요하게 인용하는 참고자료 가운데 하나가 되었다.

워너 커뮤니케이션스사는 대학생의 수가 점점 증가하고 그에 따라 대학교육에 대한 관심이 높아지는 상황에 편승하여 워너 모듈러사를 합병했다. 워너 모듈러사의 사무실은 메사추세츠주의 앤도버에 위치하고 있어 보스톤 안팎의 거대한 지식인 사회와 가까웠고, 그만큼 각 대학 강좌의 필독서 목록을 보충할 수 있는 각종 서적, 팜플렛, 단행본을 출간할 수 있었다. 발행인 클로드 맥칼렙은 "국내외 사건에 대한 참신한 분석을 요구하는 사회적 수요가 급증함에 따라 이에 부응할 수 있는 목록을 개발"하고 있었다(바그디키안, 『매체의 독점』 33). 촘스키 – 허먼의 저서는 이 목록의 일환으로 출간되었다. 이 책은 "미국이 저개발국가의 혁명운동을 진압하는 과정에서 원주민들에 대한 폭력의 주범이 되어왔다"고 주장했다(바그디키안, 33). 1973년 8월, 이 책의 광고를 본 워너 커뮤니케이션스사의 회장인 윌리암 사르노프는 워너 모듈러사에 전화를 걸었다. 그는 "이 책이 모회사를 난처하게 만들 수 있는 또다른 펜타곤 서류 사건의 경우가 아닌지"를 물었다. 아니었다. 그는 이 책이 두 명의 존경받는 지식인의 저술이라는 대답을 들었다. 그날 늦게 사르노프는 맥칼렙에게 다시 전화를 걸어서 『반혁명 폭동』의 사본을 그날 밤까지 뉴욕으로 가져오라고 요구했다. 그러나 이것은 불가능했다. 그 책의 견본이 며칠후 뉴욕에서 열리는 미국 사회학회 총회에 배달될 예정이었고, 그 일정에 따라 책이 인쇄되고 있었기 때문이다. 그래서 다음날 아침 워너 모듈러사의 한 직원이 사르노프에게 원고를 전달했다. 곧이어 맥칼렙이 사르노프의 사무실로 소환되었다. 격노한 사르노프는 이 책을 출판했다는 이유로 맥칼렙에게 공격을 퍼부었다. 맥칼렙의 말에 따르면, 사르노프는 『반혁명 폭동』이 "거짓말, 존경받는 미국인들에 대한 무례한 공격, 확인되지 않은 자료 등으로 가득찼으며, 진지한 출판사가 투자할 가치가 없는 책"이라고 주장했다. 그는 책이 배포되어서는 안된다고 선언했고, 광고를 취소했으며, 촘스키-허먼의 책을 수록한 워너 커뮤니케이션스사의 카탈로그를 소각하고 그들의 책 제목이 빠진 새 카탈로그를 만들도록 명령했다(바그디키안, 34).

당연히 맥칼렙은 이 명령에 경악했다. 그는 워너 커뮤니케이션스사와 워너 모듈러사 사이에 합의된 이전의 계약내용 가운데 출판의 결정권이 누구에게 있는가에 대한 부분을 상기시키면서, 사로노프의 초고 파기결정이 학계에 미칠 파장에 대해 주의를 주었다. 맥칼렙의 말에 따르면, "사르노프는 나, 나의 직원, 저자, 혹은 학계가 어떻게 생각하는지는 눈꼽만큼도 관심이 없다고 대답하면서, 『반혁명 폭동』의 모든 재고분이 파기되어야 한다는 말로 대화를 끝냈"다(바그디키안, 34). 워너 모듈러사는 곧이어 다른 회사에 매각되었고, 얼마 후에는 문을 닫게 되었다.

검열은 여기서 끝나지 않았다. 촘스키와 주류 언론을 연결시켜주던 보잘 것 없는 통로마저 폐쇄하기 위한 갖은 노력이 그 해에도 계속되었다. 허먼의 설명을 들어보자.

대략 1965년부터 72년에 이르는 베트남전 기간은 거대하고 적극적인 반전운동의 시기이기도 했다. 촘스키는 폭넓은 발언과 저술활동을 펼쳤지만, 이때만 해도 그가 접근할 수 있었는 곳은 「램파트」와 「리베라시옹」 같은 좌파 출판물에 한정되어 있었고, 1972년까지는 예외적으로 주류 매체인 「뉴욕 서평」이 있었다. 촘스키는 「워싱턴 포스트」지에 고정적인 기명칼럼란을 가져본 적이 없고, 「뉴욕 타임즈」에 실린 그의 유일한 의견란은 원래 그대로의 기고문이 아니라 상원 외교관계위원회에서 행한 증언의 요약문이었다. 「뉴욕 서평」도 1973년에는 폐쇄되었다. 그 이유는 촘스키쪽의 어떤 변화가 아니라 그 잡지사의 편집국 인사들이 우편향으로 급선회했기 때문이었다. 그들은 그 이후로 수많은 좌파 비평가들을 배제했다.(허먼, 『폴 포트』 559)

미국의 가장 저명한 지식인이자 정치적 반대자 가운데 한 사람이 이런 식으로 주류 출판에 의해 무시당하고 심지어 배척당했다는 것은 대단히 주목할만한 사실이다. 그러나 촘스키에 따르면 이런 일은 그가 정치문제에 공개적으로 참여하기 시작한 때부터 계속 있어 왔다.

내가 배척당하지 않은 때가 언제였습니까? 1960년대와 70년대 초에 나는 사실상 무시되었고, 유일한 예외가 있다면 「뉴욕 서평」이었지요. 이 언론사는 1968년부터 72년까지, 그들이 무시하기 힘든 젊은 지식인과 학자들이 제기하는 시사적 견해에 대응하기 위해 이단적인 의견도 허용했습니다. 이것마저 사라지자 문은 닫혀버렸습니다. 당시만 해도 주류 매체는 폴 로이터, 피터 데일 스코트를 비롯한 많은 이단자들의 글을 출판했습니다. 그러나 그 후로 지금까지 그들은 거의 전적으로, 그들이 전에는 허용했던 이단자들에 의해 비판받는 인사들에게만 문호를 개방하고 있습니다. 물론 주류 진보주의자들과 우익에게는 항상 개방적이었지요.(1995.3.31. 편지)

이것으로 볼 때, 1960년대 후반부터 70년대 초반까지의 기간은 다양성과 논쟁 그리고 이단적 사상이 만개할 수 있었던 시기였음을 짐작할 수 있다. 이 견해는 당시에 대한 공식적 기록과도 우연히 일치한다. 그러나 촘스키는 이에 반대한다. "80년대에 대중운동이 더욱 더 활발해지면서, 언론 역시 어느 정도 문을 열었습니다. 그래서 80년대 초 이후에 나는 어느 때보다도 많은 매체와의 접촉 기회를 가질 수 있었지요. 비록 「뉴욕 타임즈」, 「워싱톤 포스트」, 전국적 공용 텔레비전과 라디오방송 등과 같은 미국의 전국적 매체들은 여전히 폐쇄적이었지만 말입니다(1995.3.31. 편지).″

　　점점 더 많은 대중들이 촘스키의 정치 서적에 열정적인 관심을 보이는 것과는 아주 대조적으로, 지식인 엘리트들은 알아듣기 쉬운 일반적 편견들, 가령 그는 반시온주의자라거나 공산주의자라는 등의 편견에 많은 영향을 받는 것 같았다. 촘스키의 정치 서적을 실제로 읽어보지 않은 사람들은, 촘스키가 이단적 견해로 인해 배척당했다는 사실을 전혀 믿을 수 없다고 말할 것이다. 바로 그러한 견해가 주류 언론의 근간이고, 다양한 견해를 가진 사람들에게는 정기적으로 정부를 공격할 기회가 부여된다는 생각이 일반적인 상식이다. 그러나 촘스키와 그의 글을 보다 잘 알고 있는 사람들, 그리고 촘스키와 주류 언론매체 사이의 관계를 잘 이해하고 있는 사람들은 다른 견해를 가지고 있다. 이 모든 사실에 대해 촘스키 자신은 그에게서만 볼 수 있는 유머와 신랄함과 통찰력으로 이렇게 평한다.

많은 환상들이 날조되고 있으며, …… 여기에는 분명한 이유가 있습니다. ″우리는 그에게 어디든 갈 수 있는 자유를 허락했지만, 그는 미쳐버렸답니다. 그러니 이제 어떻게 해야 할까요…….″ 그리고 사실이란 쉽게 확인할 수 있는 것임에도, 그 사실들을 알지 못하는 사람들이 여러 가지 날조된 환상을 믿습니다. 예를 들어, 「램파트」와 「리베라시옹」이 70년대 후반에 폐간된 이후, 내가 정기적으로 글을 발표할 수 있었던 유일한 저널은 극우파인 카토 재단의 기관지 「인콰이어리」뿐이었습니다. 잊지마세요. 그것은 내가 구속되기 이전이었고, 다시 말하건대, 확인은 쉽지만 아무도 모르는 일……. (1995.3.31. 편지)

지식인, 인민위원

5 | The Intellectual as Commissar

| 학 자 의   기 능 |

촘스키는 현대 사회에서의 학자의 역할과 대학의 기능에 대해 일찍부터 관심을 가지고 연구해 왔다. 그는 지식인과 국가정책의 공모에 항상 주목할 뿐만 아니라, 심지어 국가정책이 명백하게 억압적·폭력적·불법적인 경우에도 둘 사이의 관계를 예의 주시한다. 촘스키에 따르면, 지식인이 종종 사회와의 관계 속에서 관리자의 역할을 떠맡는 이유는 세 가지 사실과 관계가 있다. 먼저 그것은 지식인의 권력 지향성과 관계가 있고, 다음으로는 권력의 핵심에 밀착된 교육기관들이 정성껏 재배한 그들의 믿음, 즉 서구사회의 제도가 근본적으로 민주적이고 자유로운 속성을 가지고 있다는 것과 관계가 있으며, 마지막으로 지배 엘리트의 일원으로서 그들에게 주입된 강도높은 사상교육과 관련이 있다. 이 문제들에 대한 촘스키의 견해는

1989년 브리티시 콜럼비아주의 나나이모에서 연설을 들으며 사색에 잠겨 있는 촘스키

바쿠닌이나 팬코엑 같이 그의 성장에 영향을 준 사상가들의 견해와 유사하다. 전형적으로 이러한 견해는 사회적 책임, 학문적 성실성, 사실을 정직하고 진실하게 표현하려는 책임의식 등의 가치체계에 근거해 있다. 촘스키는 이 가치관을 근거로 단지 권력의 이해에 봉사하는 일에만 관심이 있고 특정 집단의 명분을 위해서는 당면한 더 큰 원칙에 대해 눈감아버리는 단체나 개인들에 맞서왔다.

　　1970년대 중반에서 후반에 이르는 동안 촘스키는 이미 다양한 전선에서 충돌을 경험하고 있었다. 제2차 세계대전 중 드와잇 맥도널드가 연합군 지지를 거부한다는 이유로 자신을 비난했던 반나치 단체들과 그밖의 연합군 지지 세력과 맞서야 했던 것처럼, 촘스키 역시 친이스라엘 단체들, 반공산주의 단체들, 친냉전주의 단체들과 맞서게 되었다. 촘스키는, 특정 집단이 자신의 역사를 내세워 공격적으로 행동할 권한을 정당화하는 것에 단호히 반대한다. 즉 이스라엘인은 그들 자신이 박해를 받았다고 해서 팔레스타인인에게 야만적인 폭력을 휘두를 권리가 없고, 미국은 볼셰비키보다 더 많은 민주적 논쟁을 허용한다는 이유로 테러행위를 자행할 수 없으며, 개인의 견해가 지배 엘리트의 견해와 일치하지 않는다고 해서 개인의 기본권을 짓밟을 수 없다는 것이 촘스키의 일관된 견해이다. 비록 이 견해는 자명한 이치로 보일지 모르나, 촘스키는 바로 이 믿음을 기초로 1960년대 초부터 지금까지 치열한 논쟁에 몰두하고 있다. 이스라엘의 문제에 관한 최초의 공개적인 충돌은 1969년 MIT에서의 한 공개 토론에서 발생했다. 촘스키는 그때의 일을 이렇게 회상한다. "나의 온건함은 당혹과 엄청난 소란을 불러일으켰습니다. 소위 온건 좌파들까지도 냉혹한 비판을 아끼지 않았습니다. 심지어는 대표들이 집으로 찾아와 내 사악한 노선을 변경하라고 설득할 정도였으니까요. 나의 사악한 노선이라면, 팔레스타인인들도 분명 인간일 것이라는 주장, 시오니즘의 실제 역사를 상기해야 한다는 주장 등이었습니다(1996.2.13. 편지)." 이 주제에 대해 1970년대 초부터 시작된 촘스키의 대학 강연은 과격한 반발을 불러일으키기 시작했다. 결과적으로 그는 만일의 사태에 대비해야 했다. "내가 중동문제에 관한 강연을 할 때, 정복경찰의 보호를 거부할 경우 대학 구내에서 비밀경찰의 보호를 받았습니다(1996.2.13. 편지)."

지식인과 정책 사이의 문제에는 수사학적인 측면이 있다. 그로부터 발생하는 많은 논쟁에는 항상 같은 종류의 언어가 사용된다. 그것은 '미묘함' '복잡함' '섬세함' 등과 같은 어휘들로, 이 어휘들은 일반인들을 정책결정 과정에서 소외시키는 역할을 한다. 따라서 미국 국민들은 국제적 상황의 '미묘함'을 이해하지 못하기 때문에 외교정책에 직접 참여할 수 없다. 개인은 재정문제를 이해하지 못하기 때문에, 즉 그 '복잡성'이 그들의 이해 수준을 넘어서기 때문에 정부의 재정문제에 관해 목소리를 낼 수 없다. 또 시민들은 국내산업이나 국제무역의 '섬세함'을 제대로 파악하는 데 필요한 고도의 전문적 지식을 구비하지 못했기 때문에 기업과 국가와 같이 그들의 삶을 통제하는 기관에 직접적으로 참여할 수 없다. 촘스키는 말할 것도 없이 이런 식의 견해를 혐오한다. 그는 지식인과 정치 대행자들, 그리고 약간은 다른 방식을 취한 언론인들이 '촌놈'들을 배제시키기 위해 의도적으로 단순한 사실을 현학적 언사로 포장하려 한다고 주장한다. 또 그는 사실을 의도적으로 난해하게 만드는 이러한 경향은 소위 포스트모던 시대의 전형이며, 사회적 통제와 관련된 보다 중요한 문제의 한 증상이라고 분석한다. 포스트모더니즘의 또다른 놀라운 특징은 "그 성격이 극단적이라는 것, 그리고 스스로를 '좌파' 라고 간주하는 사람들, 즉 수년 전이라면 노동자학교를 조직하고 학생들을 가르치고 있을만한 사람들이 그러한 성격에 빠져든다는 사실"이라고 촘스키는 진단한다(1995.3.31. 편지).

촘스키는, 지금의 상아탑 정신이란 학자들에게 지적 자유가 보장되어야 할 뿐 아니라 숭배받을 수 있는 지위와 특별한 사회적 특권이 부여되고, 오직 엘리트 집단의 정회원들끼리만 대화할 의무가 강요되는 사고방식이라고 정의한다. 이와 같은 촘스키의 경멸적 설명은 바쿠닌이 구상했던 이론 틀 안에서 가장 잘 이해될 수 있을 것이다. 바쿠닌은, 이상적인 사회의 지식인은 지성을 제1의 연장으로 가진 노동자라고 주장한다. 그 연장선상에서 이상적인 사회의 노동자 역시 필요한 도구를 사용하며, 지식인들처럼 이들에게도 전통적으로 관리자들이 수행하던 일이 맡겨진다. 그들은 스스로의 노동으로 산출한 생산물을 조직하고, 계획하고, 통제한다. 대개 엄선된 직종에만 부여되었던 사회적 명성은, 열두 살까지 촘스키가 교육받았던 듀이식의 학교에서와 똑같은 방식으로 깨끗이 증발할 것이다.

이 말은 특정한 종류의 일에만 부여되는 이점이 사라질 것이라는 의미는 아니다. 지식인들은 직업적 특성으로 인해 특정한 정보에 계속 접근할 수 있다. 그러나 마치 광부가 캐낸 생산물이 집단적 그리고 개인적 이익을 위해 공유되는 것처럼, 지식인의 생산물도 마찬가지일 것이다. 그리고 광부들은 이제 그들 자신이 분석하고 계획하는 능력을 갖춘 사람이라는 자각에 보다 익숙해져서, 스스로의 삶을 개선하는 데 유용한 지식을 이용할 수 있게 된다. 이러한 주장은 켄 코우츠가 제기한 것과도 같다.

같은 이유로 촘스키는 사람들에게 그들의 최대 이익이 무엇인지를 강압적으로 주입시키는 권위적 사회주의, 현명한 통치자, 그리고 행정기관들을 거부한다. 이것은 그의 지배적인 방법론과 일치하는 견해로서, 이 시기에 그는 몇 차례에 걸쳐 이 접근법을 사용하고 있다. 예를 들어 이 방법은, 1976년 일리노이대학에서 개최된 '인간 평등의 약속과 제문제들에 관한 학술회의'에서 발표한 논문인 「평등:언어의 발달, 인간의 지능, 그리고 사회조직」과, 1978년의 「언어학 연구논문집」에 실린 촘스키의 대담에서 발견된다. 뿐만 아니라 여러 언어학 텍스트에서도 찾아볼 수 있다.

더욱 더 많은 학계의 인사들이 촘스키의 언어학에 관심을 표명하고, 동시에 운동가들 사이에서 그의 정치적 지명도가 높아감에 따라, 이 시기 이후에 그가 행한 많은 연설에서는 언어학적 문제와 정치적 문제가 모두 논의되곤 했다. 어떤 경우에는 양자가 같은 강연에 포함되기도 했고, 또 어떤 경우에는 연속 강연으로 소화되기도 했다. 촘스키는 어디에서든 언어학적 문제와 정치적 문제를 함께 언급한다. 그러나 한편으로는 이러한 강연을 학술회의 형식으로 만들지 않기 위해 주의한다.

나는 지식인들의 사교장인 소위 '학술대회'라는 것에 거의 참가하지 않습니다. 끊임없는 강연과 수많은 공개 토론에는 참가했지만, 학술대회라고 할만한 곳에는 좀처럼 가지 않습니다. 학술대회 초청은 거의 언제나 거절하는 편이지요. 개인적으로 친한 친구들이 많은 사회주의학자 학술대회에도 역시 가지 않습니다. 이는 학문적인 학술대회든 전문적인 학술대회든 역시 마찬가지입니다. 거의 모든 강연은 대중과 운동단체를 위한 것입니다. 대개는 이런 강연이 대학교에서의 강연이나 세미나와 연계되기도 하지만, 전반적인 분야에 관심을 가진 일반청중을 위한 강연이 더 빈번합니다.(1995.3.31. 편지)

이런 종류의 강연에서는 놀랄 만큼 다양한 관심사들이 다루어진다. "현재 진행중인 일 가운데 대표적인 예를 들자면, 나는 깅그리치가 복지정책과 편모가정에 대한 생활보조 등을 공격하는 것에 대응하기 위해 지역 조직가들과 함께 공개 토론에 참석하고 있습니다. 그리고 데카투어 일리노이 파업자들이 조직한 토론 모임에도 참여하고 있습니다. 여기서 우리는 최후의 산업 노조, 지역 공동체 등등을 와해시키려는 의도에 숨겨진 매우 근본적인 문제들을 보다 폭넓게 이해하려고 노력하고 있습니다(1995.3.31. 편지)."

이 시기에 출간된 글 가운데 특히 『언어와 책임』(1979), 『근본적 우선순위』(1981)에는 청년기 이후로 그의 관심을 끌어왔던 여러 가지 원리들에 대한 광범위한 논의가 담겨 있다. 또한 이 저서들은 정치와 언어학에 대한 그의 사상이 각각 어떻게 발전되어 왔는지를 아주 독립적으로 보여주고 있다. 강연에서도 이 두 영역 사이의 공유 부분을 찾아내려는 청중들에게 그는 여전히 실망을 안겨주었다. 대신에 그는 이들 두 가지 주제 분야를 놓고 우선순위를 정하는 자신만의 독특한 방법을 사용한다. "나는 특정 장소가 얼마나 진지한 곳인가를 결정하는 경험적 방법을 알고 있습니다. 즉 상대적인 청중의 규모로 판단하는 것이지요. 제정신을 가진 지역사회라면 대부분의 사람들이 정치 강연을 들으러 옵니다. 그런데 정반대인 경우가 종종 있습니다(1993.2.18. 편지)."

| 분 노 의 촉 발 |

이 기간의 촘스키의 정치 강연은 다양한 분야에서 상당한 논란을 불러일으켰다. 어떤 경우 이 논란은 기억상실증을 겪고 있는 듯

한 '전문가들'에 의해 더욱 악화되었다. 예를 들어 앨런 더쇼비츠는 그의 베스트셀러 『쿠스퍼』(1991)에서, 자신이 1973년의 욤 키푸르 전쟁 직후에 촘스키와 공개 토론을 벌였고, 이 토론에서 촘스키는 이스라엘 국가를 철폐하고 그 대신 '비종교적인 양민족국가'를 세우자는 '몰지각한 계획'을 제안했다고 주장했다. 또 촘스키를 "마르크스주의적 세계관을 위해 유태인의 가치관와 유태국가를 기꺼이 희생시키려는 좌파의 거짓 예언자"라 부르면서, "촘스키의 자녀들, 친구들, 학생들까지도 그러한 전망을 받아들일 수 없을 것"이라고 단언했다(199쪽). 여기에는 두 가지 문제점이 내포되어 있다. 첫째, 그가 촘스키의 입장이라고 주장한 것은 시오니스트 단체인 아부카와 하쇼머 핫자이르가 1930년대와 40년대에 설정한 노선의 재탕이었고, 소위 '몰지각한 계획'은 이스라엘 건국에 앞서 시온주의 유태인들이 정교하게 다듬고 논의했던 것이었다. 다른 말로 하면 올바른 역사적 맥락에서 볼 때, 시온주의 역사를 왜곡한 더쇼비츠나 왜곡된 시온주의를 거부하는 촘스키나 모두 반시오니스트인 셈이다. 둘째로 이스라엘과 이스라엘 – 아랍 상황에 대한 촘스키의 의견은 더쇼비츠의 책에 정확히 반영되지 않았다. 이 점은 촘스키의 『중동에서의 평화? 정의와 국가에 대한 소고』(1974)와 『새로운 냉전을 향하여 : 현재의 위기와 그 원인에 대한 소고』(1982)에 명백히 드러나 있다. 촘스키는 이렇게 말한다. "더쇼비츠는 바로 그 당시에 그 주제에 관해 내가 직접 썼던, 쉽게 확인해 볼 수 있는 논문을 도외시하고, 20여 년 전에 들었다고 주장하는, 검증할 수 없는 옛 기억에 의존해서 확인되지 않은 진술을 인용하고 있습니다. 이런 사실은 제정신을 가진 사람들에게 그들 자신이 무엇을 알아야 하는지를 웅변적으로 말해주고 있습니다(1995.6. 27. 편지)."

그 시기에 촘스키가 견지했던 견해는 전통적인 좌파 양민족 국가 프로그램과 일치하는 것이었고, 장기적으로 이스라엘 문제를 해결하기 위한 것이었다.

단기적으로 볼 때, 이스라엘인을 포함한 모든 사람의 이해관계를 최대한 충족시키는 방법은 요르단 서안 지구에 일종의 연방자치를 위한 조치들을 시행하는 것이었습니다. 그리고 최종적으로는 두 공동체가 가능한 한 자유롭고 민주적인 선택으로 결정한 목표를 향해 좀더 통합하고 협력하는 것이었을 겁니다. 흥미롭게도 시몬 페레스와 그의 동료들이 이런 대안에 도달한 것은 여러 해가 지난 후였고, 이는 시기적으로 너무 늦은 것이었지요. 자신들의 극단적 거부주의의 결과를 목격한 후였습니다. 이 모든 사실은 쉽게 검증됩니다. 25년간 활자로 찍혀 있었으니까요.

(1995.6.27. 편지)

촘스키의 기억으로, 더쇼비츠가 그의 책에서 자신을 언급했던 그 시기에 이스라엘의 시민 인권운동 지도자이자 당시에 이스라엘 인권연맹의 의장이었던 이스라엘 샤하크가 보스턴을 방문했고, 이 기간에 「보스턴 글로브」지와 인터뷰를 한 적이 있다. 이때 더쇼비츠는 「보스턴 글로브」지에 편지를 보내 샤하크를 비난하면서, 샤하크가 연맹의 의장직에서 쫓겨났다고 주장했다. 그러나 실제로 그 당시 법정에서 밝혀진 바로는, 연차총회 기간중에 소규모 단체인 이스라엘 인권연맹이 샤하크를 몰아내려는 다수의 폭도들에 의해 장악되었다. 이 폭도들은 등록비를 납부했기 때문에 샤하크에게 반대표를 던질 권리가 있었던 것이다. 촘스키는 이 사건의 자세한 내막을 다음과 같이 공개했다.

그 폭도들은 여당인 노동당에 의해 사주되었습니다. 곧바로 누출된 비밀 서류에 의하면 노동당은 연차총회를 장악한 사람들에게 등록비를 대준 것으로 드러났습니다. 이것은 마치 러시아 공산당이 비밀리에 사람들을 조직해서 회비를 대신 내주고, 국제 사면위원회의 소규모 연례회의를 습격하여 지도부를 몰아낸 후 미국을 비난하는 결의문을 통과시킨 것과 다를 바가 없습니다. 이것이 바로 위대한 시민인권 운동가인 더쇼비츠가 찬성하는 방식이니, 샤하크와 이스라엘 법정에 관한 충격적인 내용의 거짓말도 사실 그리 놀랍지 않습니다. 왜 그가 진실이 밝혀지기를 꺼리는지 우리는 금방 알 수 있습니다.(1995.6.27. 편지)

촘스키는 샤하크 사건의 전말을 이미 잘 알고 있었다. 그러므로 더쇼비츠가 「보스톤 글로브」지에 보낸 편지를 본 후, 그에 대한 반박문을 쓰는 데 시간을 지체할 수 없었다. 그러자 더쇼비츠는 촘스키를 비난하면서 법정 기록의 형식으로 된 증거를 제시하라고 요구했다. 다행히도 촘스키에게는 재판 기록이 있었다.

나는 재판 기록을 인용하여 편지를 보냈습니다. 그 편지를 통해 그가 완전히 거짓말쟁이일 뿐 아니라, 직접 말하지는 않았지만 암시적으로 스탈린주의의 청부업자라는 사실을 보여주었습니다. 그는 뻔뻔스럽게도 상황을 모면해 보려고 계속 애를 썼습니다. 「보스톤 글로브」지는 갈수록 심해지는 더쇼비츠의 신경질적인 공격을 제대로 파악하기 위해 나에게 재판 기록을 요청했고, 그에 따라 나는 법정 기록 원본과 영어번역본을 「보스톤 글로브」지에 보냈습니다. 마침내 「보스톤 글로브」지의 민원 조사관이 더쇼비츠에게, 이 문제에 관한 당신의 거짓말을 더 이상 지면에 실을 수 없다는 통고를 보냈습니다. 그때 이후로 지금까지 더쇼비츠는 광적인 지하드의 일원이 되어 나의 명성을 파괴하는 일에 인생의 많은

시간을 소비하고 있습니다.(1995.3.31. 편지)

이렇게 해서 촘스키는 친이스라엘 압력단체들의 벼락을 한몸에 받는 피뢰침이 되었다. 그는 반시온주의자, 친아랍주의자, 반유태주의자로 간주되었다. 물론 이것이 다는 아니다. 베트남과 캄보디아에 대한 미국의 외교정책을 비판함으로써 그는 기성 지식인과 정치인 계층으로부터 소외당했고, 냉전에 대한 비난으로 인해 미국의 '자유 세계' 실현을 꿈꾸는 사람들에 의해 주변부로 밀려났다. 그를 문제시하거나 무시하는 사람들은 굉장히 집요했다. 에드워드 허먼의 주장에 따르면, 촘스키가 명령에 따르기를 거부하자 그들은 촘스키의 저서에서 "철자상의 오류나 취약한 요소를 찾아내기 위해, 기성의 전문가들에게는 전혀 적용되지 않는 계속적이고도 집중적인 조사를 했다. 이러한 검열은 1970년대 후반과 80년대 초에 미국과 그 동맹국에서 더욱 심했다. 이 시기는, 세력을 더하고 있던 강경론자들이 베트남 신드롬을 극복하고 무기경쟁을 부활시키기를 간절히 원하는 동시에, 이스라엘의 거부정책과 무력정책에 대한 지지를 강화하고, 미국으로 하여금 소비에트 블럭과 제3세계를 향해 더욱 더 공격적인 조치를 취하도록 하기 위해 혈안이 되어 있던 때"였다(「폴 포트」 596)."

이제 촘스키가 많은 사람들에게 위협과 당혹스러움을 주는 존재라는 사실이 명백해졌다. 그는 유태인으로서 '유태민족의 주권국가'가 아니라 민주주의 국가 건립을 주장했고, 시온주의자로서 양민족국가를 지향하는 점진적 조치를 주장했다. 또 그는 지식인으로서 정부와 지식인 엘리트 사이의 공모를 파헤쳤고, 언어학자로서 존경받는 동료 언어학자, 철학자, 심리학자, 사학자들의 소중한 전제들을 공격했다. 그는 과학자로서 정치분석에 전념했고 여타 정치학자들이 이루어놓은 대부분의 업적을 사기 협잡으로 폄하했다. 뿐만 아니라 그는 미국 특권층의 일원으로서, 근본적인 미국의 가치체계라고 인정되던 것을 의문시했다. 동시에 그는 미국의 헌법에 명시된 기본 권리가 그 권리를 수호하도록 선출된 지도자들에 의해 지배 엘리트의 최대 이익에 부합하지 않는다는 이유로 의식적으로 침해되고 있다고 고발했다.

촘스키가 이러한 통찰력을 보여준 유일한 사람은 아니었다. 진과 델린저도 유사한 방향으로 나아갔다. 그리고 물론 촘스키는 선구적인 좌파 지식인들, 즉 그의 사상을 잉태했던 지적 환경의 전통을 이어받았다. 그는 이전의 많은 사람들이 그랬던 것처럼 주변부에 머물렀다. 활동을 계속하거나 이미 중단한 다른 반대자들과는 달리, 촘스키는 그의 분야에서 가장 중요한 사상가로 인정받았고 이로 인해 사회적 지위를 부여받았다. 그러나 동시에 그는 학생들과 동료들, 그가 속한 공동체, 그리고 무엇보다도 그 자신에 대한 적지 않은 책임을 부여받았다.

자신의 전문 분야에서 아무리 존경받는다 해도, 이것만으로는 대학 안에서 안전한 안식처가 보장되지 않는다. 1919년 해럴드 라스키는 버트란트 러셀에게 편지를 보냈다. 그의 글은 촘스키의 입장에서 볼 때 통렬한 풍자의 성격을 띤다.

당신의 도움을 받을 수 있는 기회가 될까 하여 이렇게 글을 써봅니다. 제가 말씀드리는 건 매우 사적인 일이긴 하나 꼭 알려드리고 싶었습니다. 나는 당신의 『수리논리학 서설』을 읽고 당신이 현재 이곳 '하버드대학'의 철학과 교수로 재직중인 쉐퍼에 대해 매우 좋게 생각하신다는 사실을 알았습니다. 당신이 그 사람을 개인적으로 아는지는 잘 모르겠습니다. 그는 유태인이고, 하버드에서 인정받지 못하는 사람과 결혼했습니다. 게다가 그는 하버드대학이 그렇게 소중히 여기는 사교적 재능을 갖추지 못했습니다. 그 결과 철학과의 사람들 대부분은 그의 경력에 종지부를 찍고자 막대한 노력을 기울이고 있습니다.…… 내 생각으로는, 이 모든 것이 반유태주의와 이곳에서 지대한 역할을 하는 사회적 명성에 대한 기묘한 숭배가 결합된 결과로 보입니다.(러셀, 『자서전』 2:112)

러셀 자코비 역시 폴 스타, 데이비드 아브라함, 헨리 지로, 그리고 아주 놀랍게도 「텔로스」의 편집자이자 존경받는 사학자인 폴 피콘과 관련된 비슷한 일화를 들려주고 다음과 같은 결론을 내린다.

일상적인 현실은 흔히 볼 수 있는 압력과 위협으로 가득하다. 자유사회에서의 결정적인 위협은 실업문제, 즉 종신재직의 박탈이나 계약갱신의 거부이다. 협소한 시장에서 이것은 학문적 경력의 종말을 의미할 수도 있다. 학문적 지위가 보장되는 기간은 충분히 길다고 여겨져 각 학교에서는 수많은 예비교수들을 불러들였지만, 기존 교수들에게는 오히려 짧은 것이어서 '자리 없음'이란 표지판이 교수지망생들을 돌려보냈다. 교수직의 유지는 실업의 위협 속에서 진행되었다. 가까운 과거의 매카시즘으로부터 먼 과거에 최초의 이방인에게 날아간 첫번째 돌멩이에 이르기까지 그 모든 사건의 교훈은 누구에게나 분명했다. 어울려라. 학자로서의 자격을 확보하기 위해 할당된 시간을 사용하라. 주류 속으로 잠입하라.(자코비, 『최후의 지식인들』 135)

촘스키는 학문적 생존을 위해 이러한 기술을 구사하지 않았다. 그 결과 그는 모든 전선에서 주류 기관지들에 의해 매도되었고, 지식인 사회에서 소외되거나 무시당했으며, 세세한 검열을 겪어야 했다.

| 동 물 계 의 언 어 습 득 |

1970년대 중반에서 후반에 이르기까지 언어학자들은 적어도 공식적으로는, 언어 습득에 매료되어 있었다. 촘스키도 예외는 아니었다. 그는 자신의 선천적 언어 능력 이론에 입각하여 인간과 동물을 구분하는 연구에 몰두했다. 1975년 9월 25일자 「뉴욕 타임즈」에 실린 '동물 언어 소통에 전념하는 전문가들' 이라는 기사는, 동물의 언어 습득에 관련된 기본 쟁점들을 소개함으로써 일반대중의 주목을 끌었다. 이 기사는 전문가들의 말을 인용하여, 침팬지나 비비 심지어 붉은부리갈매기까지도 예상밖의 복잡한 방식으로 의사소통을 할 수 있다는 가능성을 언급했다. 이에 촘스키는 이렇게 꼬집었다. "왜, 모든 동물들이 아니라?"

아마도 동화책이나 우화, 신화 등에서 귀엽고 보송보송한 동물들이 행하는 중요한 역할 때문이겠지만, 동물에게 말을 가르치려는 노력은 과학자들과 대중의 상상력을 동시에 사로잡았다. 그러나 대개 과장된 과학연구들이 그렇듯이, 기사에 인용된 연구는 촘스키의 표현대로 "내가 알고 있는 모든 진지한 생물학자들이 엉터리라고 간주하는" 것이었다(1995.3.31. 편지). 실제로 1980년 7월 7일자 런던 「타임즈」에 실린 마이클 레만의 기사, '자아도취 현상에 관한 기록' 은 말하는 동물을 둘러싼 과대포장의 문제를 자세히 다루었다. 레만은 이렇게 언급했다. "최근의 각종 실험에서는 여러 가지 단어를 의미하는 수화 동작이나 색깔있는 플라스틱 조각을 이용하여 침팬지나 고릴라에게 의사소통 방법을 가르치고 있다. 그러나 이것은 현대과학의 어떤 실험 이상으로 과대광고되고 있다."

1975년 「뉴욕 타임즈」에는 촘스키의 말이 인용되어 있다.

"침팬지의 의사소통은 인간의 언어와 근본적으로 다르다. 특히 사용 방법, 구조적 특성, 습득 양식에서 그렇다. 인간 언어는 훈련이 아니라 노출에 의해 습득된다. …… 이는 마치 숨쉬는 것과 같다." 그의 견해는 이후 오랫동안 변하지 않았다. 1980년 런던 「타임즈」에서, 이 문제에 관한 일반의 관심에 대해 촘스키는 이렇게 언급했다. "대중적인 논의에서는 이 주제로 상당히 흥분하고 있다는데 …… 나로서는 그 이유를 잘 모르겠다." 보다 최근에는 이렇게 덧붙였다. "가끔은 흰색 가운을 입고 장비를 든 사람들이 이런 일을 하고 있습니다만, 과학과는 전혀 다른 세계의 일입니다(1995.3.31. 편지)."

런던 「타임즈」의 '촘스키 논쟁, 왕립학술원을 사로잡다' 라는 또다른 기사에는 다음과 같은 내용이 실려 있다. "1981년 영국 왕립학술원에서는 인간의 언어 습득을 주제로 한 학술회의가 열렸다. 이 회의에서는 생득적 능력과 보편문법에 관련하여, 자동 언어번역기계를 완성하거나 인공지능을 갖춘 컴퓨터 시스템을 개발하는 일, 또는 티켓을 발매하지 않고 말로 명령을 내릴 수 있는 자동판매기를 만드는 일 등의 다양한 실용적 프로젝트가 거론되었다." 촘스키는 '일반 청중을 상대로 한 강연' 의 주제에 몰두하기를 더 좋아했으므로 그 학술대회에는 단지 잠깐 참석했다. 그러나 그는 「타임즈」가 실제 회의의 내용을 잘못 전하고 있다고 주장한다. "과학적으로는 흥미로울 수 있겠지만, 그 학술회의는 언어 번역이나 인공지능과는 전혀 관계가 없었습니다. 기계번역은 기초적 수준의 공학연구 프로젝트이고, 소위 고전적으로 강세인 인공지능은 전반적으로 공허하고 소득이 없는 연구이기 때문에 진지한 과학자들은 대개 꺼리는 분야입니다. 이 연구를 주도하고 있는 사람들도 모두 이 점을 인정하고 있습니다(1995.3.31. 편지)."

언어 습득과 여타 주제들에 대한 모든 연구는 이제 촘스키의 이론을 확증하거나 논박하려는 목적으로 진행되고 있었다. 촘스키 자신도 고도의 생산성을 유지함으로써 이들 연구에 활력을 불어넣었다. 그는 『언어에 관한 소고』(1975), 『형식과 해석에 관한 에세이들』(1977), 『규칙과 표상』(1980), 『마음의 연구를 위한 조합적 접근법』(1984) 등을 연이어 출간했다. 그는 이 저서에 실린 논문들을 통해, 이전의 연구를 확대하고 분명히 한 동시에 비판자들이 제기한 문제를 자세히 다루었으며, 자신이 쓴 최근의 글과 다른 학자들의 글을 토대로 문법이론의 단계를 한 차원 끌어올렸다. 이와 병행하여 촘스키는 수년 전에 공표했던 하나의 명제를 발전시키고 있었다. 그 명제는 다음과 같다. "언어 그리고 정신 능력들은 특정한 정신 능력의 발달을 유도하는 최초의 바탕없이 단지 유기체들이 '학습'을 통해 후천적으로 획득하는 것이라기보다는, 각 개인의 마음속에서 유전적인 통제하에 '성장'하는 것이다(샘슨, 「인간 언어 논쟁」 14)."

촘스키의 놀라운 연구 업적은 그의 환경을 구성하고 있는 전문가 집단과 끊임없이 교류한 결과이기도 했다. 대표적으로 유럽과 미국의 GLOW 단체들이 있다. 두문자어인 GLOW는 구대륙 생성언어학(Generative Linguistics in the Old World)을 의미한다. 이 단체의 목표는 변형문법학자들이 그들의 관심사인 지적·사회적 쟁점들을 서로 토론할 수 있도록 그들에게 기회를 제공해주는 것이다. 단체의 참가자 중에는 한스 베니스, 아넥 그로스, 헹크 반 림즈딕, 장-이브즈 폴록 등이 있으며, 그들은 암스테르담에서 GLOW 회보를 발행하여 전세계에 배포하고 있다. GLOW 선언문에는 다음과 같은 구절이 있다. "촘스키의 논문 「변형의 조건」(1973)이 출간된 이후 유럽에서 생성언어학은 새로운 추진력을 획득했다. 시대의 획을 긋는 이 논문으로 인해 언어학자들의 관심은 자의적인 규칙의 나열에서 벗어나 일반적 조건 하에 운용되는 단순하고 잘 조절되는 규칙체계로 바뀌게 되었다. GLOW의 많은 회원들은 이 논문에서 발전시킨 연구 프로그램으로 공통의 근거를 마련했다(오테로, 『노암 촘스키 1』 345)."

이러한 협력으로 언어학 분야는 지대한 발전을 이룰 수 있었다. 특히 『지배와 결속에 관한 강연』에 기술된 '원리와 매개변항'의 언어 이론이 대표적으로, 이 책은 촘스키가 1979년 이탈리아 피사의 스쿠올라 노르말대학에서 열린 GLOW 학술회의에서 행한 강연을 묶은 것이다. 그는 이렇게 말한다. "피사 강연은 탁월한 한 젊은 노르웨이 언어학자의 연구를 고찰하는 것으로 시작하여, 주로 리차드 케인의 영향 아래서 이루어진 유럽의 탁월한 연구들을 분석하는 것으로 이어졌습니다. 여기에는 나를 피사로 초빙한 학자들의 연구도 포함되어 있었고, 이들 가운데에는 언어학 분야에서 가장 탁월한, 그러나 당시에는 아직 교수 임용을 받지 못한 학자들도 있었습니다(1995.8.14. 편지)."

피사 강연과 강연 후 그곳에서 개최된 GLOW 학술회의에 대한 촘스키의 설명을 보면 언어학의 발전이 어떻게 이루어졌는지 어느 정도 이해할 수 있다. "나는 '피사에서' 워크샵을 개최했습니다. 여기에는 비록 젊지만 이 분야의 가장 탁월한 학자들이 참석했고, 그들과 함께 강연 자료에 대해 토론했습니다. 이것이 후에 『지배와 결속에 관한 강연』이라는 제목으로 출간되었습니다. 언제나 그러했듯이 이 책 역시 공동 작업의 산물로, 대단히 우수한 MIT 학생들이 기울인 몇 년 간의 노력도 여기에 포함되어 있습니다. 이것이야말로 진정한 '지적 환경'인 셈이지요(1995.8.14. 편지)."

│ 중 상 모 략 : 기 본 적 인 윤 리 원 칙 │

이 시기의 또 한 가지 특징은 많은 논쟁적인 서평이 선보였다
는 것이다. 이 서평들은 누구보다도 촘스키의 언어학 연구에 부여된
학문적 지위에 의문을 제기했다. 1982년 12월 10일자 「타임즈 고등
교육판」에 실린 크리스틴 칼링과 테렌스 무어의 글이 대표적이다.
그들은 촘스키의 이론이 "언어 습득의 근본적인 문제들, 즉 언어학
자들이 처음 직면하는 언어의 이해와 생성이라는 문제에 보다 근접
하게끔 도와주는 것이 아니라 더 멀어지도록 한다"고 주장했다. 그
들은 "언어학을 하나의 '자연과학'으로 바꾸려는 촘스키의 시도"를
나름대로 인용하면서 자신들의 주장을 전개해 나갔다(13쪽). 이들의
주장에 따르면, "촘스키는 언어학에 완전히 새로운 과학적 방법을
도입하고자 했고, 언어 능력과 언어 수행을 구분함으로써 언어학과
언어에 대한 관심을 멀어지게 한 동시에 언어학의 방향을 '과학적
방법론'으로 유인"했다. 또 칼링과 무어는 "촘스키가 잘못된 길로 들
어섰고, 따라서 언어학에 '단순화'보다는 '목적론적' 설명방법을 제
공할 수 있는 문제에 기반을 둔 연구방법을 채택해야 한다"고 결론
지었다(14쪽). 이 서평에 대해 오테로는, "촘스키의 언어학뿐 아니라
다른 많은 것들도 전혀 이해하지 못하는 저자들의 무지를 드러내고
있다"고 말한다(1995.4.5. 편지). 「타임즈 고등교육판」을 비롯한 여러
출판물을 살펴보면, 촘스키가 그의 방법론에 대해 이의를 제기하는
사람들에게 수많은 반박문을 보냈다는 사실에 놀라지 않을 수 없다.
어느 정도까지 대응해야 하는가? 하한선은 어디인가? 촘스키는 필
자와의 서신왕래를 통해, 대응의 여부는 시간상의 제약뿐 아니라 비
판의 진지성과 비판자의 능력에 따라 결정된다고 말한 바 있다. 칼링

과 무어의 경우에는 왜 촘스키가 전혀 대응하지 않았는지, 오테로의 논평이 그 이유를 말해주고 있다.

이 기간에 촘스키는 정치 분야에서도 상당한 양의 글을 집필하여, 『인권과 미국의 외교정책』(1978), 『언어와 책임』(1979)을 출간했고, 에드워드 허먼과 공저로 『인권의 정치경제학』(1979)을 출간했다. 촘스키의 입장은 일부 엘리트 집단에게는 증오스러운 것이었다. 그만큼 대중연설가로서의 촘스키의 인기가 현실을 직시한 많은 대중들 사이에서 높아지는 것을 의식하지 않을 수 없었다. 이것이 한 원인이 되어 일각에서는 사실 확인상의 우연한 실수를 따지는 식으로 촘스키의 저술에 흠집을 내고자 했다. 그러나 사소한 표현상의 실수를 제외한다면, 촘스키는 그러한 시험에 굴할 이유가 없었다. 때로는 근본적인 원칙의 문제로 갈등이 야기되는 수도 있다. 그러면 촘스키의 견해를 깎아내릴 목적으로 실수를 찾는 사람들은 이러한 갈등을 그들에게 유리한 방향으로 이용한다.

표현의 자유는 촘스키에게 무엇보다도 소중하다. 촘스키를 깎아내리는 데 열중해 있는 비평가들이 계속해서 모욕과 자극을 가하는 상황에서도, 그는 표현의 자유를 지켜야 한다는 사명감을 잃지 않았다. 이 문제 역시 복잡한 양상을 띠고 있다. 물론 촘스키는 정부든 어떤 기관이든 독재를 행사하는 지배자는, 그 당사자가 현명하든 그렇지 않든 전혀 믿지 않는다. 공공 분야뿐 아니라 해당 분야에서도 다양한 사상과 가능성이 표현되어야 하고, 이것의 순수한 가치가 공정하게 판단되어야 한다. 듣고 싶지 않은 것을 말한다는 단순한 이유로 상대방의 주장을 막거나 재갈을 물리는 것, 혹은 특정한 지식이 부정적인 의미를 내포한다는 이유로 평가절하되는 것은 용납할 수 없는 의사 진행 방식이다. 그러나 이것은 단지 사람들에게 그들의 의견을 말하도록 허락하는 문제가 아니다. 물론 얼핏보면 의견을 말하도록 허락하는 것이 적절하고 자비롭게 보일 수도 있다. 촘스키는 이것을 다음과 같이 설명한다.

어떤 것을 '허락'할 권한이란 누구에게도 없어야 합니다. 그리고 무엇보다 중요한 것은, 자유로운 사상의 표현을 '허락'하는 이유가, 그렇지 않으면 가치있는 것들이 억압될 수 있기 때문이라는 주장은 옳지 않다는 점입니다. 자유롭게 생각할 권리는 그보다 훨씬 더 근본적인 것입니다. 그리고 생각한 것을, 아무리 미친 생각이라도 자유롭게 표현할 권리 또한 실용적으로 고려할 수 있는 차원의 것이 아닙니다. 국가든 권력과 힘을 가진 어떤 조직체든, 국민들이 무엇을 생각하고 말해야 하는지를 결정할 권한을 가져야 한다는 주장에 나는 결단코 반대합니다. 만일 국가가 내 말을 가로막을 힘을 부여받았다면, 그에 대한 나의 반론은 "내 말도 들어볼 가치가 있다"는 것이 아닙니다. 그것은 적어도 내가 보기에는 경멸스러운 입장입니다. 그것이 이른바 '자유주의자'라는 사람들의 일반적인 주장이라는 사실을 인정합니다만, 그건 아주 오래 전의 이야기지요.(1995.3.31. 편지)

이것이 그의 핵심 원칙이다. 이 원칙에는 인간의 관심사에 대한 도덕적 판단이 포함되어 있다. 이 점에 있어서 지식은 가치 지향적이고, 각 개인은 핵심을 확인해야 할 책임이 있다. "사실 개인은 무엇을 무시하고 무엇을 강조해야 하는지 스스로 결정해야 합니다. 그리고 어느 정도의 정직성을 간직한 지식인이라면 인간에게 미치는 결과에 대해 도덕적 판단을 내릴 수 있습니다(1992.12.15. 편지)." 그러나 유감스럽게도 촘스키가 '인민위원'이라 부르는 사람들의 경우에는 이

원칙이 좀처럼 적용되지 않는다. 그들은 '경력과 권력의 이해관계에 기초하여' 결정을 내리기 때문이다.

그러므로 내가 아는 모든 사회의, 당연히 스탈린 치하 러시아와 서방사회의 지식인들은 공적(公敵)들이 종종 저지르는 범죄에 대해서는 대단히 분개하는 척하고, 그들 자신의 국가가 저지른 범죄에 대해서는 침묵을 지키고 소극적이며 심지어는 변론을 하기도 합니다. 이 경우 대부분의 국가 범죄는 그들에게도 일말의 책임이 있고, 그들이 정직하다면 피해를 줄이거나 극복할 수도 있는 것들입니다. 물론 그들의 책임과 특권이 박탈되겠지요. 그러나 가장 기본적인 윤리원칙에 입각해서 본다면, 공적들의 범죄보다는 내가 속한 곳에서 비롯된 범죄를 강조해야 합니다. 그것은 자신의 손으로 충분히 해결할 수 있는 범죄이기 때문이지요. 그러나 그렇게 기초적인 원칙조차 인민위원 문화에서는 굉장히 낯설기만 합니다. 그런 원칙을 표명하기만 하면 그 사람은 당장 공적의 범죄를 변호하는 사람으로 낙인찍혀 비난을 받게 됩니다. 이것은 미국과 영국 그리고 스탈린 치하의 러시아에 뿌리박혀 있는 인민위원 문화의 복사판입니다. 훌륭하고도 교육적인 이유를 달고 있긴 하지만 말입니다.

(1992.12.15. 편지)

촘스키가 겪은 수많은 중상모략은 일부 진영에서 이 '기본적인 윤리원칙'을 지키지 않음으로써 생겨났다. 미국 정부를 비판한 이유로 친소비에트주의자라고 매도당한 그가 볼셰비즘과 소련 정부를 비판한 이유로 반소비에트주의자라고 비난받았다. 또 이스라엘의 원칙을 비판함으로써 친아랍적주의자라고 비난받았고, 유사한 원칙들을 아랍의 조치에 적용하자 이번에는 반아랍주의자라고 매도되었다. 이스라엘 문제를 비판한 이유로 반유태주의자라고 비난받았으며, 캄보디아 문제와 관련하여 서구세계가 퍼뜨리는 흑색선전을 비판하자, 친크메르 루즈주의자로 비난받았다. 그리고 유태인 대학살은 결코 없었다고 주장하는 사람들에 대해 그들의 논리적 허구성이 자명해지도록 내버려두는 대신에 검열을 강화하려는 사람들을 비판하자, 나치와 내통한다는 비난이 쏟아졌다. 실제로 촘스키의 주변에서 들끓는 논쟁들은 밖에서 보는 것보다 훨씬 더 복잡하고, 그에 대한 증거를 확보하는 것도 대단히 어렵다. 이스라엘 상황이 그 좋은 예이다.

나의 개인적 친구인 에드워드 사이드는 내가 아랍측 정보에는 주의를 기울이지 않고 모든 상황을 유태인 - 이스라엘 - 서구의 시각으로만 보고 있다고 비판한 적이 있습니다. 그 이전에 이스라엘에 갔을 때, 나는 많은 정치 강연을 했습니다. 텔아비브에서는 이스라엘에 대해 매우 비판적인 강연을 했고, 서안 지구에서는 비르 자이트대학 문제에 대해 팔레스타인 해방기구(PLO)를 비판하기도 했습니다. 그 대학이 문을 닫았으므로 강연은 동예루살렘에서 열렸습니다. PLO에 대한 나의 비판 때문에 단 한번의 유일한 격론이 팔레스타인 지식인들과 나 사이에서 벌어졌습니다. 이 사건은 서방세계의 어떤 언론보다도 정확하고 자세하게, 그리고 정직하게 이스라엘 언론에 보도되었습니다.(1995.3.31. 편지)

촘스키는 이 당시에도 포리송 사건과 캄보디아의 폴 포트 정권에 대한 견해 때문에 공격을 받았다. 두 사건의 경우, 모든 반대파들은 촘스키를 침묵 속에 가두려는 일념 때문에 그의 진정한 의미를 제대로 파악하지 못했다.

│ 포 리 송 사 건 │

　　프랑스 리옹대학의 불문학 교수인 로베르 포리송은 "그 자신의 견해에서 비롯된 공격으로부터 대학이 그를 보호해 줄 수 없다는 이유로 교수직을 박탈당했다. 또한 그는 나치 독일에 가스실이 존재했음을 부인하고 대학살 자체를 의문시하는 글 때문에 법정에 피소"되었다(허먼, 「폴 포트」600). 그는 역사 왜곡이라는 죄목으로 아주 쉽게 유죄평결을 받았다. 그러나 촘스키의 생각은 달랐다. "그 평결문은 스탈린주의와 파시즘의 악취가 풍겼고, 따라서 터무니없는 거짓말로 일관했던 프랑스 지식인들의 찬사를 받았습니다. 더쇼비츠와 그의 무리들과 다를 바가 없었죠. 용인하기에는 너무나 당혹스러운 사실이었습니다(1995. 3. 31. 편지)."

　　1979년 가을, 촘스키의 친구인 세르지 티온은 촘스키를 비롯한 약 5백여 명으로부터, 처벌의 두려움없이 자신의 의견을 표현할 수 있는 자유를 허용하라는 청원서에 서명을 받았다. 청원서의 내용은 이렇다.

　　포리송 박사는 프랑스의 리옹 2대학에서 4년 이상의 기간 동안 20세기 프랑스 문학과 다큐먼트 비평을 가르치던 존경받는 교수였다. 그는 1974년 이래 홀로코스트 문제에 대한 광범위한 역사 연구를 독립적으로 수행해 왔다. 포리송 박사는 연구를 통해 발견한 내용을 공개한 이후로 악의적인 괴롭힘, 협박, 중상모략, 신체적 폭력 등을 겪음으로써, 그에게서 표현의 자유를 빼앗으려는 적나라한 행위의 희생자가 되었다. 겁에 질린 학교당국은 더 이상의 연구를 중단시키기 위해 그로부터 도서관과 문서보관소의 출입권을 박탈하려 했다.(비달나끄, 『기억의 말살』 69)

로베르 포리송

　프랑스 언론은 여기에 '촘스키 청원'이라는 별칭을 붙였다. 비록 그가 서명한 서류에는 포리송 교수의 특정 견해가 언급되어 있지는 않았지만, 촘스키 역시 유사한 견해를 가지고 있다는 이유로 비난받았다. 그러자 촘스키는 "이 사건에 내포된 기본적 인권의 측면을 간단한 비망록"으로 작성했다. "누군가의 신념을 지지한다는 것과 그것을 표현할 권리를 지지한다는 것의 차이점을 분명히 하기 위해서였다"다(「폴 포트」 601). 촘스키는 티온이 원한다면 비망록을 사용해도 좋다는 암묵적인 위임과 함께 이 비망록을 그에게 넘겨주었다. 이렇게 해서 촘스키의 비망록은 포리송의 저서 『독가스 문제:역사의 왜곡이라는 죄목으로 나를 고발한 사람들에 대한 변론 기록』(1980)의 서문에, 「표현의 자유권에 관한 몇 가지 기본적 소견들」이란 제목으로 실렸다. 촘스키의 비판자들에게 특히 격노를 불러일으킨 구절은 다음과 같다. "로베르 포리송의 저서나 그의 비판가들의 저서에 대해 여기서 특별히 언급할 말이 없다. 그들에 대해, 또는 그들이 제기하는 문제에 대해 잘 모르기 때문이다. 그에 대해 나는 특별히 아는 바가 없다." 촘스키는 포리송을 '말하자면 비교적 비정치적인 진보주의자'로 간주하고 있었다. 다방면의 저서들을 섭렵한 프랑스의 작가 피에르 비달나끄는 자신의 책『기억의 말살: 홀로코스트의 부인에 관한 에세이』에서 포리송의 저서에 대해 이렇게 평가한다. "포리송의 이 책은 그 이전의 것들 못지 않게 악의적이고 부정직하다. 그의 해석은 완전히 고의적인 거짓이다(65쪽)."

홀로코스트는 실재했으며 그것은 역사상 최악의 살인행위였다. 촘스키도 이것이 사실임을 알고 있었으며, 스스로 "초기의 정치저서들, 이를테면『미국의 권력과 새로운 권력자들』의 서문이나「리베라시옹」에 실린 중동문제에 관한 논문에서, 그리고 이 잔혹한 사건과는 무관한 많은 글에서, 비달나끄나 더쇼비츠가 사용하는 용어보다 훨씬 강력한 표현으로 대학살의 잔혹함을 주장했다"는 점을 지적한다(1996.2.13. 편지). 그러나 어떻게 된 일인지 포리송 사건에서는 고집스럽게 표현의 자유를 주장하고 포리송의 행동을 변호함으로써 포리송의 글에서 발견되는 '악의적이고 부정직한' 내용에 대한 책임을 떠안게 되었다. 다시 한번 '기본적인 윤리원칙'이 위반되었고, 촘스키는 이로 인해 고통을 겪게 되었다.

이 사건에서 비롯된 또다른 쟁점은 합리적인 증거에 관한 문제였다. 촘스키는 포리송이 반유태주의자이자 나치당원이라는 비난을 받았다는 사실을 지적하면서, 이러한 비난은 "증거가 필요한 심각한 인신공격"이라고 언급하고 있다. 그는 포리송의 저술에 관해 아는 것이 거의 없고, 관심도 없다고 주장한다. 그리고 "루시디를 위한 장문의 청원서에 서명하기 위해, 문제작『악마의 시』를 읽어볼 필요성을 느끼지도 않았"다. 촘스키는 포리송 사건에 관한 자신의 입장을 정리할 때에도 "주로 포리송을 가장 심하게 비판하던 사람들이 나에게 전해주었던 비난의 내용을 근거"로 삼았다. "나는 그 내용을 충분히 인용했으며, 그것들이 완전히 무의미하다는 것을 정확하게 지적했습니다(1995.8.14. 편지)." 촘스키가 직접 이름을 밝히지는 않았지만, 이 비판가들 가운데 한 명이 바로 비달나끄였다.

> 후에 비달나끄는 내가 신의를 저버리고 그의 정체를 폭로했다고 비난함으로써, 비난 내용을 나에게 전해준 장본인이 바로 자신이었음을 드러냈습니다. 물론 그도 잘 알다시피, 내가 폭로했다는 것은 책임을 면하고 빠져나가려는 여러 가지 거짓말들 가운데 하나에 불과합니다. 비달나끄는 포리송에 대해 가장 독설적이고 동시에 가장 많이 알고 있는 비판가였지만, 포리송이 반유태주의자라는 증거뿐 아니라 어떠한 정치적 견해를 가지고 있음을 암시하는 증거조차도 찾아내지 못했습니다. 그의 비난은 상당히 근거가 부족해 보였습니다.(1994.8.14. 편지)

촘스키가 포리송에 대해 알고 있었던 것은, "그가 언론에 여러 차례 편지를 썼으나 출판이 거절되었다는 사실, 그 편지들은 바르샤바 게토 투사들의 영웅적 행동을 찬양하고, 전체적으로 나치에 대항해서 '선한 싸움'을 수행하던 사람들을 찬양하는 내용이었다는 사실, 그리고 포리송이 개인적으로 가스실의 존재를 부인하는 팜플렛을 출판한 적이 있다는 사실" 등이었다(1995.8.14. 편지).

미국에서의 비난은 더쇼비츠와 워너 콘에 의해 주도되었다. 더쇼비츠는 포리송 사건에 관한 논평에서 촘스키를 반시온주의 광신자라고 묘사했다. "포리송의 글과 연설은 용납될 수 없을 정도로 반시오니즘적이고 반유태주의적임에도 불구하고 촘스키 교수는 포리

포리송 사건

송의 정직(停職)에 이의를 제기할 기회만을 노리고 있다. 실제로 촘
스키 교수는 제2차 세계대전의 비극을 시온주의자들이 악용했다는
말을 직접 했으며, 내가 볼 때 이것은 포리송의 주장과 거의 다르지
않다(174쪽)." 그리고 워너 콘은 자신의 저서『증오의 파트너:노암
촘스키와 홀로코스트 부인자들』에, 나단 글레이저가 흘린 다음과 같
은 정보를 함께 실었다.

　노암 촘스키가 홀로코스트를 부인하는 로베르 포리송을 변호했을 때, 그
의 친구와 적들은 모두 놀랐다. 촘스키는 자신의 행동이 단지 한 개인의
시민권을 보호하기 위한 것이라고 주장하면서, 포리송의 견해나 글과는
전혀 상관없다고 주장한다. 워너 콘은 빈틈없는 실증을 거친 이 연구를

통해, 촘스키의 포리송 변호가 그 이상이라는 것 그리고 실제로 그것이 촘스키의 뿌리깊은 정치적 성향, 특히 미국과 이스라엘에 대한 그의 확고한 적대감과 관계가 있음을 보여주고 있다. 그 과정에서 콘은 촘스키의 정치학에서 놀라운 사실들을 발견한다.

필자는 이 문제에 관한 콘의 강연에 참석한 일이 있다. 필자의 견해로, 그는 좋게 말해서 사실을 혼동하고 있었고 나쁘게 말하면 일관성이 없었다. 그의 강연은 촘스키의 학문, 아부카, 티온, 언어학 등과 관련하여 갖가지 실수로 점철되어 있었다. 가령 그는 촘스키의 글이 메이저 출판사에서는 한 권도 출판되지 않았다고 주장했고, 아부카와 하쇼머 핫자이르가 동일 단체라고 말했으며, 촘스키와 티온이 베트남에 관한 공저를 출판했다고 말했는가 하면, 촘스키의 언어학 저서는 완전히 근거없는 것이라고 주장했다. 게다가 그는 질의응답 시간에 자신이 썼다는 '빈틈없이 실증된 연구' 가운데 많은 부분의 내용을 기억하지 못했다. 이런 점에서 볼 때 그 책은 아마도 다른 사람이 저술한 것이 아닌가라는 의심이 들었다.

　　콘은 다른 책, 특히 『노암 촘스키의 숨은 동맹군들』(1988)에서, 촘스키가 포리송 사건에 참여한 것은 그가 반유태주의와 반시온주의에 깊이 공감하고 있기 때문이라고 주장했다. 이 점을 증명하기 위해 촘스키와 포리송의 빈약하기만 한 관계를 길게 나열하고, 촘스키가 포리송의 행동을 변호하기 위해 해왔던 수많은 논평을 특히 강조했다.

　　포리송 사건과 관련된 이 모든 사실을 놓고 볼 때 우리는, 촘스키의 인격적 결함, 특히 그가 자신을 공격하는 사람들과의 견해 차이를 좁히는 경우에 간단한 화해를 통해 문제를 종결짓지 않으려는 완고함이 있다는 소문은 사실이 아니라는 것을 짐작할 수 있다. 이 사건에서 주목할만한 또 하나의 측면은, 촘스키의 반대자들이 그의 실제 진술로부터 사람들의 주의를 돌리기 위해 이 사건을 이용했다는 사실이다. 따라서 촘스키의 특정한 어휘 사용이나 논증방법을 둘러싼 구차한 논란에 많은 에너지가 소진되었다. 촘스키의 일부 비판가들은 보다 공정하고 절제된 방식을 취한다. 비달끄는 "촘스키는 남에게 입힌 상처에 대해서는 상당히 무딘 편이지만, 자신이 참아야 하는 상처에는 아무리 작은 것이라도 극도로 예민하다(68쪽)"고 주장하는 반면, 다음과 같은 사실은 정직하게 인정한다. "분명히 말하지만 촘스키의 주장은 어떤 면에서도 신나치주의자들의 주장과 유사하지 않다(73쪽)." 그러나 다른 사람들은 촘스키가 억압받고 천대받는 사람들의 편에 서서 수십 권의 저서와 수백 편의 논문, 엄청난 양의 편지를 썼다는 것과 셀 수 없이 많은 토론에 참여했다는 사실을 애써 간과한다. 그러한 비판가들은 촘스키가 신나치주의자 혹은 전체주의의 억압과 인종말살의 범죄를 저지른 독일국가사회주당(NAZI)과 한편이라고 비난한다. 촘스키가 택한 전술이 그가 지지하는 명분에 비추어볼 때 언제나 최선책은 아니었을지 모른다. 그러나 그의 노력에 담겨 있는 가치체계는 어떤 기준으로 보나 자유주의적 가치와 일치한다.

포리송 사건에 대한 촘스키의 개입에 대해 프랑스쪽의 반응은 하나같이 강력했고, 특히 언론의 경우는 광적이었다. 1981년 「누벨 옵세르바퇴르」지의 한 인터뷰 기자가 촘스키에게 질의서를 보냈다. 그러나 그는 촘스키가 보낸 답변을 수정하여 게재했다. 그 이유는 촘스키에 의하면 "'그 신문사의' 이데올로기적 요구에 부응하기 위한 것"이었다(1995.3.31. 편지). 그 질의서와 함께 답변서 원안을 발표하려던 촘스키의 시도는 결국 실패로 끝나고 말았다. 또한 촘스키를 포리송 사건에 연루시키는 기사가 「마탱 드 파리」(1979), 「르몽드」(1981), 「누벨 리테레르」(1982) 등에 실렸을 때도 이에 대한 촘스키의 반박문은 전혀 인쇄되지 않았다. 「리베라시옹」도 예외는 아니었다. "프랑스와 마르크시즘에 대한 비판을 삭제할 것을 요구했습니다. 내가 그들의 요구를 거절하자 나의 반박문을 게재하지 않았습니다(1995.3.31. 편지)." 전체적으로 촘스키의 결론은 이러했다. "특이한 점은 프랑스 언론이 유럽에서 유일하게, 거짓말과 중상모략에 반박할 권리를 차단했다는 것입니다. 신문에는 그 당시 진행중이던 어떤 '논쟁'이란 것이 실려 있는데도 말입니다(『언어와 정치학』 316)." 간단히 말해 촘스키가 프랑스의 언론과 지식인들로부터 겪은 일은 기억할만한 경험이었지만 촘스키는 그들의 처우에 놀라지 않았다.

그는 1982년 12월호 「보스톤 매거진」에 실린 논문에서 그 이유를 이렇게 밝혔다. "우선 프랑스에는 앵글로 - 색슨족이 가지고 있는 시민자유주의 전통이 없다. 두번째로, 프랑스 지식인 사이에는 전체주의적 경향이 광범위하게 퍼져 있다. 예를 들어 마르크스 - 레닌주의와 스탈린주의는 영국이나 미국에서보다 프랑스에서 훨씬 더 중요한 이념으로 생존해 있고, 이른바 좌파의 큰 부분이 권위주의에 깊이 물들어 있다(『언어와 정치학』 309)." 이러한 비판은 순환논리적으로 보이고 어쩌면 신포도의 우화처럼 들릴 수도 있다. 그러나 촘스키의『새로운 냉전을 향하여:현재의 위기와 그 원인에 대한 소고』에 관해, C. M. 우드하우스가 1982년 7월 「타임즈 문학판」에 기고한 서평도 유사한 주장을 제기한다.

미국인들의 자기비판 능력은 영국인으로부터 물려받았음이 틀림없다.

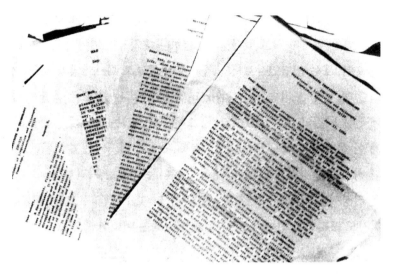

촘스키는 편지쓰는 데 일주일에 약 20시간을 할애한다.

노암 촘스키의 신간은 아주 좋은 예이다. 한 저명한 학자가 국가정책에 관해 그렇게 솔직하고 절제된 비판을 가한다는 것은 다른 나라에서는 거의 생각할 수 없는 일이다. 프랑스 교수는 프랑스 정부의 외교정책에 관해 그와 같은 책을 쓸 수 없을 것이다. 러시아의 교수 역시 강제 유배를 당하거나 정신병원에 수용될 결심을 하지 않고서는 그렇게 하지 못할 것이다.

포리송 사건은 촘스키에게 유해하고 장기적인 영향을 미쳤다. 많은 사람들이 촘스키를 단지 이 논쟁과 관련지어 기억하기 때문이다. 촘스키는, 자신이 아는 한 포리송은 '비정치적 자유주의자'라고 언급했고, 그 언급은 아직도 그를 괴롭히고 있다. 비판가들이 이 말의 의미를 촘스키가 포리송의 입장에 동조한 것으로 받아들여 왔기 때문이다. 그리고 오랜 세월 동안 수십 권의 저서와 수백 회의 대중강연과 수천 통의 편지를 통해 반나치 입장을 재차 표명해 왔지만, 세간의 의혹은 씻기지 않고 있다. 각종 단체나 대학이 강연이나 명예학위의 수여, 또는 저명인사로서의 역할 부여 문제로 촘스키의 초청을 고려할 때, 종종 포리송 사건과 이스라엘 문제, 혹은 폴 포트 정권 문제에 관해 약간의 토론이 오고간다. 그러나 촘스키는 상당히 일관성 있게 이 문제에 대해 언급하기를 거부해 왔으며 심지어는 순간적인 판단 착오도 인정하지 않았다. 제이 파리니는 이렇게 지적한다. "논쟁을 진정시킬 기회가 주어져도 촘스키는 더 고조시킨다. 그는 오늘날까지도 포리송이 친나치주의자임을 암시하는 어떠한 증거도 본 적이 없다고 주장하면서, 만일 포리송이 어딘가에 속한다면 그것은 반나치주의라고 말한다(파리니, 『마더 존스』 41)." 또 촘스키는 친나치 – 반나치 여부를 따지는 이런 성격의 논쟁에 발을 들이는 것 자체가 그를 적대시하는 사람들의 입장에 거짓 정당성을 부여하는 것이라고 주장한다. 그뿐이 아니다.

나치와 홀로코스트 부인자들을 옹호하는 사람들과 논쟁을 벌이는 것 자체가 혐오감을 일으킨다는 나의 언급이 널리 인용되어 왔습니다. ……그러나 그 말이 인용된 것은 내가 표현의 자유를 반대한다고 주장하기 위해서였습니다. 즉 내가 논쟁을 거부함으로써 상대방의 표현의 자유를 거부했다는 논리입니다! 물론 나를 반박하는 사람들은 체계적으로 그리고 예외없이, 내가 나치와 홀로코스트 부인자들에 관해 자주 언급했다는 사실을 삭제합니다. 이것은 상당히 중요한 일입니다. 이와 유사한 경우를 찾아보려면 아마도 스탈린의 문서보관소를 상당히 깊이 뒤져보아야 할 것입니다. 더구나 이 사람들이 하나같이 모든 사실을 아주 잘 알고 있다는 사실을 상기해 보십시오.(1995.8.14. 편지)

그러므로 포리송을 위한 청원서에 서명한 것은 실수였는가? 원칙에 비추어볼 때 촘스키는 그렇지 않다고 말할 것이다. 그렇다면 청원서에 서명한다는 것은 무슨 의미인가? 촘스키는, 샐먼 루시디를 위한 수많은 청원서에는 그의 금서를 찬미하는 내용이 포함되어 있었으나, "그러한 내용은 표현의 자유와는 무관하고, 더욱이 나를 포함한 많은 서명자들은 그의 책을 들여다본 적도 없기 때문에 옳지 않았던 일"이라고 지적한다. 그럼 왜 서명하는가?

우리가 옳다고 생각하는 내용에 대해서만 서명을 한다면 작가 외에는 아무도 서명하지 않을 것입니다. 서명이란 구체적인 내용의 지지가 아니라 청원서에 담겨 있는 요구의 전체적인 요점을 지지한다는 의미입니다. 나는 의심의 여지없이, 테헤란의 율법학자들과 극단적 스탈린주의자들이 수많은 청원서에 쓰인 단어 하나하나의 의미를 가능한 한 세밀하게 분석하면서 노발대발했을 것이라 생각합니다. 마치 포리송 사건의 경우에 비달나끄나 더쇼비츠, 그밖의 인민위원 로봇들과 율법학자 복제품들이 했던 것과 똑같은 방식으로 말입니다. (1995.8.14. 편지)

1969년 촘스키는 홀로코스트를 "인류 역사상 가장 치욕적인 집단 광기의 폭발"이라고 묘사했다(『중동의 평화?』 57~58). 그는 또한 이렇게 지적한다. "우리가 나치 지식인들과 기술적인 논쟁에 돌입하는 순간, 그리고 '유태인들이 정말로 독일민족의 생명력을 갉아먹는 암적 존재인가?' '슬라브인들이 열등민족이라는 증거는 무엇인가?' 따위의 문제에 몰두하는 순간, 우리는 비이성적인 광기의 늪 속으로 빠져들고 만다." 그런 다음 그는 가장 열정적이고 강력한 호소의 목소리를 들려준다. "주장과 반박의 경기장에 들어서는 순간, 기술적인 타당성과 전술, 그리고 각주와 인용의 싸움터에 들어서는 순간, 또 특정한 문제에 대한 논쟁의 타당한 전제를 받아들이는 순간, 우리는 이미 우리 자신의 인간성을 상실한다(『미국의 권력과 새로운 권력자들』9)." 그러나 불행하게도 촘스키의 성실성을 측정하는 기준은 그의 모든 저술이 아니라 하나의 청원서이다.

| 폴 포 트 사 건 |

1979년, 촘스키와 에드워드 허먼은 다시 한번 공동 연구를 통해 『인권의 정치경제학』을 출간했다. 두 권으로 이루어진 이 공동 저서의 제2권 『대격변 이후:전후 인도차이나와 제국주의 이데올로기의 재건』을 통해, 그들은 캄보디아와 티모르에서의 만행을 비교하면서 각각에 대한 대중매체의 다양한 반응을 평가했다. 이 저서로 인해 촘스키는 완전히 새로운 논쟁에 빠지게 되었다.

1980년 11월 7일자 「타임즈 고등교육판」에 '촘스키의 진실 왜곡'이라는 글이 실렸다. 저자인 스티븐 루크스는 지적 무책임을 들어 촘스키를 비난했다. 루크스의 비난 내용은 다음과 같았다. "촘스키는 캄보디아의 폴 포트 정권을 둘러싼 속임수와 왜곡에 일조하고 있으며, 그 이유는 그가 인도차이나에서의 미국의 역할에 대한 반대에 집착해서 모든 균형감각을 상실했기 때문이다(31쪽)." 루크스는 "생각해 볼 수 있는 단 한 가지 가능성이 남아 있다"고 결론내렸다. 그것은 바로 촘스키가 자신의 무정부주의적 자유주의 원칙을 배신했다는 점이었다. 그는 이렇게 덧붙인다. "촘스키가 이런 글을 쓰는 것은 서글픈 일이다. 미국 정부가 폴 포트를 유엔으로 끌어들이기 위해 국제적인 지지를 호소하고 있는 현상황에서 이것은 아이러니컬

한 일이다. 동시에, 이전에 그가 보여준 무정부주의적 자유주의 원칙을 고려할 때 매우 기묘한 일이기도 하다. 캄보디아의 폴 포트 정권에 대해 글을 쓰면서 그는 지식인의 책임뿐 아니라 그 자신마저 배신했다(31쪽)."

　　루크스는 여기서 그 책의 주제가 무엇인지 전혀 언급하지 않고 있다. 그러나 그것은 제1권의 서문에, 「캄보디아 : 왜 언론은 인도네시아와 동티모르보다 캄보디아의 보도가치가 더 크다고 보는가」라는 제목으로 명백하게 언급되어 있다. 그리고 그 주제는 캄보디아와 티모르 사이의 명료한 비교이다. 티모르에서 일어난 만행은 인구규모 면에서 볼 때 홀로코스트 이후 최악의 대학살이었다. 만약 촘스키가 주장하듯이, 티모르에서 일어난 만행이 폴 포트에 의한 학살에 못지 않다면 폴 포트의 행위와 티모르에서의 만행을 비교하는 것이 폴 포트에게 면죄부를 허락해 주는 것은 아니다. 그럼에도 불구하고 어떤 이유에서인지 루크스는 촘스키의 비교가 마치 폴 포트에게 면죄부를 주는 것처럼 암시하고 있다. 만약 그러한 비교에 대해 지식인 사회의 항의가 없다면, 국가가 사주한 학살을 다루는 모든 쟁점은 어느 학살자팀이 더 자비로운가를 결정하는 논쟁 속에 함몰되고 말 것이다. 촘스키와 허먼의 주제가 폴 포트와 티모르의 비교라는 사실을 무시한 것은 "루크스에 관해 많은 것을 시사한다"는 것이 촘스키의 견해이다.

폴 포트와 동티모르의 명약관화한 비교에 대해서는 전혀 언급하지 않음으로써, 그는 자신이 티모르에서의 범죄를 변호하고 있음을 입증하고 있습니다. 이것은 기본적인 논리입니다. 루크스는 양자를 비교하고 있다는 사실을 모를 리가 없습니다. 그럼에도 불구하고 전후맥락을 모두 생략한 채, 폴 포트를 티모르에 비교하는 것이 폴 포트에 대한 변론이라고 주장한다면, 그것은 티모르에서의 범죄는 분명 사소한 것이라는 주장이 됩니다. 그렇다면 루크스는 인구비례로 볼 때 홀로코스트 이래 최악인 인간 살육 범죄의 변호자가 되는 셈이지요. 더 나쁜 점은 티모르에서의 만행은 루크스 자신에게도 책임이 있다는 것입니다. 티모르 사건은 대영제국의 지원이 핵심적 역할을 했으니까요. 루크스가 지지하지 않았다면 그 거대한 만행을 중단시키는 데 그도 일조한 셈이었을 테지요. 폴 포트에 대해서도 마찬가지입니다. 그를 비롯한 어느 누구도 폴 포트 만행에 대해 어떻게 대처해야 하는지 한 마디도 하지 않았습니다.(1996.2.13. 편지)

촘스키의 힘있는 말 속에서, 이제는 익숙해진 그와 같은 공격전술에 대한 경멸감을 엿볼 수 있다. 체면치레가 학살과 위선에 대한 비난보다 우선할 수는 없으므로, 촘스키는 다음과 같이 강조한다. "미국이나 영국에서 누군가가 폴 포트의 만행을 부인했다고 합시다. 그 사람은 루크스에 비하면 성인이나 다름없습니다. 루크스는 그 자신에게도 책임이 있는, 그리고 마음만 먹으면 끝내는 방법도 알아낼 수 있었던 가공할 만행을 부인하고 있기 때문입니다. 이것은 기초적인 논리이지만, 이 점을 이해할줄 아는 지식인을 어디서든 찾아보십시오. 이것이 지식인 문화의 현주소입니다(1996.2.13. 편지)." 이 논리의 핵심은 루크스에게만 국한되지 않고 지식인 사회와 관련된 토론 전반으로 확장된다. 촘스키의 견해는 이렇다. "지식인 사회 자체가 이런 종류의 하찮고 단순한 논리와 여기에 함축된 의미를 전혀 이해하지 못합니다. 정말로 흥미로운 일이지요. 이것은 독재국가에서 볼 수 있는 것 이상의 광범위한 사상교육에서 비롯된 현상입니다. 독재국가의 교육은 지식인들을 근본적으로 세뇌시켜 작은 진실들을 이해할 수 없게 만듭니다(1995.8.14. 편지)."

　　　몇 주 내로 루크스의 글에 대한 자세하고 통렬한 답장 두 편이 「타임즈 고등교육판」에 도착했다. 이 답신들의 내용은, 루크스가 글을 선별해서 읽었고, 『인권의 정치경제학』 두 권 전체의 핵심을 간과했으며, 첫 권은 아예 무시했고, 촘스키 이론의 도덕적 힘을 폄하했을 뿐 아니라 진실을 의도적으로 조작했고, 촘스키와 허먼의 연구를 잘못 해석했으며, 상대에 대한 존중심도 결여되어 있다는 것이었다. 그러나 촘스키는 답신을 보낸 적이 없다. 하나는 로라 J. 서머스가 쓴 것이고, 다른 하나는 로빈 우드워드 칼슨이 쓴 것이다. 비록 촘스키는 그의 입장과 목적에 공감하는 사람들로부터 많은 지지를 받았지만, 이성적인 논리보다는 중상모략이 훨씬 더 파급효과가 크고 효과적이라는 사실을 잘 알고 있었다. 허먼은 다음과 같이 자신의 견해를 밝혔다.

촘스키는 캄보디아와 포리송 논쟁 때문에 개인적으로 큰 대가를 치러야 했다. 그는 자신의 눈에 띄는 거의 모든 편지와 비판에 답장을 보냄으로써 자신에게 가해지는 공격과 비난으로부터 부지런히 스스로를 변호했다. 그는 이 주제로 수백 통의 편지를 기자와 편집자들에게 보냈고, 수많은 전화 문의와 인터뷰에 응했다. 지적·도덕적 부담감은 심각했다. 그러나 놀랍게도 그는 정치 저술에서 보여주었던 특유의 에너지와 용기와 유머감각과 정열과 성실성으로 이 폭풍우를 헤쳐나갈 수 있었다.

(「폴 포트」609)

그 자신이 그런 취급을 받은 유일한 사람이 아니었음을 촘스키는 항상 지적한다. 그러나 그에게 가해진 공격의 잔인함은 대중매체의 막

1986년, 메사추세츠 웰프리트에 있는 여름별장에서의 촘스키

강한 힘을 보여주는 동시에, 위기에 빠진 엘리트들이 반대자를 제거하기 위해 얼마나 극단적일 수 있는가, 그리고 교수에게 요구되는 적절한 행위가 무엇인가를 잘 보여준다. 폴 존슨은 루크스와 같은 지면에, 촘스키와 허먼이 크메르 루즈를 지지하고 있다는 비난의 글을 실은 적이 있었고, 이에 대해 촘스키는 1982년 1월 「타임즈 문학판」에 반박문을 보냈다. 이 글에서 촘스키는 자신에게 사용되는 책략 하나를 지적한다. "동서양의 어용지식인들이 짜증스러운 반대 의견을 처리하기 위해 흔히 사용하는 방법은 끝없는 거짓말로 압도해 버리는 것입니다. 폴 존슨은 '크메르 루즈에 대한 천재적인 변론'에 관해 언급하면서 이 기술을 과시하고 있습니다. 나는 이전에도 사실을 말했고 이후에도 그럴 것입니다. 왜냐하면 진실의 관리자들이 언젠가는 사실에 주목할 것이라는 환상을 갖고 있지 않기 때문입니다(12.25. 편지)." 촘스키는 조직적 중상모략은 오히려 부차적인 문제라고 말하

며, 더 심각한 문제는 자신의 정부가 잘못을 저질렀을 때 의도적으로 합리적인 분석을 회피하는 지식인 변론가들의 뛰어난 능력이라고 주장했다.

이 사건의 전후맥락에는 그 시기에 주류 지식인들이 그들의 정부가 저지른 범죄를 어떻게 정당화하거나 덮어두었는가를 보여주는 방대한 기록이 담겨 있다. 우리의 연구는, 공적의 범죄에 대해서는 내키는 대로 거짓말을 하고 반대로 자국이 저지른 범죄는 감추거나 정당화하는 사람들을 격노하게 만들었다. 덧붙여 말하면, 지식인의 거짓말과 자국가 방어는 존슨 행정부가 유포하고 있는 소위 '사회주의국가' 에 대한 환상보다도 더 광범위하고 심각한 상태에 이르렀다. 그 결과 존슨과 그의 부류들은 이미 익숙해진 이 기술에 종종 의지하고 있다.(『정치적 순례자들』)

한 걸음 더 나아가, 오테로는 『언어와 정치학』의 한 주석에서 포리송과 폴 포트에 대한 촘스키의 입장을 왜곡시킨 것은 촘스키의 신뢰성을 깎아내려서 인도차이나 정책에 대한 강력한 비판을 무효화시키려는 잘 짜여진 시도라고 묘사한다.

1970년대 후반의 이 조직적인 운동은, 인도차이나 전쟁 중에 이미 부분적으로 드러났던 권력과 지배의 이데올로기를 재건하려는 희망에서 시작되었다. 완전히 조작된 각본에 따라 행해진 국제적인 반촘스키 캠페인은 이 야심찬 운동의 단지 일부분이었던 동시에 매우 중요한 부분이었다. 촘스키를 고립시키고 그에게서 도덕적 지위와 특권과 영향력을 박탈하기 위해 터무니없는 무차별 공격이 가해졌다는 사실은, 단지 그의 글과 행동의 파급력에 대한 색다른 찬사에 지나지 않는다. 이유없이 그가

선택되지는 않았을 것이다.(『언어와 정치학』 310)

이 논평은 지배 엘리트들이 공통의 가치체계를 기반으로 막강한 단결력을 보여준다는 사실을 지적하고 있다. 이에 대한 증거로서, 언론은 루크스 진영에 엄청난 양의 보도 기회를 제공한 반면, 촘스키에게는 반박할 공간을 좀처럼 할애하지 않았다는 사실을 들 수 있다. 이것은 프랑스의 경우와 같았다.

│ 교 육 자 촘 스 키 │

촘스키는 공격자들을 막아내기 위해 큰 힘을 쏟던 와중에도 자신의 학문적, 정치적, 자유주의적 연구 계획을 어느 하나도 미루지 않았다. 그는 연구 회의를 이끌고, 편지를 쓰고, 저서를 완성했으며, 학생들을 가르쳤다. 그는 과거나 현재나 여러 세대의 이단자들에게 깨우침과 영감을 주는 스승인 동시에 언어학도들에게는 언어학의 지도자이다. 촘스키는 선생의 역할에 대해 언급한 적이 있다. 그의 언급에는 그가 오랜 세월 발전시켜 왔고, 학생 시절의 경험에서 형성된 깊이 있는 교육방식이 담겨 있다.

대부분의 교육문제는 성장 자체의 문제가 아니라 성장의 촉진을 돕는 문제라 할 수 있습니다. 내가 아는 한, 그리고 내 개인적인 경험에 비추어 볼 때, 교육문제의 99퍼센트 혹은 98퍼센트는 학생들이 흥미를 느끼도록 도와주는 것입니다. 아니라면 적어도 학생들의 흥미를 차단하지는 말아야 합니다. 일반적으로 학생들은 흥미를 느끼다가도 교육과정 속에서 호기심을 잃어버리고 맙니다. 아이들의 정상적인 관심이 유지되거나 촉

발된다면, 그들은 우리가 이해할 수 없는 방식으로 모든 종류의 일을 할 수 있을 것입니다.(「창조와 문화」)

교육자로서의 촘스키의 능력에 대해서도 다양한 견해들이 존재한다. 그러나 오랜 기간 동안 그가 가르친 많은 학생들의 기억에는 공통적인 내용이 포함되어 있다. 예를 들어 많은 학생들은, 촘스키가 모든 질문에 대해 질문자의 지적 수준에 상관없이 조심스럽고 사려깊게 대답했다고 회상한다. 그의 수업에는 이따금 백 명 이상의 학생들이 참석하고, 청중들 중에는 언어학·철학·심리학·수학 등에서 주요한 위치에 있는 학자들이 다양한 분야의 직업 종사자들과 어깨를 나란히 하고 강의를 듣기도 한다. 이십여 년 동안 촘스키의 주요 강의들을 한 번도 놓치지 않고 듣는 사람들도 있다. 또 어떤 사람들은 그의 강의를 듣기 위해 상당히 먼 거리를 여행하기도 한다. 우리가 상상해 볼 수 있듯이, 이런 분위기 때문에 촘스키 자신이 지도하는 대학원생들은 정상적인 수업에 지장을 받기도 한다. 따라서 촘스키는 공개 세미나에 뒤이어 한 시간 가량을 대학원생들에게 할애하여 각 학생의 논문이나 질문에 대해 풍부하고 예리한 논평을 해준다. 촘스키의 학생이었고 현재 맥길대학교의 언어학과 교수인 리사 트라비스는 이렇게 회상한다. "말로 표현하기는 어렵지만 그는 강렬한 이성적 분위기와 탐구 분위기를 만들어낸다. 그의 생각은 항상 자신이 연구하는 분야의 최첨단에 닿아 있다(파리니, 『마더 존스』 39)." 그러나 어떤 사람들은, 촘스키가 자신의 관심을 끌지 않는 연구를 추구하는 사람들에 대해서는 전혀 열의를 보이지 않는다고 주장한다. 캘리포니아대학의 언어학과 교수인 로빈 레이코프는, "그는 스스로가 진리를 소유하고 있다고 생각하며, 모든 사람들이 그의 말에 경청해야 하는 것으로 생각한다. 그러나 오늘날 모든 사람이 그에게 동조하지는 않는다"고 반박한다(파리니, 『마더 존스』 39). 또 MIT의 언어학과에는 전통주의에 대한 불만의 소리가 늘 있었고, 1983년에는 불협화음으로 이어졌다. 당시에 언어학과에 있었던 한 학생은 이렇게 설명한다. "촘스키는 자신이 여권주의자라고 생각합니다. 그러나 실제로는 구시대적인 가부장이죠. 물론 그는 아주 좋은 사람입니다. 그는 단지 여권운동이 도대체 무엇인지를 이해하지 못했던 겁니다(파리니, 『마더 존스』 39)." 그러나 촘스키의 생각은 다르다.

학생들은 몇 년 동안 더 많은 여성교수를 확보하라고 압력을 가하고 있습니다. 그러나 이미 열려진 문을 밀고 있는 셈이지요. 그 문제는, 소수교원을 확보하려는 노력과 함께 오랫동안 교수진의 주도로 이루어져 왔습니다. 압력이 거셀 때는 학생들과 교수진이 동등하게 추천합니다. 한번은 많은 젊은 교수들의 반대에도 불구하고 내 개인적인 주도로 여교수 조안 브레즈넌을 초빙했습니다. 그러나 그녀는 본인의 결정에 따라 80년대 초에 스탠포드대학으로 자리를 옮겼습니다. 얼마 후 도나 스테라이어데가 고용되었지만 그녀의 남편을 위한 일자리를 마련할 수 없어서 학교를 떠났습니다. 그러나 이 문제에 대해 교수진과 학생들 사이에, 일반적인 수준에서든 특정한 사안으로서든 특별히 언급할 만한 불화는 없었습니다. 지난 몇 년 동안 학생들은 정기적으로 주도권을 행사했습니다. 매우 열띤 논쟁이 벌어진 경우도 있었지만, 그것은 종합시험을 어떻게 치를 것인가, 혹은 필수과목을 어떻게 조정할 것인가 등에 관한 것이었습니다.(1995.7.25. 편지)

촘스키가 지금까지 지도해 온 대학원생의 수와 전세계의 대학에서 학생들을 가르치고 있는 그의 제자들의 수는 실로 엄청나다. 오테로는 1991년까지 촘스키가 67명 이상의 박사학위 논문과 2명의 석사학위 논문을 지도했다고 추정한다(「백그라운드」 819). 촘스키는 지금도 MIT와 다른 대학에서 논문지도에 참여하고 있으며, 1996년 현재 MIT에서만 80명 이상을 지도하고 있다.

| 포 스 트 모 던 시 대 |

1970년대 말과 80년대 초 사이에 프랑스에서 시작된 포스트모더니즘이 미국의 사회과학과 인문학 분야에 폭풍처럼 밀려들었다. 촘스키는 이 사조에 대해 강한 부정적 견해를 구축했다. 그의 견해는 대학에서 지식인들이 무엇을 해야 하는가, 그리고 포스트모더니즘 학자들의 일이 왜 대부분 하찮거나 자기만족적인가에 대한 그의 생각과 직접적으로 관련되어 있다. 그렇다면 촘스키의 학문이, 텍스트에 대한 구조주의적 접근방식에 관심을 가진 사람들뿐 아니라 구조주의, 후기 구조주의, 시학, 문학에 대한 언어학적 분석이나 언어학적 논증의 문제를 다루는 다양한 포스트모던 이론가들에게까지 여전히 중요한 정보적 재원이 되고 있다는 사실은 참으로 역설적이다.

북미에서 언어학이 아닌 언어 연구는 소쉬르 이후의 모든 프랑스 이론가에 의해 지대한 영향을 받았다. 그러나 1980년대 초 무렵, 프랑스 언어 이론은 엄청나게 팽창하고 있었다. 보드리야르, 부르디외, 데리다, 들뢰즈, 푸코, 가타리, 라캉, 리오타르 등의 인기는 최고조에 달했다. 물론 바르트, 토도로프, 크리스테바 등은 여전히 학계의 극단적 찬반논쟁을 불러일으키는 논쟁가로 남아 있었지만 새로운 자리를 점유하지는 못했다. 위의 사상가들은 이론의 방면에서 새로운 스타로 발돋움했고, 비록 다른 사상가들의 연구도 문학과 언어 연구의 목록에 포함되긴 했지만, 그래도 학계의 주목을 한몸에 받은 사람들은 바로 이들 포스트모더니즘 사상가들이었다.

이론가들은 포스트모더니즘을 어떻게 규정할 것인가에 대해 거의 의견일치를 보지 못하고 있다. 그리고 이 문제는 가령 포스트모던 건축과 포스트모던 시학과 같이, 분야간의 이동이 있으면 더욱 복잡해진다. 포스트모더니즘에 대한 촘스키의 정의는 다른 많은 학자들이 사용하는 정의와 일치하지 않았고, 따라서 긴장의 원인이 되었다. 포스트모더니즘과 그 이론가들을 촘스키와 관련하여 이해하는 데 가장 도움을 주는 사람은 바로 크리스토퍼 노리스이다. 포스트모더니즘 운동 전체에 대한, 그리고 보드리야르, 드만, 데리다, 리오타르 등의 작품에 대한 노리스의 상세한 비평은, 말하자면 촘스키의 다소 극적인 평가를 조심스럽고 논리적으로 풀어쓴 것이다. 특히 장 보드리야르의 포스트모더니즘에 대한 노리스의 비평은 촘스키의 입장을 잘 대변하고 있다. 노리스는 『무비판적 이론:포스트모더니즘, 지식인들, 그리고 걸프전』(1992)을 통해, 보드리야르의 「걸프전은 일어나지 않았다」라는 논문에서 발견되는 포스트모더니즘의 과도함과 오류들을 겨냥하여 절제된 논박을 전개하고 있다.

보드리야르의 주장은 이것이다. 우리는 이제 순전히 환상과 허구로 이루어진 외관의 세계에 살고 있다는 것, 진실은 계몽적 이성과 그런 류의 낡은 사상과 함께 사라지고 없다는 것, 현실은 오늘날 배가된 '시뮬라크라', 즉 현실-효과의 작용을 통해 혹은 그 작용에 의해 규정된다는 것, 그리고 우리가 원하든 원하지 않든 거짓된 외관만이 우리가 가진 모든 것이기 때문에 인식론적 근거로든 사회·정치적인 근거로든 '거짓된'

모습을 비판하는 것은 무의미하다는 것, 따라서 우리가 진리라고 주장하던 낡은 패러다임이 더 이상 최소한의 역동적인 힘, 다시 말해 설득력이나 수사적인 힘도 가지고 있지 않으므로 그에 집착하기보다는 소위 포스트모던 조건과 공존을 모색해야 한다는 것 등이다.(14~15쪽)

촘스키가 보드리야르의 포스트모더니즘에 대해 무슨 말을 했을지 상상하기는 쉽다. 그의 데카르트주의와 사회적·개인적 책임에 대한 관심, 그리고 억압받는 사람들의 편, 이를테면 걸프전의 와중에 연합군이 폭격세례를 퍼부었던 바그다드 원주민들의 편에 서서 투쟁하려는 그의 사명의식을 한번 생각해 보라.

노리스는 보드리야르의 사상을 '터무니없는 이론'에 근거한 '황당무계한 사상'이라고 비난하면서, 보드리야르는 포스트모던 사상의 대변자가 될 수 없다는 생각을 분명히 밝혔다. 또 그는 보드리야르를 극단주의자의 범주에 귀속시키면서 오히려 데리다를 포스트모더니즘적 선명함의 모범으로 규정짓는다. 노리스는 데리다가 "유쾌한 수사학을 동원하여 실재와 진리와 계몽적 비판의 지배에 종말을 고하는, 간편한 포스트모더니즘 계보에 속한다"는 일반적 인식을 거부하면서, 오히려 데리다의 글이 "인식론적 질문과 함께 윤리적 해석 능력의 문제를 제기하고 있으며, 단지 그의 글이 참조문, 의도, 텍스트의 권위, 올바른 텍스트 읽기, 저자의 권위 등에 직접적으로 호소하기 때문에 그 문제가 겉으로 드러나있지 않을 뿐"이라고 주장한다. 데리다는 "오로지 이성의 힘으로, 상대방의 담론에 존재하는 맹점들에 면밀히 주목하면서, 그리고 절제된 논쟁방식으로 상대방의 공격을 그들 자신에 대한 공격으로 전환시키는 탁월한 기술을 사용하여 논쟁을 이끌어간"다. 그럼에도 불구하고 노리스는, 포스트모더니즘이 "관련 텍스트들을 먼저 검토하지 않거나, 충분한 시간과 흥미를 가지고 이들 서적의 복잡한 철학적 전사, 그 속에 감춰진 공리들, 전문화된 논쟁방식 등을 파악하려 하지 않는 사람들"에 의해 거부당하고 있음을 인정한다. 그는 또 이렇게 덧붙인다. "오해가 발생한 보다 근본적인 원인은 해석방법이 판이한 이론가들, 다시 말해 아주 다른 동기에서 비롯된 흥미와 우선순위를 가진 미국과 영국의 이론가들이 포스트모더니즘의 글을 열정적으로 받아들였기 때문이다(노리스, 18)."

그러나 촘스키는 보드리야르가 포스트모더니즘의 시금석이고, 그 결과 그의 저술도 가치가 있다는 노리스의 주장에 동의하지 않는다. 그 점을 제외한다면 두 사람의 의견은 대개 일치한다. 촘스키는 자신과 노리스가 '같은 편'에 있다고 말하면서 "보드리야르에 관해서는 노리스의 비평을 통해서 알게 되었다"고 말한다(1995.3.31. 편지). 노리스는 『무비판적 이론:포스트모더니즘, 지식인들, 그리고 걸프전』에서, "촘스키의 주장에서 발산되는 뛰어난 설득력은 이성적 근거에 마음을 열어둔 독자들에게 그의 주장이 쉽고 분명하게 보이도록 만든다"고 쓰고 있다(110쪽). 사실 촘스키는 포스트모더니즘의 전문가라고 자처하지 않는다. 그리고 그는 포스트모더니즘 사조 전체를 무시할 수도 있었다. 왜냐하면 주류 언어학이나 정치적 저항의 영역은 문학연구처럼 포스트모더니즘에 심각한 영향을 받지 않았기 때문이다. 그럼에도 불구하고 포스트모더니즘은 특유의 현란한 언어로 촘스키의 감각을 자극하는 무엇인가를 말하고 있다. 그는 인정한다. "적어도 데리다와 라캉은 읽어야 합니다. 나 자신도 심리분석가들을 위한 강연에 기초한 논문에서 라캉의 초기 작품을 인용한 적이 있고, 이것은 『규칙과 표상』에 실려 있습니다. 그러나 다른 사람들에 관해서 언급하지 않는 이유는 그들을 진지하다고 생각하지 않기 때문입니다. 얼마되지는 않지만 적어도 내가 그들의 저서를 통해 본 바로는 그렇습니다. 나는 크리스테바를 한번 만난 적이 있습니다. 그녀는 약 20여 년 전에 나를 만나기 위해 연구실로 왔었지요. 그때 그녀는 마치 광적인 마오쩌뚱주의자 같았습니다. 나는 더 이상 그녀의 글을 읽고 싶은 충동을 느끼지 못했습니다(1995.3.31. 편지)."

촘스키가 성공적으로 사귄 유일한 포스트모던 사상가는 미셸 푸코이다. 푸코는 사후에 포스트모더니즘의 대표적 인물로 부상했다. 1971년 촘스키와 푸코는 네덜란드의 공영방송에 함께 출연했다. 비록 촘스키가 포스트모더니즘의 역사적 상대주의, 자아도취, 이기적인 언어의 러다이티즘* 등을 들어 푸코의 견해에 대해 경멸감을 드러냈지만, 푸코는 촘스키와의 대면에서 비교적 상처를 입지 않았다. 촘스키와 푸코는 정의와 인간의 본성이 역사적으로 우발적인가의 문제를 제외하고는 종종 의기투합했다. 노리스의 말을 들어보자.

푸코와 촘스키는 어느 정도의 의견 일치를 보인다. 그러므로 촘스키는 다음과 같은 주장에 동의한다. 즉 우리의 진리관이 넓게 보면 내재화된 선입견의 산물이라는 것, 사람들은 피할 수 없는 조건하에서 특정한 사실들을 '자명한' 것으로 받아들이며, 이는 단지 그 사실들이 사회적 합의를 이룬, 또는 전문화된 기존의 믿음체계에 일치하기 때문이라는 것, 검열은 종종 '위로부터' 가해지기보다는 외적이고 강제적인 권력 행사와는 무관하게 스스로 부과한 원칙과 규제를 통해 행해진다는 것, 촘스

---

*Ludditism 1811~17년, 영국 중북부의 직물공업 지대에서 일어났던 러다이트 운동(Luddite Movement)에서 유래된 기계 파괴운동을 가리킨다.

키 자신의 표현대로, '진실의 정치경제학'에 이바지한다는 거짓 선전에 연루되어 있긴 하지만 '정직한', '올바른 생각을 가진' 개인들이 존재한 다는 것, 그리고 무엇보다도 그러한 거짓이나 권력의 남용에 대한 저항 은 그 시대에 소통되고 이용가능한 정보적 출처인 '담론체계'에 어느 정 도 의존한다는 것 등이다.(노리스, 113~114)

촘스키는 대부분의 정치학 이론이 내포하는 사소하고 자기만족적인 속성을 강조하면서도, 역사연구에 이바지한 미셸 푸코의 공로를 인 정한다.

우리는 우리의 삶에서와 마찬가지로 역사에서도 많은 것을 배울 수 있습 니다. 지식인들이 자신의 경력과 권력욕 때문에 저지르는 위선적인 거짓 행위만 피할 수 있다면 말입니다. 당신이 언급한 푸코를 예로 들어봅시 다. 전후 파리의 괴상한 문화에서 그가 극단적인 모습을 취하게 되었다 는 점과 지식인이라는 괴상한 집단의 존경심을 유발시키는 데 필요한 현 학적인 틀을 사용했다는 점을 제외한다면, 우리는 푸코의 글에서 흥미로 운 통찰력과 관찰을 발견할 수 있습니다. 푸코는 적어도 이러한 군더더 기를 제거하면 무언가 남는 게 있다는 점에서 여타 파리의 지식인들과는 다른 특이한 존재입니다.(1992.12.15. 편지)

| 프 랑 스 지 적 전 통 에 대 한 견 해 |

프랑스는 촘스키가 가장 혐오하는 지적 작업의 현장이 되었 다. 그는 이렇게 말한다. "프랑스에서는 거의 대부분의 사람이 나의 정치적·학문적 작업의 대상이 무엇인지 전혀 모르고 있습니다. 물론 그들은 내 연구에 대해 늘상 글을 쓰고 있지요. 그러나 그것은 프랑스 지식인 세계의 전형적인 유아적 속성일 뿐입니다." 그의 주장은 이어진다. "비록 프랑스인들은 일부 탁월한 언어학자와 과학자, 무정부주의자, 기타 인사들을 자랑하지만, 매우 편협하고 상당히 일천한 문화를 가지고 있습니다. 이런 이유로 나는 60년대와 70년대에 프랑스에서는 거의 정치 강연을 하지 않았습니다. 독단에 근거한 왜곡이 너무 심해서 강연을 하는 것 자체가 시간 낭비였으니까요 (1994.5.30. 편지)." 알튀세, 바슐라르, 보봐르, 까뮈, 레비나스, 레비스트로스, 사르트르, 세레스 등의 인물들은 특정 부류의 존경을 받고 있지만, 촘스키는 이들에 대해 특별히 언급하지 않는다. 그의 의도는 일부 프랑스 이론가들에게 부여된 스타의 지위와, 그들이 확립한 사조의 학설에 부여되는 존경에 문제를 제기하려는 것이었기 때문이다. 가령 『언어와 정치학』에서 그는 실존주의, 구조주의, 라캉의 철학과 해체주의*에 대해 그러한 방식으로 문제를 제기한다. 첨언하자면 미국인들에게도, 촘스키가 거부하는 극단적 숭배를 조장하는 책임이 똑같이 있는 것 같다. 미국의 학계는 종종 이러한 경향에 부화뇌동하여, 천문학적인 보수로 주요 석학들을 고용하고, 또 그들의 충실한 추종자들을 선발함으로써 특정한 운동의 수명을 연장시킨다.

많은 프랑스 지식인들, 혹은 프랑스적 지식인들은 촘스키의 글이 현재의 정치 사조의 섬세함을 수용하기에는 너무 시대에 뒤처진 전략을 사용하고 있다고 믿는다. 이에 대해 촘스키는, 프랑스인들

---

*Deconstructionism 프랑스 철학자 쟈크 데리다의 저서에서 유래한 용어이다. 이는 서양 철학의 위계적 대립 자체가 구성체 혹은 이데올로기적 속임수에 불과하므로, 이들 위계적 대립을 해체하고 존재나 핵심에 대한 그들의 논리중심적 의존관계를 드러냄으로써 서양철학을 재구성하려는 시도이다.

이 자신들 앞에 놓인 것을 제대로 보려 하지 않으므로, 그들은 "어떻게 진실을 말하고, 사실에 주의를 기울이며, 최소한의 이성을 갖춘 기준에 도달할 수 있는지"를 배워야 한다고 대답한다(1995.3.31. 편지). 촘스키는 또한 프랑스 지식인들은 프랑스 밖에서 이루어진 업적과 상호 교류하기를 거부해 왔고, 그 결과 프랑스의 엘리트는 폐쇄화·퇴행화되었다고 공격한다. 촘스키는 많은 증거를 제시한다. 가령, 1930년대 이후 전세계에서 연구되었던 비엔나 실증주의 철학*은 프랑스에는 거의 소개되지 않았다. 이 학파의 주요 저작들은 1980년대에 이르러서야 비로소 불어로 번역되었다. 그리고 대부분의 프랑스 생물학자들은 1970년대까지도 다윈의 진화론 이전 단계에 머물렀으며, 대부분의 독일 철학은 지금도 프랑스에 소개되고 있지 않다. 촘스키의 견해에 따르면, 프랑스에는 유례없는 편협성과 학문적 억압이 횡행하고 있으며, 이 현상은 학문 분야 전반에 걸쳐 있다. "나치 점령 시절의 프랑스에 대한 진실이 미국의 연구로 밝혀지기 시작했을 때, 프랑스에서는 놀라움과 소란이 일었습니다. 그곳에서는 사실이 거의 완전하게 억압되어 왔기 때문이지요. 지금도 대부분 억압되고 있습니다(1995.3.31. 편지)."

촘스키는 언어와 상호작용에 관한 프랑스식 연구에 반대하며, 그 요지는 일반적인 의미에서 포스트모더니즘에도 적용된다. 포

---

*Viennese Positivism 1924년에 모리츠 슐리크, 루돌프 카르납 등을 비롯한 과학자들과 철학자들이 모여 만든 학파가 내세운 논리 실증주의를 말한다. 이들은 비트겐슈타인의 『논리철학논고』에 영향을 받아 경험주의를 표방했으므로 경험주의 철학파라고도 불리운다. 진정한 인식이나 의미있는 담론들은 모두 과학적 유형이라고 주장함으로써 논리학이나 경험으로 환원할 수 없는 명제들을 지식의 영역에서 추방하려고 했다. 나아가 형이상학은 언어의 그릇된 사용에서 유래한 것이므로 비판받아야 한다고 주장했다.

스트모더니즘 학자들의 진술은 막연한 전문용어로 포장되고, 그런 다음 '이론'의 지위로 격상된다. 촘스키는 20세기의 학문적 업적으로 간주되는 포스트모더니즘 이론에 대해 지금까지 신랄한 비판을 가했다. 그는 부르디외와 리오타르를 지목하면서 이렇게 언급한다.

의심의 여지없이 모든 언어적 상황에는 권력구조가 있습니다. 다시 말해, 그렇게 자명한 이치를 놀라운 것으로 간주하여 갖가지 어휘로 포장할 수 있는 사람은 오로지 지식인뿐입니다. 정직한 사람들로서 우리가 해야 할 일은 그 포장을 벗기고 가능한 한 무게를 줄이는 것입니다. 그렇게 하기 위해서는 필요한 문헌연구를 진행하는 다른 사람들을 돕고 그들로부터 도움을 청하기도 하면서 상호 협력해야 합니다. 물론 그것이 끝은 아닙니다. 리오타르와 포스트모던 시대에 관해 말하자면, 나는 하찮은 것들과 자기만족적인 무의미 이상의 어떤 것을 보여주는 징후가 나타나기를 기다리고 있습니다. 나는 포스트모더니즘의 방대한 담론구조에 감추어진 어떤 진실의 씨앗을 감지하려 합니다. 그것은 정말로 단순한 것입니다. 아마도 내가 무엇인가를, 아마도 많은 것을 놓치고 있는지도 모릅니다. 그렇다면 나의 단순함에 대해 사과해야겠지요. 어쩌면 중요한 요인을 간과하고 있는지도 모릅니다. 나는 다른 어려운 문제들을 이해할 수 있다고 생각하는데, 포스트모더니즘에 관해서는 거의 아무것도 이해할 수 없습니다. 게다가 다른 어려운 분야들, 이를테면 양자역학 같은 분야에 대해서는 친구들과 동료학자들이 내가 알고 싶은 것을 내가 알아들을 수 있는 수준에서 설명해 주었습니다. 그리고 나는 더 알고 싶은 것이 있으면 그것을 어떻게 공부해야 하는지도 알고 있습니다. 그런데 포스트모더니즘의 경우에는 아무도 나에게 그것에 대해 설명해 줄 수 없고, 나 역시 어떻게 접근해야 하는지 알 수 없습니다. 아마도 이전에 알려진 것과는 완전히 다른 전혀 새로운 형태의 인간지능이 생겨났는지도 모르지요. 그리고 나도 틀림없이 그 중 한 사람이겠지만, 적절한 유전자를 가지고 있지 않은 사람들은 끝내 이 새로운 인간지능을 알 수 없는지도 모릅니다. 아마 그렇겠지요. 이미 말했듯이 나는 개방적입니다. 또다른 설명방식이 있다면, 나는 그것을 귀담아 들을 준비가 되어있습니다.(1995.3.31.편지)

일단 촘스키의 반박에 동의하고 타당한 학문적 연구의 구성요인이 무엇인가에 대한 그의 기준을 이해한다면, 지금까지 사회과학과 인문학 그리고 진지한 학문이라고 간주되었던 많은 분야에 대한 지식인들의 공로를 인정하기가 어려워진다. 따라서 냉소주의를 피하기 위해, 하드 사이언스의 범주에 속하지 않는 분야의 연구에 대한 모든 신뢰를 상실하지 않기 위해, 우리는 유용한 것과 단지 자족적이거나

데이비드 발사미안과 촘스키

퇴행적이거나 위험한 것을 구별할 수 있는 지적 판별력을 겸비해야
만 한다.

냉정함과 간결한 위트를 겸비한 촘스키는 이러한 구별에 헌
신적인 노력을 다한다. 그는 세속적 존경을 한몸에 받는 정부관리나
학계인사를 거론할 때 '파시스트', '탈법적', '부패한', '기만적인'
등과 같은 용어를 사용함으로써 상대방의 분노를 자극하기도 한다.
이로 인해 정상적이라고 인정되었던 입장이나 행위들이 얼마나 터무
니없는 것이었는가를 깨닫게 된 대중들은 신경질적인 웃음을 웃게
되고, 촘스키의 통렬한 일반화를 부적절하거나 잘못된 것으로 생각
하는 사람들은 그에게 강한 적대감을 갖게 된다.

콜로라도에 있는 데이비드 발사미안의 라디오방송국은 세이
머 아민, 알렉스 코크번, 에드워드 허먼, 크리스토퍼 히친스, 하워드
진 같은 소외된 사상가들 뿐만 아니라 촘스키와의 대담 테이프를 방
송으로 내보내고 있다. 이렇듯 방송국은 일반인들에게 촘스키의 연
설을 충분히 접할 수 있는 기회를 제공한다. 촘스키의 연설은 생기
있는 인간애가 우러나오는 동시에 뚜렷한 명료성과 도전적인 수사기
술, 그리고 지적 탐구를 위한 손에 잡힐 것 같은 열정으로 충만해 있
다. 그는 지금까지 이러한 전략을 사용해 왔으며, 그 목적은 대중들
에게 인간의 창조적 측면과 창조의 발전에 가장 적합한 환경이 무엇
인지 깊이 생각해 볼 수 있는 기회를 제공하기 위해서였다.

결론

1980년대 초 촘스키는 그의 언어학 연구에서 중요한 발전을 이루었고, 이것을 토대로 소위 '뉴 프로그램'이라고 부르는 연구 계획에 착수했다. 이 프로젝트의 산물은 『지배와 결속에 관한 강연: 피사 강연』(1981), 『언어의 지식: 그것의 본질·기원·사용에 관하여』(1986), 『장벽이론』(1986) 등으로 출간되었고, 마지막으로, 일반독자들이 좀더 용이하게 접할 수 있는 형태로서 『언어와 지식의 제문제: 마나구아 강연』(1988)이 출간되었다. 이 책은 또한 마나구아의 청중들이 제기한 정치문제들도 다루고 있다. 『최소주의 프로그램』*은 1995년에 비로소 출간되었지만, 1980년대에 '원리와 매개변항 모델'**로 주목받았던 문제들을 체계적으로 다루고 있다. 이 저서들은, 언어가 언어-특정규칙, 또는 구조-특정규칙을 가진다는 전통적인 가정에서가 아니라, 언어 보편적인 원리와 유한수의 적용 가능한 선택지만을 가진다는 가정에서 출발했다.

이 저서들은 언어학 분야의 획기적인 발전을 대표한다. 1988년에 촘스키는, "공범주***와 그것들을 지배하는 원리들, 심적 표상의 성질과 연산 일반을 결정하는 원리들 그리고 구절구조의 원리, 결속이론, 기타 보편문법의 하위체계 등에 대한 지금까지의 통찰 덕분에, 인류 역사상 처음으로 인간 정신에 감추어진 속성을 들여다볼 수 있게 되었다"고 선포했다. 그의 주장에 따르면, 이러한 발견은 "물리학에서의 전자파, 입자, 유전자의 발견, 그리고 이들을 하나로 묶는 원리의 발견에 비견할 만한 것으로서, 우리는 지금 17세기의 위대한 자연과학 혁명에 견줄만한 상황에 접근하고 있는 것"이다(『언어와 지식의 제문제』 91~92). 그리고 이러한 궤도의 연장선상에서, 촘스키는 『최소주의 프로그램』의 서문을 통해 다음과 같이 주장한다. "내 생각에, 적어도 그러한 문제를 공식화할 수 있고, 또 어떤 분야에서는 다소 성공적으로 그 문제에 접근하고 있다는 사실은 상당히 중요하다. 이러한 발전 방향을 따라 진행되고 있는 최근의 생각들이 정확한 것이라면, 언어 연구 분야와 관련 학문 분야에는 풍부하고 흥미로운 미래가 놓여 있는 셈이다(9쪽)."

*The Minimalist Program 촘스키가 1990년대 이후에 쓴 일련의 에세이들을 묶은 책이다. 촘스키 언어학의 바이블로 간주되는 이 책은 매우 추상적이고 난해하기로도 정평이 나있다.
**Principles and Parameters 이것은 언어가 인간 보편적인 부분(universal grammar)과 언어-특정적인 부분(parameters)으로 이루어진 것으로 가정한다. 가령 한국어와 영어는 핵어(head)의 위치가 정반대로 이루어지는 매개변항을 가진다. 핵매개변항(head parameter)이라고도 불리우는 이 차이점에 의하면, 영어는 핵어가 앞에 오는 언어이므로 동사 - 목적어, 전치사 - 명사, 접속사 - 절 등의 순서를 보인다. 그러나 한국어는 핵어가 뒤에 오는 언어이므로, 목적어 - 동사, 명사 - 후치사, 절 - 접속사 등의 어순을 보인다.
***Empty Categories 예를 들어 영어문장 What do you like?를 보자. 이 문장은 의문사 what이 동사 like의 목적어였다가 의문사 이동규칙에 의해 문장의 앞으로 이동한 것으로 분석된다. what이 이동한 빈자리, 즉 What do you like ___?를 공범주라 하고, 이러한 공범주들의 분포를 지배하는 원리를 공범주 원리라 한다.

촘스키의 정치 연구도 계속 발전했다. 그는 여러 해 전에 받아들인 원칙들을 일관되게 견지하는 동시에 자신의 영역을 확대하여 다양한 문제들을 다루고 있다. 그는 매체 연구에 더 깊이 파고들어, 에드워드 허먼과 함께『여론 조작: 매스미디어의 정치경제학』(1988)과『필요한 환상』(1989)을 출간하기도 했다. 냉전, 전후세계, 테러리스트 정치학 등의 주제를 다룬『새로운 냉전을 향하여: 현재의 위기와 그 원인에 대한 소고』(1982)를 비롯하여, 『무법자와 제왕들: 국제테러리즘과 세계의 현실』(1986), 『테러리즘의 문화』(1988), 『주변국에 대한 테러: 냉전 이후의 미국 외교정책』(1991), 『세계 질서, 과거와 현재』(1994), 『권력과 번영』(1996), 『이스라엘 – 운명의 삼각관계: 미국, 이스라엘, 팔레스타인』(1983) 등이 출간되었다. 또 라틴아메리카 문제를 다룬 저서로는『파고의 전환: 미국의 중남미 개입과 평화운동』(1985)이 있고, 베트남 문제를 다룬 저서로는『케네디, 베트남전, 미국의 정치문화에 대한 재고』(1993)가 있으며, 제국주의 문제를 다룬 저서로는『민주주의의 억제』(1991), 『501년: 정복의 계속』(1993) 등이 있다. 그의 저서 가운데 두 권의 명저인『촘스키 읽기』(1987)와 『언어와 정치학』(1988) 역시 이 시기에 출간되었다. 그리고 촘스키의 저작에 관한 두 권의 탁월한 입문서가『근본적 우선순위』(1981)와 『언어와 정치학』(1988)이란 제목으로 카를로스 오테로에 의해 쓰여졌고, 촘스키와의 대담 모음집인『이단의 연대기』(1992)와『질서의 유지: 데이비드 발사미안과의 대담』(1994)은 독자들에게 광범위한 주제에 관한 촘스키의 사상을 엿볼 수 있는 기회를 제공한다.

이 저서들은 모두 로널드 레이건이라는 강력한 대통령의 지배, 터무니없는 무기경쟁과 갑작스러운 소련의 붕괴, 전세계가 미워하던 독재자 노리에가 · 후세인 · 카다피 · 카스트로 등과 세계 열강간의 싸움, 자유세계의 안정을 해치는 그레나다·니카라구아·동티모르의 위협 등이 있던 시대에 쓰여졌다. 이 목록의 저서들이 비교적 짧은 기간 동안에 출간된 것들이라면, 실제로 그가 저술한 분량은 실로 엄청났을 것이다.

현재의 시점에서 촘스키가 어느 위치에 서있는가를 측정해 보는, 즉 그의 현재 환경이 어떠한가를 알아볼 수 있는 보다 효과적인 방법은 그가 다루고 있는 세 가지 문제를 살펴보는 것이다. 첫째, 촘스키는 최근에 미국 국민들 사이에 냉소주의가 팽배하고 있음을 주목한다. 그는 정치제도가 명백히 국민들로부터 멀어지고 있으며, 실질적인 정치권력이 국민들의 손에서 이미 벗어났다고 확신한다. 이러한 냉소주의로 인해, 예를 들어 미국 국민들은 그들 자신의 최대 이익에 반하는 방향으로 투표를 했다. 촘스키가 인용하는 한 여론조사에 의하면, 레이건에게 투표했는가라는 질문에 대해 그렇다고 대답한 대다수가, 레이건의 정책이 자신들에게 도움이 되고 있느냐는 두번째 질문에는 그렇지 않다고 대답했다. 둘째, 촘스키는 지배자와 피지배자 사이의 거리가 더욱 더 멀어지고 있음에 주목하고 있다. 이 것은 전체 인구의 극소수에게 권력이 집중된 결과인 동시에, 널리 선전되어 온 '세계 시장경제'의 결과이기도 하다. 촘스키는 세계 시장경제란 엘리트들이 종종 사용하는 기만적인 용어라고 비판한다. 세계 시장경제는 유럽연합과 북미자유무역조약, 일반관세와 무역에 관한 협약 등으로 인해 더 팽창하고 있다. 셋째, 촘스키는 자신의 정치 저서에서 자주 의존했던 영향력 있는 인물들 대신 1차 자료와 매체 보도를 인용하기 시작했다. 이러한 현상은 대중운동의 성장과 촘스키의 대중운동 참여를 반영한다. 또한 촘스키는 이렇게 시인한다. "무정부주의, 특히 스페인 무정부주의에 대한 나의 관심을 공유하는 사람은 사실상 아무도 없었습니다. 계몽주의 시대와 그 이전까지 거슬러 올라가는 좌파 자유주의 전통을 보다 깊이 이해하려 해도, 의견을 나눌 사람이 없었지요(1995.3.31. 편지)."

이 해 의 한 계 를 넓 히 다

촘스키는 과거뿐 아니라 지금도 많은 논란에 연루되고 있지만 여전히 동료들로부터 존경과 찬사를 받고 있다. 동료들은 그의 많은 학문적 성취에 대해 다양하게 보답했다. 그는 1984년 미국심리학회가 수여하는 우수과학 공로상을 수상했고, 1988년에는 일본의 이나모리재단이 수여하는 기초과학분야의 교토상을 수상했으며, 1987년과 89년에는 미국영어교사협의회가 수여하는 오웰상을 수상했다. 또한 그는 1990년에 독일 언어학회의 명예회원에 임명되었고, 같은 해에 미국심리학회의 윌리암 제임스 연구원이 되었다.

1980년대 초를 시작으로 언어학은 비약적으로 발전했다. 촘스키는 항상 최전선에서 활동했지만, 미국 밖에서 연구하는 학자들과 계통학적으로 다른 분야의 방대한 경험적 언어 연구를 수행하는 수많은 언어학자들도 그의 공로를 인정하고 있다. 매우 일반적인 의미에서 현재까지의 촘스키의 언어학 연구는 세 분야로 구분되며, 이는 다음과 같은 질문으로 표현될 수 있다.

1. 우리가 특정한 언어를 말하고 이해한다는 것은 우리가 무엇을 안다는 의미인가?
2. 이 언어는 어떻게 습득되는가?
3. 우리는 이러한 지식을 어떻게 사용하는가? (『언어와 지식의 제문제』 133)

첫번째 질문에 대한 대답은 기술적인 것이다. 말하자면 그 해답을 찾기 위해 우리는 "문법, 즉 하나의 언어가 어떻게 특정한 심적 표상을 각각의 언어적 표현에 부과하고 그 형태와 의미를 결정하는가를 설명해 주는, 특정언어에 대한 이론을 구성"해야 한다. 그런 다음 우리는 "보편문법이론, 즉 인간의 언어 능력을 구성하는 고정된 불변의 원리들과 그와 관련된 매개변항을 구성"함으로써 그 이론을 설명해야 한다(『언어와 지식의 제문제』 133). 보편문법을 구성할 수 있을 때 우리는 두번째 문제에 접근할 수 있다. 왜냐하면 "언어 학습은 보편문법에 의해 명시되지 않은 매개변항의 값을 결정하는 과정, 말하자면 언어 네트워크가 기능할 수 있도록 스위치를 지정하는 과정이기 때문이다." 세번째 문제는 "언어를 습득한 인간은 자신이 들은 말을 이해하고 자신의 생각을 표현하는 데 있어서 어떻게 자신의 언

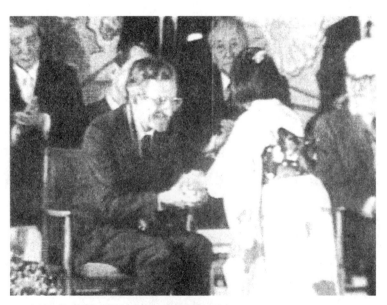

1988년, 일본의 노벨상이라 할 수 있는 교토 기초과학상 수상식.

어 지식을 사용하는가에 대한 연구"를 말한다(『언어와 지식의 제문제』 134). 이쯤에서 우리는 네번째 질문, 즉 미래의 연구과제인 "이러한 표상과 습득 그리고 언어 지식의 사용에 관련된 물리적 메커니즘은 무엇인가"라는 질문에 도달하게 된다(『언어와 지식의 제문제』 133).

마지막 질문은 인간 이해의 한계와 관련이 있다. 촘스키는 언어학에서 획기적인 성공을 거두고 있지만, 동시에 인간의 생물학적 한계에도 관심을 기울이고 있다. 인간의 생물학적 한계는 존재의 근본적인 문제에 속한다. 물리학은 물질의 작용에 대한 위대한 통찰력을 우리에게 제공했지만, 정신에 대한 연구는 우리가 기대했던 것만큼 인간 본질의 기초에 관한 유용하고 학문적인 정보를 발견하지는 못했다. 그리스인들이 제기했고, 그 이후로 모든 세대의 수많은 사상가들이 변형된 형태로 되풀이했던 그 질문들은 여전히 해답없이 남아 있다. 인간은 어쩌면 이 신비한 문제들을 끝내 파헤칠 수 없을지도 모른다. 그러나 이 말은 그 문제가 연구의 동기를 부여하지 못한다거나, 학자들을 목표에 좀더 근접시킬 수 있는 다른 문제들을 제기할 수 없다는 의미가 아니다.

촘스키는 이 야심찬 네번째 질문에 대한 해답을 추구하면서, 그가 1980년대 말부터 MIT에서 행한 일련의 강의에서 이렇게 질문한다.

(1) 인간의 언어 능력은 어떤 일반조건들 하에서 충족되는가?
(2) 이 조건들을 벗어나 존재하는 구체적인 구조를 배제한다면 언어 능력은 어느 정도까지 일반조건에 의해 결정된다고 볼 수 있는가?
첫번째 질문은 다음과 같은 두 가지 측면이 있다.
① 정신 · 두뇌의 인지체계 안에서 차지하는 언어 능력의 위치에 의해,

언어 능력에는 어떤 조건들이 부과되는가? ② 어느 정도의 독립적 타당성을 가지는 자연스러운 개념들, 가령 단순성·경제성·대칭성·비잉여성 등에 의해서는 어떠한 조건들이 언어 능력에 부과되는가?

(『최소주의 프로그램』 1)

그는 이러한 연구 방향에서 분명한 성공을 거두고 있다. 그러나 그는 "오늘 타당하게 보이는 것이 내일은 다른 모습으로 보일 수 있다"고 지적한다(『최소주의 프로그램』 10). 우리가 전에는 꿰뚫어볼 수 없다고 생각했던 어떤 비밀을 좀더 깊이 파헤쳤다고는 하지만, 인간 지식의 한계가 어디까지 인지를 안다는 것은 물론 불가능하다.

촘스키 자신의 학문적 성과는 새로운 경험적, 이론적 개념에 근거한다. 가령 최소주의 프로그램이 성공을 거두게 된 것은 방대한 경험적 자료와 더불어, 원리와 매개이론의 특징이었던 대담한 추리 덕분이었다. 그렇다고 이 말이 촘스키의 최근 언어학적 노력이 그의 이전 연구로부터 완전히 단절되었다는 의미는 아니다. 실제로 연구가 진전되면서 다소 다른 형태를 취하기는 했지만, "최소주의 프로그램의 기본 전제들은 1950년대 초까지 거슬러 올라가는 이전 모델들의 기본 전제들과 같은 성격을 띠고 있다. 또한 최소주의 프로그램은 이전의 연구로부터, 인지체계가 수행체계와 상호작용하는 것은 (전문 용어로) 언어학 표시층위에 의해서라는 전제를 채택"하고 있다(『최소주의 프로그램』 2).

예술과 문학 : 규정할 수 없는 영향

때로 촘스키는 인간 존재의 신비와 지식의 한계가 어떤 면에서는 예술작품 속에서 가장 적절하게 탐구될 수 있다고 말한다. 그러나 그는 아도르노, 벤야민, 그린버그, 하우저 등의 이론가들과는 달리, 음악과 시각예술, 조각, 사진 등의 예술 영역 속에서 현재 사회에 대한 대안을 찾지는 않는다.

화성음악에 관한 한 내 귀는 납덩이와 같습니다. 대개는 음악을 어떤 의무감 때문에 듣는 편이지요. 저명한 작곡가 친구들이 몇 명 있어서 그들의 연주회에 가야할 때가 있습니다. 추상미술에 경우는 입체파 이후로 내 취미는 시들해지고 있습니다. 이러한 예술 속에서 '동기·영감·철학적 진리'를 발견하는지 물으셨지요? 동기와 영감은, 글쎄요, 무의식적으로 발견하는지도 모르겠습니다. 그러나 철학적 진리는 아닙니다. 적어도 내가 이 말을 이해하고 있는 바로는 말이죠. 사실 나는 그런 범주가 존재하는지조차 확신하지 못합니다. 아마도 내가 비트겐슈타인적으로 어려서인가 봅니다.(1994.8.8. 편지)

그러나 촘스키의 글에는 문학에 대한 언급이 자주 등장하고, 그의 글과 문학 텍스트 사이에는 몇 가지 교차점이 발견된다. 첫째, 촘스키가 창시한 언어학이 일부 비평가들에 의해 문학 텍스트 비평의 한 방식으로 사용되었다. 특히 기호학, 구조주의, 화술학 등에 그의 언어학이 원용되고 있다. 둘째, 창조성과 수행에 관한 촘스키의 철학적 연구가 문학 텍스트의 이론적 분석을 보강하거나 그것을 비평하는 데 사용되어 왔다. 셋째, 촘스키는 공식적 표현에 가해지는 통제와 그 통로를 지배하는 기관들을 평가하는 척도로서, 특정 작가나 문학 텍스트의 인기, 그리고 특정 작가가 주어진 시간과 공간 속에서 특정 작품을 출간하는 데 어느 정도의 용이함 혹은 어려움을 겪는가를 기준으로 삼는다. 오웰에 관한 촘스키의 많은 언급은 이 문제와 관련이 있다. 예를 들어보자.

오웰의 소설 『1984』는, 내가 볼 때 그의 최악의 작품이었고 전체주의 사회를 평범하게 묘사한 경박한 소설에 불과했다. 그러나 이 소설이 사회 공통의 적이 됨으로써 그는 유명해졌고 모든 사람의 사랑을 받게 되었다. 만약 그가 쉽고 상대적으로 중요하지 않은 그 주제를 다루는 대신에 어렵고 중요한 문제, 말하자면 "인간은 그들이 접근할 수 있는 그렇게 많은 양의 정보에도 불구하고 어떻게 그렇게 아는 것이 없는가"라는 오웰의 문제를 다루었다면, 그는 아마도 그렇게 유명해지거나 존경받지 못했을 것이다. 그는 오히려 사람들의 미움을 사고 욕을 먹고 소외되었을 것이다.(「창조와 문화」)

마지막으로 촘스키는 문학이 어떤 과학적 탐구방식보다도 인간의 정신과 육체를 더 깊이 통찰하게 해준다고 주장한다. 이러한 생각은 그가 근본적으로 사회과학보다 순수과학의 가치와 힘을 신뢰한다는 사실에 비춰볼 때 매우 흥미로운 파격이다. 그럼에도 불구하고 그는 문학과 지식 사이에 '밀접한 관계'를 설정하는 데는 매우 신중하다. 문학이 "그 자신의 태도와 이해에 어떤 놀라운 혹은 중요한 변화를 야기했는지" 알 수 없기 때문이다.

가령 중국과 중국혁명의 성격을 이해하고자 한다면, 그에 대한 문학적 해석을 조심해야 한다. 어린 시절 나는 중국에 관한 책을 읽었다. 물론 이 독서는 나의 태도에 영향을 끼쳤다. 가령 『인력거 소년』을 읽었을 때 나는 강한 영향을 받았다. 그러나 그것은 너무 오래 전 일이었기 때문에 그 충격 외에는 아무것도 기억하지 못한다. 문학은 상상력과 통찰력과 이해력을 고양시켜 주지만, 분명한 결론을 내리거나 결론을 증명하는 데는 어떤 증거도 제공하지 않는다.(『촘스키 읽기』 4)

이러한 관점에서 문학은 경험이 다시 읽혀지고 잠재적으로 재평가되는 하나의 수단이다. 특정인의 문학작품 읽기와 이를 통한 특정 사상에의 공감은 이전의 어떤 태도에서 기인한 것인지, 또는 문학작품이 촘스키의 경험담처럼 특별한 태도를 형성하는 데 도움을 주는지의 여부를 판단하는 것은 어려운 일일지 모른다. 그러나 문학적 지식과 경험적 사실 사이의 실제 관계가, 구체적인 상황분석에 대한 문학작품의 영향을 어느 선까지 의식적으로 차단해야 하는가의 문제와 관련될 때는 분명히 촘스키에게도 이것이 하나의 문제거리가 된다. 문학이 주는 영향의 본질을 명확히 규정하기는 어렵지만 촘스키가 방대한 문학작품의 독서를 통해 큰 영향을 받은 것은 사실이다. "우리는 인생에서처럼 문학에서도 많은 것을 배웁니다. 그 과정을 정확히 알 수는 없지만, 분명 그런 일은 일어나고 있습니다. 실제로 중요한 일들에 대한 대부분의 지식은 소위 과학이라 불리우는 이성적 탐구에서 나왔다기보다는 그러한 정보적 출처에서 나왔습니다. 때로 과학은 비할 수 없이 심오한 지점에 이르기도 하지만 그 폭이 협소합니다. 내 생각에 이것은 인간이 가진 인지구조의 특별한 속성에 기인하는 것 같습니다(1992.12.15. 편지)." 이 인지 구조의 속성은, 표상·습득·언어지식의 사용에 관계된 물리적 메커니즘과 마찬가지로, 지금까지는 꿰뚫어보기 불가능했던 인간 본성의 한 분야였다. 그러나 문학에 대한 촘스키의 연구와 언급이 암시하는 것처럼, 그는 인간의 본질도 언젠가는 설명될 수 있고 또 이해될 수 있을 것이라고 생각한다. 그의 많은 동시대인들은 인간의 본질이 존재한다는 사실을 인정하지 않기 때문에 촘스키의 이러한 낙관적 가능성 또한 거부한다. 그러나 촘스키에게는 그들의 생각이 터무니없을 뿐이다. "물론 나는 인간의 본질에 대해 이야기합니다. 그러나 그것은 복잡한 이유 때문이 아닙니다. 내가 그렇게 하는 것은 단지 바보가 아니기 때문이고, 다른 사람들도 문화적으로 부과된 우둔함에 빠져들지 말아야 한다고 믿기 때문입니다. 다시 말하면 나는 우둔함에 빠져들기를 원하지 않습니다. 나의 손녀딸이, 돌멩이나 새나 고릴라와 다릅니까? 다르다면, 인간의 본질이라는 것이 있지 않겠습니까? 이것을 인정한다면 논쟁은 끝난 것이지요. 이제 우리는 인간의 본질이 무엇인가에 대한 질문을 해야 합니다(1992.12.15. 편지)." 촘스키는 인간 본질을 부정하는 주장의 근거에 관해 다음과 같이 고찰한다.

> 지식인들, 다시 말해 사회 · 문화 · 경제 · 정치의 관리자들은, 인간에게 '본질'이 없고, 따라서 인간은 100퍼센트 조종 가능하다고 믿는 것이 대단히 편리할 것입니다. 이렇게 되면 조작과 통제를 방해하는 도덕적 장벽이 없어지니까요. 이러한 믿음은 조작을 행하고 그럼으로써 권력과 특권과 부를 차지하는 사람들에게는 아주 매력적인 것입니다. 이 이론은 설명할 필요도 없이 완전히 어리석은 것이지만, 바로 이것을 지성사와 사회사가 우리에게 제시하고 있습니다. (1992.12.15. 편지)

여기에 표현된 촘스키의 태도 속에서 우리는, 모든 인간은 독특한 창조적 능력을 소유하고 특정한 생득적 능력을 공유한다는 그의 언어학 이론의 핵심을 읽을 수 있다. 뿐만 아니라 바쿠닌과 팬코엑이 사용한 것과 같은 의미로 쓴 '지식의 관리자들'이라는 표현을 통해 대부분의 지식인에 대한 그의 견해를 엿볼 수 있고, 통제와 조작의 범위를 넘어서는 인간 발달에는 과연 어떤 환경이 적절한가에 대한 그의 사상을 감지할 수 있으며, 엘리트 권력집단과 지배 이데올로기를 조장하는 사람들 사이의 공모에 대한 그의 의심을 확인할 수 있다. 그의 글에는 선동적인 특징이 뚜렷하게 드러난다. 그의 글을 읽는 독자들은, 상식과 사회적 자치권이라는 두 가지 이름으로 그들이 믿고 있는 기본 전제들을 평가하고 재평가할 수 있게 된다. 동시에 그는 '본질의 부재' 가 스키너류의 사회 통제를 가능하게 만든다고 설파한다. 노동자 촘스키는 결코 쉬지 않는다. 그의 긴 생산목록이 이를 증명해 준다. 그리고 사상가 촘스키는 사물에 대한 면밀한 조사없이 그냥 지나치는 법이 없다. 그렇게 간과한다는 것은 주도면밀하게 준비된 함정에, 좌파 자유주의자들이 오랫동안 폭로하고자 애써온 은폐된 구덩이에 빠져드는 위험을 의미하기 때문이다.

| 지 배 를 위 한 투 쟁 |

그러면 이제 어떤 일이 남았는가? 투쟁이다. 모든 종류의 연구에 잠복해 있는 편견에 맞서, 독단적 주장의 권위에 맞서, 조작과 흑색선전에 맞서 투쟁하는 것, 그리고 인간의 자유를 증진하기 위해 투쟁하는 것만이 남았다. 장애물이 커보이긴 해도 우리에게 힘을 주는 성공사례도 충분하다.

우리가 노예제도 하에서 살지 않는 것은 대중투쟁 덕분이다. 우리가 언론의 자유를 누리는 것도 대중투쟁 덕분이다. 그것은 하늘이 내려준 선물이 아니다. 미국 건국의 아버지인 제임스 매디슨은 이 점을 분명히 밝

청중들 앞에서 정치적 쟁점에 대해 연설하고 있는 촘스키

혔다. 그는 허술한 방벽으로는 독재를 막을 수 없으며 …… 하늘로부터 선물을 받지도 못할 것이라고 말했다. 독재를 막는 길은 투쟁에 있다. 그것이 어떤 종류의 독재이든 상관없다. 투쟁한다면 많은 것을 얻을 수 있다. 수세기에 걸쳐 자유의 폭이 놀랄만큼 확장되었지만, 아직도 가야 할 길은 멀다.(「창조와 문화」)

촘스키는 최근 몇 년 동안 언어학 분야에서 중요한 발전을 이룩했지만, 정치운동가로서 대중과 학계의 찬사에 그대로 안주하지 않았다. 그는 끊임없이, 이제는 적어도 우리 사회에서는 사라졌다고 믿고 싶은 파시즘과 전체주의 같은 억압적 구조, 집단 수용소, 고문실, '인종 청소' 등이 어떤 형태로 존재하고 있는지를 지적한다. 정부나 기업의 본질, 심지어는 여가활동의 본질을 분석하고자 하는 사람이라면 지금도 우리 사회에 억압적 구조가 존재한다는 사실을 알 것이다. "프로스포츠를 예로 들어보자. 전체주의적 태도에 이보다 더 근본적으로 기여하는 것을 찾아보기란 어렵다. 프로스포츠에서 당신은 구경꾼이고, 많은 투사들이 서로 치고받는다. 당신은 이 투사들을 응원한다. 그렇게 하도록 어려서부터 교육을 받아왔기 때문이다(「창조와 문화」)." 이러한 구조를 공개적으로 밝혀내는 일은 안타깝게도 힘과 시간이 많이 든다. 촘스키의 견해로, 그런 일을 떠맡은 사람들은, 권력에 종속되어 조작을 일삼는 대중매체와 정부 그리고 관련 정보를 차단하는 대기업들에게 협박을 당한다. 이러한 억압구조에서 정부는 가장 뚜렷한 공범자로 보이지만, 촘스키는 그러한 인상이 의도적으로 만들어진 것임을 강조한다.

적어도 서구세계에서, 문제는 '정부'가 아닙니다. 물론 우드로우 윌슨이나 레이건주의자들 같은 예외는 있습니다. 둘 다 거대한 국가 선전체제를 가동했고, 레이건의 경우는 불법적이었습니다. 윌슨 시대에는 관련 법률이 없었기 때문입니다. 그러나 일반적으로 정부는 이데올로기적 관리에 그렇게 많이 연루되지 않습니다. 이데올로기적 관리는 거의 전적으로 기업광고의 일입니다. 이 경우에는 규모가 방대하고 그 파급효과가 실로 엄청납니다. 그리고 이데올로기적 관리는 지식인 사회 일반의 일이기도 합니다. 「이단자」의 발행인인 어빙 하우 같은 타협적인 반대자들도 이러한 지식인의 범주에 속한다고 볼 수 있습니다. 하우는 논쟁의 한계를 설정하여 이데올로기 체제의 중요한 전제들을 땅속에 묻어버림으로써 중요한 공로를 세웠습니다. 이것은 전에도 자세히 논한 적이 있습니다. 어쨌든 정부는 모든 사람들의 관심을 자신에게 집중시켜 중요한 문제로부터 그들의 이목을 돌리고 있지만, 독재국가가 아니라면 주변적 역할을 담당할 뿐입니다.(1995.3.31. 편지)

준정부적 기관인 국제통화기금, 세계은행, 관세와 무역에 관한 일반협약, 서방선진 7개국 정상회의 등은, 촘스키가 소위 '빈민'이라 지칭한 사람들을 그들 자신과 직접 관련된 정책결정 과정으로부터 배제시키는 데 큰 역할을 하고 있다.

현재 미국과 유럽에서 실제로 사용되고 있는 통제기술은, 정책결정의 수준을 너무 높여서 사람들이 그것에 대해 알거나 이해하지 못하게 하는 것이다. 사람들은 무슨 일이 벌어지고 있는지 전혀 모른다. 그뿐 아니라 알고 있다 하더라도 그 결정에 영향을 미칠 수도 없다. 이것이, 「파이낸셜 타임즈」가 민족국가의 범주 밖에서 새로이 등장하는 새로운 유형의 국가를 지칭하기 위해 인용한 이른바 '사실상의 세계정부'의 또다른 의미이다. (「창조와 문화」)

1989년 브리티시 콜럼비아에서 미국 원주민 예술작품을 받고 있는 촘스키.

　　이러한 주장은, 그 저변에 깔려 있는 가치체계의 측면에서 이전의 주장들과 유사하다. 즉 이것은 촘스키가 항상 제기해 왔던 것과 정신적인 면에서 동일한 주장이고, 촘스키를 키워낸 지적 환경의 구성원들의 글 속에 이미 태아의 형태로 존재해 왔던 주장이다.

　　촘스키의 정치 저술은, 사실을 고집스럽게 되풀이하고 구체적인 사건들의 절대적인 연관성을 고집한다는 점에서 어느 정도 탈이론적 측면이 있다. 우리는 그가 지식인의 미혹, 정치학으로 인정되는 하찮은 이론들, 그리고 불필요하게 복잡한 언어를 사용하는 것 등에 관해 논평한 것을 보면, 그의 저술이 탈이론적이라는 공격에 촘스키가 어떻게 대답할지 예측할 수 있다.

　　누군가가 인간의 관심사와 어느 정도 관련이 있는 진지한 이론을 창안해서, 이론에 의지하지 않고 정치문제를 분석하는 나 같은 사람들의 방식을 바꿀 수 있는 믿을 만한 결론을 내린다고 칩시다. 나는 기쁜 마음으로 그 이론에 심취할 것입니다. 그러나 내 눈에는 무리지어 서있는 지식인의 군상들만 보입니다. 어쩌면 내가 중요한 것을 구별해내지 못하는 한계를 갖고 있기 때문인지도 모르지요. 그렇다면, 오히려 그 점을 나에게 설명해 줄 수 있어야 합니다. 다른 분야의 사람들과 마찬가지로 좌파 학계와 지식인 사회의 많은 인사들이 나의 탈이론적 태도에 대해 장황하게 불평을 합니다. 그러나 내가 알기로는 지금까지 아무도, 제정신을 가진 사람이라면 할 수 있는 이 간단한 도전에 응하지 않았습니다. 그렇다면 이제 어떻게 결론내려야 하겠습니까?(1995.3.31. 편지)

그래서 촘스키는 더 강력하고 일관성 있는 정치 저서를 계속 출간해왔다. 최근에 출간된 『세계질서, 과거와 현재』(1994)에 이르기까지 그의 모든 저서들은 근본적으로 좌파 자유주의적인 가치를 담고 있다. 그러나 언제나 그렇듯이 촘스키의 주장에 대해 격렬하게 반대하는 사람들이 있다. 예를 들면 켄 조위트는 『세계질서, 과거와 현재』에 대한 서평을 1995년 2월 10일자 「타임즈 문학판」에 게재하면서, 이 책은 저자의 '억제할 수 없는 분노'의 표현이라고 주장했다. 그의 혹평은 이에 그치지 않았다. 그에 따르면, 이 책은 국제적인 기업간의 음모가 상존한다는 촘스키의 믿음, 이데올로기를 '가면'을 쓰고 있는 일종의 '위선'으로 치부하는 촘스키의 태도, 지식인 위선자들에 대한 그의 예언자적 경멸, 역사에 대한 그의 몰역사적 시각, 그리고 권력을 폭력과 동일시하는 일차원적 생각 등을 여실히 드러내고 있다는 것이다. 그러나 이 책은 최근에 출간된 촘스키의 다른 정치 저서들과 마찬가지로, 자유주의적 무정부주의 그룹들, 대중운동 단체들, 초기의 운동들, 그리고 이 저서에서 다루는 문제와 절박하게 관련된 사람들에게 고하는 촘스키의 육성으로 더 잘 이해되고 있다. 실제로 촘스키는 "이 사람들이야말로 내가 속하고 싶은 환경"이라고 쓰고 있다. 이들은, 촘스키가 초기에 노력을 기울였던 편협한 지식인 그룹과는 달리, 기업과 고등교육기관 등을 비롯한 권력집단에 의해 철저하게 세뇌되어 있지 않을 뿐 아니라 사물을 보다 철저히 분석하고자 노력하는 사람들이다. 이 사람들을 대상으로 말하는 것을 촘스키는 이렇게 묘사한다. "그것은 지적인 동시에 감성적인 분출입니다. 확신하건대 모든 주제에 관해 30년 전과는 다르게 말하고 쓰는 것 같습니다. 그러나 그것은 청소년기 이래로 내가 소속감을 느껴왔던 급진적인 지적 환경으로부터 벗어나는 것이 아니라 그곳을 향해 한 발자국 더 다가서는 것입니다(1995.3.31. 편지)."

대중 투쟁운동에 더 깊이 참여하기 위해 촘스키는 이미 빽빽한 예정표를 더욱더 조여나갔다. 그가 여기에 기록하고 있는 활동 범위와 속도는 아주 전형적이다.

나는 최근에 호주에서 일주일을 보냈습니다. 그곳에서 동티모르 피난민들의 초대로 그들의 모임에 참석했습니다. 그들은 인도네시아의 침략과 동티모르의 석유자원 약탈을 지지하는 호주의 끔찍한 정책에 대해 세계의 이목을 끌고자 했습니다. 나는 각 대학에서 연설했고, 그밖의 모든 주제에 대해 토론했지만, 핵심은 전국에 중계방송된 내셔널 프레스클럽에서의 연설에서 찾을 수 있습니다. 나는 여기서 호주의 외교정책과 거기에 감추어진 이기적인 거짓말들을 비판적으로 분석했습니다. 여기는 호주이지 이데올로기가 훨씬 더 강한 미국이 아니다, 미국이라면 이러한 일은 결코 허용될 수 없다, 이렇게 주장했습니다. 호주에 가기 전에는 캘리포니아에서 일주일을 보냈습니다. 버클리대학 철학과와 스탠포드대학의 윤리와 공공정책 프로그램 측이 초청했기 때문입니다. 그러나 대부분의 시간을 다른 강연에 할애했습니다. 예를 들어 슬럼가에서 대개 불법이민자들을 대상으로 활동하는 가톨릭 노동자단체가 주최한 오클랜드 강연이 있었고, 티모르 학생들이 주선한 강연도 있었으며, 팔로 알토지역에서 활동하는 최대 규모이자 가장 역사가 깊은 평화와 정의단체를 위한 강연도 있었고, 중동 아동협회가 주선한 강연도 있었습니다. 이 모든 강연은 매우 유익했습니다. 그 단체들은 이런 식으로 자금을 모았고 대중적 참여를 유도했습니다. 매우 많은 청중들이 참석했고, 또 관심있는 사람들도 워낙 많았기 때문에 가능했습니다.(1995.3.31. 편지)

촘스키는 이런 곳을 선택한다. 그리고 그는 지금 말과 행동에 있어서 어느 때보다 더 깊이 운동에 참여하고 있다. 그는 사회이론에 대한 토론에는 대부분 등을 돌리며 그의 마음은 늘 함께 투쟁하는 사람들 곁에 있다. 그는 학문적 작업도 게을리하지 않는다. 촘스키의 빽빽한 일정표를 일별하면 그가 활동하는 서로 다른 두 세계가 어떻게 조정되고, 미묘한 균형이 어떻게 유지되는지를 알 수 있다.

몇 달 전 철학 강연을 해달라는 런던대학의 초청으로 유럽을 마지막으로 방문했습니다. 그러나 이 강연과 병행하여 나는 시청과 시내극장에서 일반청중과 운동단체들을 위한 강연을 했고, 포르투갈 사회당의 초청으로 포르투갈을 방문했으며, 다시 제3세계 여성과 운동가들로 구성된 비정부단체인 '평화와 자유를 위한 국제여성연맹'의 초청으로 제네바에서 강연을 했습니다.(1995.3.31. 편지)

그리고 촘스키는 이런 일이 아니었다면 참석하지 않았을 한 학술회의에서 기조연설을 한 뒤 미국으로 돌아왔다.

│ 마 지 막 장 면 │

촘스키는, 인간의 마음·두뇌에 대한 더 나은 이해를 가져다
줄 수 있는 언어 연구인 최소주의 프로그램을 수행하는 동시에, 한편
으로는 개인의 자유와 창의성을 제한하는 독재적이고 억압적인 사회
구조를 타파하려는 전세계적인 운동에 솔선수범하고 있다. 언어학과
정치 분야에서 시간의 검증을 거친 핵심적이고 실천가능한 사상들을
50여 년간 몸소 실천해 온 그 자신의 헌신성이 아니었다면 이 모든
것은 불가능했을 것이다. 많은 세대의 학자들이 촘스키에게 가르침
을 받았다. 오늘날 촘스키의 삶은 소박하고 편안하며, 열정적인 교육
과 연구의 보답 그리고 일관성 있는 가치체계에 대한 헌신의 보답으
로 채워지고 있다.

필자는 독자들에게 노암 촘스키의 마지막 사진을 남겨두고자
한다. 사진은 1990년에 찍은 것으로, 그는 시민 대회의 참석자들과
함께 글래스고우의 교외에 있는 고반의 한 선술집에 앉아 있다. 이
대회에는 사회봉사자들, 촘스키가 '보헤미안 작가' 혹은 '추방당한
사람들'이라고 표현했던 문학인들(그 중 가장 저명한 사람은 짐 켈만이
다), 그리고 그가 '데렉 로저스 같이 교육제도에 대한 급진적 비평가
들'이라고 설명했던 교육가들, 무정부주의자들, 자유주의적 사회주
의자들이 참석했고, 또한 스스로를 '여권운동 치료사', '체제분석
가', '여론과 세금 반대 운동가', '주부·학생', '교도소 소장', '소
매상인', '조선공·작가'라고 소개한 다양한 사람들이 포함되어 있
었다. 이 행사는 1990년 1월 26일자 「타임즈 고등교육판」에, 멋진 선

촘스키의 가족들. 좌로부터 다이앤, 에이비, 캐롤, 노암, 해리

술집 사진과 함께 '술집, 시민권, 스코틀랜드 정신: 올가 워타스가 고 반에서 자결권을 위한 대회를 취재하다' 라는 제목으로 소개되었다. 이 행사에 참석한 330명은 대부분 "실직한 노동자 계층으로서, 이런 저런 운동에 참여했던 사람들이었고, 스스로를 '빈민' 으로 간주하는 사람들"이자 촘스키가 "가장 좋아하고 소중하게 생각한다"고 표현했 던 사람들이었다. 이들이 참여한 집회는 「스코티시 차일드」와 「에딘 버러 리뷰」 같은 잡지들, 그리고 글래스고우 자유대학 등의 후원을 받았다(글래스고우 자유대학은 통상적인 의미에서의 대학이 아니다). 참 가자들은 자결권에 관심이 있었고, 특히 자신을 '미국정책의 두통거 리이자 보통사람의 옹호자' 라고 규정하는 노암 촘스키라는 한 도사 에 관심이 있었다. 촘스키는 집회가 이루어진 이틀 동안 발제를 맡았

다. 그가 참석하기로 했다는 사실 자체가 언론과 지배계급를 놀라게 만들었다.

내가 글래스고우에 갈 것이라는 발표가 있은 직후에 나는 스코틀랜드 재단이라는 한 단체로부터 아주 멋진 편지지가 담긴 편지 한 통을 받았습니다. 내용은 니카라구아에 관해서 연설을 해달라는 것이었습니다. 물론 나는 이 제안에 동의했습니다. 그런데 바로 후에 나는 또다른 편지를 받았습니다. 이 편지는 내가 자유대학과 쾰만 그리고 그밖의 인간 쓰레기들이 주최하는 행사에서 연설할 예정이라는 것을 방금 알게 되었다면서, 나에게 그들의 초청을 취소할 것을 촉구하는 내용이었습니다. 이 대회에 연루되는 범죄를 묵과하지 않을 것이라는 경고와 함께 말입니다. 일고의 가치도 없는 일이었지만, 내가 답장을 했는지 안했는지는 기억이 나지 않습니다. (1995.3.31. 편지)

이 행사의 강연에서 촘스키는 민족주의에 대해, 시민의 요구에 부응하지 못하는 지도자들이 정치권력을 휘두르는 것에 대해, 텔레비전 따위의 사회적 통제와 고립수단에 대해, 억압과정과 거짓의 유포에 대중매체가 일조하는 것에 대해 비판했다. 행사의 말미에는, '그 악당들을 공격하는 방법' 또는 '사람들로 하여금 어느 정도의 지적 수준을 유지해야 한다고 느끼게 하는 심리적 불균형' 같은 문제들이 거론되었다. 참석자 가운데 한 사람은 "내 말이 좌절한 것처럼 들린다면, 그것은 내가 사실 좀 좌절했기 때문"이라고 말했다. 그러나 촘스키는 지도하기 위해 그곳에 간 것이 아니었다. 그가 고반의 선술집에 앉아서 한 일은 언제나처럼, 그들이 가능한 한 자신의 상황을 명확히 이해해야 하고, 그들 스스로가 결정을 내려야 한다고 주장한 것

1990년 스코틀랜드 고반의 술집에서

촘스키, 끝없는 도전

이었다. 「타임즈 고등교육판」은 이렇게 보도하고 있다. "촘스키 교수는 예언자의 역할을 계속 회피했고, 예언의 필요성 자체를 아예 부인했다. 억압과 정의에 관한 구체적인 토론보다는 일반적이고 추상적인 토론만이 계속되자 참석자들 사이에 불만족스러운 분위기가 퍼졌다. 물론 촘스키도 이것을 알아차렸다." 누군가가 바츨라프 하벨의 명언을 되뇌었다. "진실과 사랑이 증오와 거짓을 타파하고 승리할 것이다." 촘스키의 반응은? "그것은 참 좋은 생각입니다." 그렇지만 그 말이 사실인가 거짓인가? "그것은 참도 거짓도 아닙니다. 사람들이 실현하기 위해 투쟁한다면 그것은 진실이 될 수 있습니다."

노암 촘스키, 그는 이제 예순 여덟 살이고, 석좌교수, 언어학자, 철학자, 할아버지인 동시에 보통 사람들의 수호자이다.

참고문헌

Bibliography

Abramovitch, Sam. Interviews with the author. 1990. 8. 1~1993. 4. 12

⎯⎯⎯ . Letter to the author. 1995. 4. 4.

"America's Great Intellectual Prizefight." *Times* [London]. 1972. 2. 5: 14.

Anderson, Stephen R., Sandra Chung, James McCloskey, and
Frederick J. Newmeyer. "Chomsky's 1962 Programme for Linguistics:
A Retrospective." In Otero, *Noam Chomsky* 1: 691~707.

Avrich, Paul. *Anarchist Portraits*. Princeton: Princeton University Press,
1988.

Avukah. *An Approach to Action: Facing the Social Insecurities Affecting
the Jewish Position*. Avukah Pamphlet Service. New York:
Avukah, 1943.

⎯⎯⎯ . *Program for American Jews*. Avukah Pamphlet Service.
New York: Avukah, 1938.

Bagdikian, Ben H. *The Media Monopoly*, 3rd ed. Boston: Beacon,1990.

Barsky, Robert. "Arguing the Choice of Host Country: Jewish

Refugees from Israel and the Multicultural Society." *Multiculturalism, Jews and the Canadian Identity*. Ed. Howard Adelman and John Simpson. Jerusalem: Magnus, 1996.

Bruggers, H. "Stages of Totalitarian Economy." *Living Marxism* 6. 1(1941): 15~24.

Carling, Christine, and Terence Moore. "After Chomsky's Revolution." *Times Higher Education Supplement* 1982. 12. 10: 13~14.

Carlsen, Robin Woodsworth. Letter. *Times Higher Education Supplement* 1980. 12. 26: 18.

"Chomsky Debate Absorbs the Royal Society." *Times* [London]. 1981. 3. 12: 3.

Chomsky, Noam. *American Power and the New Mandarins*. New York: Pantheon, 1969.

_____ . *Aspects of the Theory of Syntax*. Cambridge: MIT Press, 1965.

_____ . *At War with Asia*. New York: Pantheon, 1970.

_____ . *Barriers*. Cambridge: MIT Press, 1986.

_____ . *Cartesian Linguistics: A Chapter in the History of Rationalist Thought*. New York: Harper, 1966.

_____ . *The Chomsky Reader*. Ed. James Peck. New York: Pantheon, 1987.

_____ . *Chronicles of Dissent*. Monroe, ME: Common Courage; Stirling, Scotland: AK, 1992.

_____ . "Creation and Culture." Audiotape. Alternative Radio. Rec. 1992.11.25.

_____ . "The Creative Experience." *The Creative Experience*. Eds. Stanley Rosner and Lawrence E. Abt. New York: Grossman, 1970. 71~87.

_____ . *The Culture of Terrorism*. Boston: South End; Montreal:

Black Rose, 1988.

———. *Current Issues in Linguistic Theory*. The Hague: Mouton, 1964.

———. *Deterring Democracy*. New York: Verso, 1991.

———. *Écrits politiques*, 1977~1983. Peyrehorade: Acratie, 1984.

———. *Essays on Form and Interpretation*. New York: North-Holland, 1977.

———. *The Fateful Triangle: The United States, Israel and the Palestinians*. Boston: South End, 1983; Montreal: Black Rose, 1984.

———. *For Reasons of State*. New York: Pantheon, 1973.

———. *Generative Grammar: Its Basis, Development and Prospects*. Kyoto: Kyoto University of Foreign Studies, 1987.

———. *Human Rights and American Foreign Policy*. Nottingham: Spokesman, 1978.

———. *Keeping the Rabble in Line: Interviews with David Barsamian*. Monroe, ME: Common Courage, 1994.

———. *Knowledge of Language: Its Nature, Origin, and Use*. New York: Praeger, 1986.

———. *Language and Information: Selected Essays on the Theory and Application*. Reading, MA: Addison-Wesley; Jerusalem: Jerusalem Academic Press, 1964.

———. *Language and Mind*. New York: Pantheon, 1968. Enl. ed. New York: Harcourt, 1972.

———. *Language and Politics*. Ed. C. P. Otero. Montreal: Black Rose, 1988.

———. *Language and Problems of Knowledge: The Managua Lectures*. Cambridge: MIT Press, 1988.

———. *Language and Responsibility*. Trans. John Viertel [*Dialogues avec Mitsou Ronat*. Paris: Flammarion, 1977]. New York: Pantheon, 1979.

_____ . *Language in a Psychological Setting*. Tokyo: Sophia University, 1987.

_____ . *Lectures on Government and Binding: The Pisa Lectures*. Dordrecht: Foris, 1981. Corrected ed., 1982.

_____ . *Letters from Lexington: Reflections on Propaganda*. Monroe, ME: Common Courage, 1993.

_____ . Letters to the author. 1992. 7. 22~1996. 2. 13.

_____ . "Linguistics and Politics." *New Left Review* 57(1969): 21~34.

_____ . *The Logical Structure of Linguistic Theory*. New York: Plenum, 1975[1955~56].

_____ . *The Minimalist Program*. Cambridge: MIT Press, 1995.

_____ . *A Minimalist Program for Linguistic Theory*. Cambridge: MIT Department of Linguistics, 1992.

_____ . *Modular Approaches to the Study of the Mind*. Distinguished Graduate Research Lecture Series 1, 1980. Long Beach: California State University Press, 1984.

_____ . *Morphophonemics of Modern Hebrew*. New York: Garland, 1979.

_____ . *Necessary Illusions*. Boston: South End, 1989.

_____ . "Noam Chomsky Interviewed by Eleanor Wachtel." *Queen's Quarterly* 101.1(1994): 63~72.

_____ . *On Power and Ideology: The Managua Lectures*. Boston: South End; Montreal: Black Rose, 1987.

_____ . *Peace in the Middle East? Reflections on Justice and Nationhood*. New York: Pantheon, 1974.

_____ . *Pirates and Emperors: International Terrorism and the Real World*. New York: Claremont, 1986; Montreal: Black Rose, 1987.

_____ . "Political Pilgrims." Letter. *Times Literary Supplement*

1982. 1. 22: 81.

_____ . *Problems of Knowledge and Freedom: The Russell Lectures.* New York: Pantheon, 1971.

_____ . *The Prosperous Few and the Restless Many.* Berkeley: Odonian, 1993.

_____ . "Psychology and Ideology." *Cognition* 1(1972): 11~46.

_____ . "Quelques commentaires él émentaires sur le droit à la liberté d'expression" [introduction]. *M émoire en défense contre ceux qui m'accusent de falsifier l'histoire : La question des chambres à gaz.* By Robert Faurisson. Paris: Vieille Taupe, 1980. i~xxiii.

_____ . *Radical Priorities.* Ed. C. P. Otero. Montreal: Black Rose, 1981. Enl. ed. 1984.

_____ . *Reflections on Language.* New York: Pantheon, 1975.

_____ . *Rethinking Camelot: JFK, the Vietnam War, and U. S. Political Culture.* Boston: South End; Montreal: Black Rose, 1993.

_____ . Rev. of *Beyond Freedom and Dignity*, by B. F. Skinner. *New York Review of Books* 1971. 12. 30: 18~24.

_____ . Rev. *of Verbal Behavior*, by B. F. Skinner. *Language* 35(1959): 26~58.

_____ . *Rules and Representations.* New York: Columbia University Press, 1980.

_____ . *Secrets, Lies and Democracy.* Berkeley: Odonian, 1994.

_____ . *Studies on Semantics in Generative Grammar.* The Hague: Mouton, 1972.

_____ . *Syntactic Structures.* The Hague: Mouton, 1957.

_____ . "Systems of Syntactic Analysis." *Journal of Symbolic Logic* 18(1953): 242~56.

_____ . *Terrorizing the Neighbourhood: American Foreign Policy in the Post-Cold War Era*. Stirling, Scotland: AK, 1991.

_____ . *Topics in the Theory of Generative Grammar*. The Hague: Mouton, 1966.

_____ . *Towards a New Cold War: Essays on the Current Crisis and How We Got There*. New York: Pantheon, 1982.

_____ . *Turning the Tide: U. S. Intervention in Central America and the Struggle for Peace*. Boston: South End, 1985. Enl. ed. [Subtitled *The U. S. and Latin America*], 1987.

_____ . *What Uncle Sam Really Wants*. Berkeley: Odonian, 1992.

_____ . *World Orders, Old and New*. New York: Columbia University Press, 1994.

_____ . *Year 501: the Conquest Continues*. Boston: South End; Montreal: Black Rose, 1993.

_____ , and Morris Halle. *The Sound Pattern of English*. New York: Harper; Cambridge: MIT Press, 1968.

_____ , and Edward S. Herman. *After the Cataclysm: Postwar Indochina and the Reconstruction of Imperial Ideology*. Vol. 2 of Chomsky and Herman, *Political Economy*.

_____ , and Edward S. Herman. *Counter-Revolutionary Violence: Bloodbaths in Fact and Propaganda*. Andover, MA: Warner Modular, 1973.

_____ , and Edward S. Herman. *Manufacturing Consent: The Political Economy of the Mass Media*. New York: Pantheon, 1988.

_____ , and Edward S. Herman. *The Political Economy of Human Rights*. 2 vols. Boston: South End; Montreal: Black Rose, 1979.

_____ , and Edward S. Herman. *The Washington Connection and Third World Fascism*. Vol. 1 of Chomsky and Herman, *Political Economy*.

_____ , Riny Huybregts, and Henk van Riemsdijk. *The Generative Enterprise*. Dordrecht: Foris, 1982.

_____ , Mark Sacharoff, Robert Jay Lifton, and Fred Branfman. Letter. *New York Times* 1972. 2. 16: 10.

Coates, Ken. *The Quality of Life and Workers' Control*. Nottingham: Spokesman, 1973.

_____ . *Socialists and the Labour Party*. Nottingham: Spokesman, 1975.

Coates, Ken, et al. "Bertrand Russell and Industrial Democracy." *Bertrand Russell and Industrial Democracy*. Nottingham: Institute for Workers' Control, 1970.

Cohn, Werner. *The Hidden Alliances of Noam Chomsky*. New York: Americans for a Safe Israel, 1988.

_____ . *Partners in Hate: Noam Chomsky and the Holocaust Deniers*. Cambridge: Avukah, 1995.

Dershowitz, Alan M. *Chutzpah*. Boston: Little, Brown, 1991.

Epstein, Norman. Letters to the author. 1994. 12. 15~1995. 4. 20.

"Experts Labor to Communicate on Animal Talk." *New York Times* 1975. 9. 25: 74.

Falk, Richard. "Letters from Prison – American Style: The Political Vision and Practice of Noam Chomsky." In Otero, *Noam Chomsky* 3: 578~97.

"Former Chomsky Disciples Hurl Harsh Words at the Master." *New York Times* 1972. 9. 10: 70.

George, Alexander. Introduction. *Reflections on Chomsky*. Ed. George. Oxford: Basil Blackwell, 1989. v~ix.

Goreing, Andrew. "Enduring Champion of Ordinary People." *Times Higher Education Supplement* 1989. 2. 3: 15.

Haley, Michael C., and Ronald F. Lunsford. *Noam Chomsky*. New York: Twayne, 1994.

Harris, Randy Allen. *The Linguistics Wars*. New York: Oxford University Press, 1993.

Harris, Zellig S. *Methods in Structural Linguistics*. Chicago: University of Chicago Press, 1951.

Heny, Frank. Rev. *Logical Structure of Linguistics Theory*, by Noam Chomsky. In Otero, *Noam Chomsky* 1: 308~39.

Herman, Edward S. Letter to David Peterson. 1992. 8. 12.

———. Letter to the author. 1994. 8. 2.

———. "Pol Pot, Faurisson and the Process of Derogation." Otero, ed. 3: 598~615.

Huck, Geoffrey J., and John A. Goldsmith. *Ideology and Linguistic Theory: Noam Chomsky and the Deep Structure Debates*. London: Routledge, 1995.

Humboldt, Wilhelm von. *Humanist without Portfolio: An Anthology of the Writing of Wilhelm von Humboldt*. Trans. Marianne Cowan. Detroit: Wayne State University Press, 1963.

Jacoby, Russell. *The Last Intellectuals: American Culture in the Age of Academe*. New York: Basic Books, 1987.

J. B. and P. M. Introduction. In Pannekoek, *Workers' Councils* i~iv.

Jowitt, Ken. "Our Republic of Fear: Chomsky's Denunciation of America's Foreign and Economic Policy." *Times Literary Supplement* 1995. 2. 10: 3~4.

Katz, Jerrold J., and Thomas Bever. "The Fall and Rise of Empiricism." In Otero, *Noam Chomsky* 1: 286~307.

Korsch Karl. "On Socialization." *Self-Governing Socialism*. Ed. Branko Horvat, Mihailo Markovic, and Rudi Supek. 2 vols. White Plains:

International Arts and Sciences, 1975. 1: 201~207.

_____ . "War and Revolution." *Living Marxism* 6. 1(1941): 1~14.

Leaman, Michael. "Diary of the Cleveŕ Me Phenomenon." *Times*
[London] 1980. 7. 7: 14.

Lees, Robert. Rev. *Syntactic Structures*, by Noam Chomsky. Otero, ed.
1: 39~80.

Lukes, Steven. "Chomsky' s Betrayal of Truths." *Times Higher
Education Supplement* 1980. 11. 7: 31.

Lyons, John. *Chomsky*. 3rd expanded ed. London: Collins, 1991.

_____ . Rev. of *Syntactic Structures*, by Noam Chomsky. In Otero,
Noam Chomsky 1: 81~87.

MacCorquodale, Kenneth. "On Chomsky' s Review of Skinner' s *Verbal
Behavior*." *Journal of the Experimental Analysis of Behavior* 13(1970):
183~199.

Macdonald, Dwight. *Memoirs of a Revolutionist: Essays in Political
Criticism*. New York: Farrar, 1957.

Mailer, Norman. *The Armies of the Night: History as a Novel, The Novel
as History*. New York: New American Library, 1968.

Mattehws, P. H. *Grammatical Theory in the United States from
Bloomfield to Chomsky*. Cambridge: Cambridge University Press, 1993.

_____ . "Saying Something Simple." Rev. of *Language and
Information*, by Zellig Harris. *Times Literary Supplement* 1988. 12.
23~29: 1430.

Mattick, Paul. "Two Men in a Boat – Not to Speak of the 8 Points."
Living Marxism 6. 1(1941): 24~79.

Melman, Seymour. Interview with the author. 1994. 7. 26.

Noble, David. *Progress without People: New Technology,Unemployment,
and the Message of Resistance*. Toronto: Between the Lines, 1995.

Norris, Christopher. *Uncritical Theory: Postmodernism, Intellectuals and the Gulf War*. London: Lawrence, 1992.

Orwell, George. *The Collected Essays, Journalism and Letters of George Orwell*. Eds. Sonia Orwell and Ian Angus. 5 vols. London: Secker, 1968.

_____ . *Homage to Catalonia*. San Diego: Harcourt, 1980.

Otero, Carlos P. "Background and Publication History of the Dissertations Written under the Supervision of Noam Chomsky, 1964~1991" [appendix]. In Otero, *Noam Chomsky* 1: 819~39.

_____ . "Chomsky and the Challenges Ahead: A Model for the Cognitive Sciences and a Beacon for the Humanities" [introduction]. In Otero, *Noam Chomsky* 4: 1~33.

_____ . "Chomsky and the Cognitive Revolution of the 1950s: The Emergence of Transformational Generative Grammar." In Otero, *Noam Chomsky* 1: 1~36.

_____ . "Chomsky and the Libertarian Tradition: A Renewed Egalitarian Vision, a Coherent Social Theory and Incisive, Up-to-Date Analysis" [introduction]. In Otero, *Noam Chomsky* 3: 1~26.

_____ . "Chomsky and the Rationalist Tradition: Support for Innateness, Metaphysics Vindicated and a Rare Kind of Intellectual History" [introduction]. In Otero, *Noam Chomsky* 2: 1~27.

_____ . "Introduction to Chomsky's Social Theory." Chomsky, *Radical Priorities* 11~58.

_____ . Letters to the author. 1995.4.5.

_____ . "The Third Emancipatory Phase of History" [introduction]. In Chomsky, *Language and Politics*, 22~81.

Otero, Carlos P. ed. *Noam Chomsky: Critical Assessments*. 4 vols. London: Routledge, 1994.

Pannekoek, Anton. *Workers' Councils*. Cambridge: Root, 1970.

Parini, Jay. "Noam Is an Island." *Mother Jones* 1988. 10: 36~41.

Putnam, Hilary. Preface. *The Form of Information in Science: Analysis of an Immunology Sublanguage.* By Zellig Harris, Michael Gottfried, Thomas Ryckman, Paul Mattick, Jr., Anne Daladier, T. N. Harris, and S. Harris. Dordrecht: Kluwer, 1989. i~xvii.

Rev. of *For Reasons of State* and *The Backroom Boys*, by Noam Chomsky. *Times Literary Supplement* 1973. 12. 21: 1565~66.

Rocker, Rudolf. *The London Years.* Trans. Joseph Leftwich. London: Anscombe, 1956.

———. *The Tragedy of Spain.* New York: Freie Arbeiter Stimme, 1937.

Russell, Bertrand. *The Autobiography of Bertrand Russell.* 3 vols. London: Allen, 1968.

Salkie, Raphael. *The Chomsky Update: Linguistics and Politics.* London: Unwin-Hyman, 1990.

Sampson, Geoffrey. "Human Language Debates." Rev. of *Rules and Representations,* by Noam Chomsky. *Times Higher Education Supplement* 1980. 9. 19: 14.

Searle, John R. Letter. *Times Literary Supplement* 1976. 10. 22: 1330.

———. "The Rules of the Language Game." Rev. of *Reflections on Language*, by Noam Chomsky. *Times Literary Supplement* 1976. 9. 10: 1118~20.

Segal, Willie. Letter to the author. 1995. 4. 24.

Shenker, Israel. "Noam Chomsky." *Horizon* 13. 2(1971): 104~109.

Skinner, B. F. "Verbal Behaviour." Letter. *Times Literary Supplement* 1990. 3. 9~15: 253.

Sklar, Robert. "Chomsky's Revolution in Linguistics." In Otero, *Noam Chomsky* 3: 27~37.

Steffens, Lincoln. *The Autobiography of Lincoln Steffens*. New York: Harcourt, 1931.

Summers, Laura J. Letter. *Times Higher Education Supplement* 1980. 12. 19: 22.

Townshend, Charles. "In the Name of Liberty." Rev. of *The Chomsky Reader*, by Noam Chomsky. *Times Literary Supplement* 1988. 7. 15~21: 777.

Tucker, Bea. Interviews with the author. 1995. 11.

Vidal-Naquet, Pierre. *Assassins of Memory: Essays on the Denial of the Holocaust*. Trans. Jeffrey Mehlman. New York: Columbia University Press, 1992.

Whitfield, Stephen J. *A Critical American: The Politics of Dwight Macdonald*. Hamden, CT: Archon, 1984.

Wojtas, Olga. "Pubs, Power and the Scottish Psyche: Olga Wojtas Reports from Govan on a Conference on Self-Determination." *Times Higher Education Supplement* 1990. 1. 26: 15.

Woodhouse, C. M. "The Anti-American Case." Rev. of *Towards a New Cold War*, by Noam Chomsky. *Times Literary Supplement* 1982. 7. 23: 784.

Yergin, Daniel. "The Chomskyan Revolution." In Otero, *Noam Chomsky* 3: 38~53.

Young, Nigel. Rev. of *The Backroom Boys*, by Noam Chomsky. *Times Higher Education Supplement* 1974. 4. 5: 20.

찾아보기

‖ 번 역 을   마 치 고 ‖

이 책의 번역 목적은 아주 분명하다. 우리의 지성사에서 공정한 대우를 받지 못해 온 촘스키를 더 많은 독자들에게 정확하게 알리고, 실천하는 자세를 배울 수 있는 기회를 마련하기 위함이다. '현대 언어학의 창시자', '정치 평론가', '인권 운동가', '가장 많이 인용되는 생존 인물', '현실에 깊이 관여하는 지적 은둔자', '머크레이커' 등 촘스키를 따라다니는 수많은 수식어에서 알 수 있듯이, 그를 한마디로 정의하기는 어렵다. 그러나 촘스키에게서 보여지는 행동하는 지식인의 모습과 보다 더 좋은 사회를 만들기 위한 치열한 고민은 이념적 · 정치적 전환기에 서 있는 우리들에게 하나의 큰 본보기가 될 것이라고 확신한다. 역자는 로버트 바스키의 이 빼어난 촘스키 평전이 많은 사람들에게 하나의 신호가 되기를 바란다. 어떤 사람에게는 삶의 관조를 위한 신호로, 또 어떤 사람에게는 새로운 출발의 신호로, 또 다른 어떤 사람에게는 새로운 논쟁을 위한 불씨로 받아들여지기를 기대하는 것이다.

좋은 사회를 위해 평생을 바쳐온 촘스키처럼, 좋은 책을 만들기 위해 애써주신 그린비 출판사의 유재건 사장님과 유현희 양을 비롯한 많은 분들에게 감사드린다. 그리고 무엇보다도 역자의 거친 어투를 다스려주고, 오역의 가능성을 줄이는 데 큰 힘을 보태주신 전문 번역가 김한영 씨에게 더없는 감사의 마음을 전한다.

- 지은이 / **로버트 F. 바스키**

웨스턴 온타리오대학 영어과 조교수. 저서로는 *Introduction à la théorie littéraire,*
Constructing a Productive Other: Discourse Theory and the Convention Refugee
*Hearing*이 있고, 마이클 홀퀴스트와 함께 *Bakhtin and Otherness*를 공동편집했다.

- 옮긴이 / **장영준**

1964년 강원도 홍천에서 태어났다. 고려대학교 영어영문학과를 졸업하고 동 대학원에서
석사학위를 취득했다. 하버드대학교의 언어학과에서 스스무 쿠노, 샘 엡스틴, 노암 촘스키
(MIT)의 지도로 박사학위를 받은 후, MIT에서 객원 연구원으로 있었다.
박사학위 논문 "Tense and Complementizer Feature‒Checking"은 영어의 주어와 의문사
이동을 분석한 것으로 한국문화사에서 리프린트되었다. 현재 중앙대학교 영어영문학과의
조교수로 재직중이다. 저서로 『언어의 비밀』(한국문화사)이 있고,
논문으로는 "Minimal Feature‒Movement"(*Journal of Linguistics*) 등 다수가 있다.

■ 촘스키, 끝없는 도전

지은이	———	로버트 F. 바스키
옮긴이	———	장영준
펴낸이	———	유재건
초판 1쇄 발행	———	1998년 12월 30일
초판 4쇄 발행	———	1999년 11월 10일
편집	———	유현희 · 김현경
제작	———	유재영
마케팅	———	정용석 · 노수준 · 박경례
펴낸곳	———	도서출판 그린비

등록번호 제10-425호
등록일 1990년 9월 27일
주소/서울시 마포구 신수동 115-10
전화/702-2717 (대표)
팩스/703-0272

책값은 뒤표지에 있습니다.

Copyright ⓒ 1997 by Robert Barsky
1998, Greenbee Publishers Co. Printed in KOREA
ISBN 89-7682-044-4